中国蒙古族系列丛书之四

卫拉特三大汗国及其后人

班布日
孛儿只斤·苏和

著

内蒙古人民出版社

图书在版编目（CIP）数据

卫拉特三大汗国及其后人 / 班布日，孛儿只斤·苏和著. -- 呼和浩特 ： 内蒙古人民出版社，2013.12（2023.2重印）

（中国蒙古族系列丛书）

ISBN 978-7-204-12661-3

Ⅰ. ①卫… Ⅱ. ①班… ②孛… Ⅲ. ①蒙古族－民族－历史－中国 ②蒙古族－民族文化－中国 Ⅳ. ①K281.2

中国版本图书馆CIP数据核字(2013)第301447号

卫拉特三大汗国及其后人

作　　者	班布日　孛儿只斤·苏和
责任编辑	王世喜
责任校对	李向东
装帧设计	李　琳
出版发行	内蒙古人民出版社
网　　址	http://www.impph.cn
地　　址	呼和浩特市新城区中山东路8号波士名人国际B座5楼
印　　刷	内蒙古爱信达教育印务有限责任公司
开　　本	720mm×1000mm　1/16
印　　张	16.75
字　　数	310千
版　　次	2014年1月第1版
印　　次	2023年2月第2次印刷
印　　数	5001—7000册
标准书号	ISBN 978-7-204-12661-3
定　　价	45.00元

如出现印装质量问题，请与我社联系。

联系电话：（0471）3946230　3946120

赵如意 摄

序　言

公元1368年，元朝灭亡，元室北迁，史称"北元"。

北元朝廷在惠宗、昭宗时期，虽屡遭明军打击，但仍保持住了相当的实力，成为号令蒙古高原的中心。1378年，北元昭宗爱猷识理达腊病逝，其弟（也有说法是儿子，至今没有定论）脱古思帖木儿继位，是为益宗。益宗再没有了其兄力图恢复昔日盛元的志向，只想偏安求生，将汗廷迁至捕鱼儿海（今贝尔湖）。但树欲静而风不止，明太祖朱元璋却从没有忘怀北元朝廷的存在，1388年，派大将蓝玉率15万大军直驱捕鱼儿海，一举摧毁了北元汗廷的武装，北元益宗脱古思帖木儿在逃亡途中与太子一起被阿里不哥后裔也速迭儿所杀。从此，稳定的北元朝廷不复存在，蒙古高原大汗更迭频繁，群雄逐鹿的乱世随之开始。

在71年后，北元才出现了又一个"求大元一统天下"的领袖，他便是在土木堡俘虏明朝英宗皇帝的北元太师、卫拉特部首领也先，日后成为唯一一个非黄金家族的大汗。而黄金家族重新振兴，再次担当起蒙古民族的命运，则要等到109年后，一个名叫巴图蒙克的年轻人崛起，他便是蒙古中兴之主达延汗。

达延汗之后，蒙古民族对中国的影响不再是以整体民族出现，而是体现在蒙古各部落之中。这是由于达延汗以后的北元蒙古大汗对蒙古族整体的统治权随着各部落的崛起和割据而逐渐趋于弱化。一些崛起的部落纷纷进入了各自的历史角色，这些蒙古部落的政治和军事活动的结果，从不同的程度和角度对中国的政治历史产生了重大影响，各部落的英雄人物都在历史上留下了浓墨重彩的一笔，如土默特的阿拉坦汗、外喀尔喀部的阿巴岱汗、内喀尔喀部的卓里克图洪巴图鲁、科尔沁部的奥巴等。

而在17~18世纪的200多年中，蒙古各部最为耀眼、对后世影响最深，对中国疆域领土贡献最大的，便是曾经一度主导北元汗廷，在"土木堡之役"虏获明英宗皇帝，后来逐步西迁的卫拉特蒙古各部。也先死后，卫拉特蒙古虽然衰落，在蒙古正统派的打击下被迫西迁，卫拉特蒙古也分为和硕特、准噶尔、土尔扈特、杜尔伯特四大部，但仍然创造了辉煌的历史。和硕特远征青藏高原，成为"全藏三区之王"，建立了统治青藏高原70余年的和硕特汗国；土尔扈特远迁东欧伏尔加河流域，建立了蒙古人统治下的土尔扈特汗国，鼎盛时期，连俄国的彼得大帝都以盟友相待；准噶尔更是成为"最后的游牧帝国"，称霸中亚百余年，使俄国和清朝两大帝国都头疼不已。今天的新疆、青海、西藏，在相当长的时间内，由卫拉特蒙古统治，他们一面与清朝争雄，一面也英勇地抵抗沙俄的鲸吞蚕食。可以说，没有卫拉特蒙古数百年的苦心经营、浴血奋战，这些广袤的土地都不会存在于今天中国的版图之内。

随着时移世易，卫拉特蒙古在近代逐渐被边缘化，其声名不再显赫，事迹不为人所熟知，但他们的后人仍生活在今天中国、俄罗斯和蒙古国境内，延续着他们千百年来所独有的文化与习俗。

本书将系统地介绍卫拉特蒙古的历史，以及对后世影响巨大的三大部落——和硕特、准噶尔、土尔扈特的源流，以飨读者。由于杜尔伯特部现居住于蒙古国境内，因此未纳入本书内容之中。

作者
2013年8月

前　言

　　蒙古族曾经是一个有过辉煌历史的民族。在蒙古圣主成吉思汗的统帅下，建立了横跨欧亚大陆的蒙古大帝国，使蒙古民族的历史载入人类历史史册。在中国，由于蒙古民族建立了中国历史上空前统一的大元王朝，结束了中国自唐朝以来364年的分裂局面，也使蒙古族成为了中华民族中的佼佼者和举足轻重的一员。从成吉思汗的蒙古帝国时期到近代长达700多年的漫长岁月里，蒙古民族叱咤风云、前仆后继，为中华民族做出了突出的贡献，这体现在中国的国家版图、政治体系、哲学、宗教、科技、战争、商业、文化等诸方面。

　　蒙古民族在历史的进程中走过了一条独特的道路。蒙元帝国时期是她最辉煌灿烂的时期。

　　到了明朝，蒙古族退居漠北，史称"北元"。初期大汗的统治衰落，使蒙古族内部进入纷争之中，并形成各部落割据状态。达延汗再度统一蒙古，成为"蒙古中兴英主"，他把蒙古各部分封给诸子，形成了成吉思汗黄金家族一统天下的统治局面。但是随着时间的延续、黄金家族亲缘关系的逐渐远离、游牧地域的扩展和游离，使蒙古各部落的关系渐行渐远，形成了事实上的部落割据状态。但不管怎么样，蒙古北元政权对漠北的统治一直维持到1636年清王朝建立时为止。这期间形成了蒙古左右翼六万户、科尔沁及阿鲁蒙古、兀良哈三卫、四卫拉特等蒙古诸部，以及滞留在中国内地隐居下来的蒙古族。蒙古族近现代各部落和群体就在这个时期基本形成了雏形。

　　在这以后，蒙古民族对中国的影响不再是以整体民族出现，而是体现在蒙古各部落之中。这是由于达延汗以后的北元蒙古大汗对蒙古族整体的统治权随着各部落的崛起和割据而逐渐趋于弱化。一些崛起的部落纷纷进入了各自的历史角色，这些蒙古部落的政治和军事活动的结果，从不同的程度和角度上对中国的政治历史产生了重大影响。这个时期的蒙古族历史更突出了部落的独立性。

　　我们举例来说明这种影响。在明朝，其实际疆域不含明长城以北、以西的蒙古高原和西域（现新疆）地区，对青藏地区也影响甚微。而蒙古族各部落正是这一地区的实际统治者和控制者，蒙古族作为中国元朝的统治民族和曾经担任过中国皇帝的民族，他们对这一地区的控制实际上起到了防止这一部分国土从中国分裂出去的危险。察哈尔部是北元大汗的直属部落，达延汗的蒙古中兴使蒙古族对这一地区的控制得到了加强。土默特部的阿勒坦汗缓和了明蒙矛盾，并引进了农业、手工业经济，使蒙古地区与明王朝和睦相处了几十年。到了清朝，科尔沁及其漠南蒙古诸部作为清朝统治者的同盟军，为清朝巩固北部边疆和开疆扩土做出了重大贡献。西部卫拉特蒙古所起的作用更不容忽视。准噶尔部在西域建立了疆域广大的准噶尔汗国，和硕特部在青藏高原建立了和硕特汗国，他们归附了清朝，使这一地区继元朝以后重新纳入了中国的版图。土尔扈特部在欧洲伏尔加河建立土尔扈特汗国，后因不堪忍受沙俄的统治毅然东归故土，这一举动起到了巩固国家和增强民族凝聚力的作用。

再比如，蒙古族接受藏传佛教以后，利用其威势巩固了藏传佛教——黄教在青藏高原的统治地位。1578年，土默特部首领阿拉坦汗赠封青海藏传佛教格鲁派领袖索南嘉错为"达赖喇嘛"称号。1645年，和硕特部首领固实汗加封西藏扎什伦布寺寺主罗桑却吉坚赞为"班禅博克多"的称号。从此确立了藏传佛教"达赖"、"班禅"佛教体制。事隔多年以后的1653年（清顺治十年），这一封号才得到了清朝政府的承认。

现在中国蒙古族聚居地区的很多地名都来源于蒙古族的部落名称。但是由于历史的变迁，很多人不十分清楚这些地名的历史沿革，这些地名本身就隐含着一部蒙古部落的历史。蒙古族的民俗文化博大精深，世人皆知，她除了继承蒙古族的主体文化以外，各部落还独具特色。这是由于蒙古族各部落的历史、居住地域广阔，以及与周边不同民族接触和影响所造成的，因此蒙古各部落的民俗文化也各具特点。

综上所述，这些蒙古族鲜为人知、尘封多年的历史文化，在不同的蒙古族部落里也不尽相同。要真正了解蒙古族的历史文化，必须从蒙古族各部落和群体的角度来加以研究，才能清晰地勾画出来龙去脉而展现其历史的本来面目。

孛儿只斤•苏和先生经过多年对蒙古族历史文化的倾心研究，把他的研究成果以《中国蒙古民族系列丛书》的形式展现在读者面前。该书系统介绍了中国境内蒙古部落和群体。相信这部系列丛书与读者见面以后，能够起到在广大读者中普及蒙古民族历史文化的作用，为落实中央关于推动社会主义文化大发展、大繁荣，以及为我们内蒙古自治区文化大区建设做出贡献。

内蒙古民族事务委员会主任

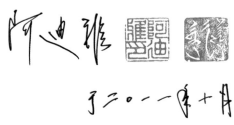

于二○一一年十月

目　录

赵如意 摄

赵如意 摄

太祖皇帝 即成吉思字讳帖木真

成吉思汗（1162～1227）

一、卫拉特蒙古的起源

卫拉特蒙古的来源较为复杂，其形成过程囊括了蒙古帝国、元朝、北元时期，在不同的时期，其部落组成也大为不同。

1.卫拉特蒙古的核心部落——绰罗斯

最早的卫拉特人，是在叶尼塞河流域广大森林中的森林狩猎民，史书称之为"林木中的百姓"，其中主要是卫拉特人。他们当时被称为"斡亦剌惕"、"斡亦剌"、"外剌"、"外剌夕"，明朝时被称为"瓦剌"。

1206年（蒙古太祖元年），铁木真统一蒙古各部，建立"大蒙古国"，号"成吉思汗"。建国后，成

林木中的百姓

吉思汗一面开始对西夏、金朝进行军事扩张，一面也对周边各小国进行招抚。经过卓有成效的外交活动，在南方为金朝镇守边疆的汪古部首领阿剌兀思剔吉忽里、在西方的高昌回鹘的亦都护巴尔术阿尔忒的斤、海押立哈剌鲁首领阿儿思兰汗与阿力麻里哈剌鲁首领斡匝儿等相继主动归附。而在东方，成吉思汗派长子术赤前去招抚"林木中的百姓"。面对强大蒙古军的威慑及成吉思汗丰厚奖赏的怀柔，"林木中的百姓"斡亦剌部首领忽都合别乞很识时务，主动接受了招抚，并帮助术赤招抚其他森林部落。

忽都合别乞不战而降，为成吉思汗招降其他"林木中的百姓"建立了功勋，从而受到极高奖赏，不但得以统治原有部落，受封太师，而且成为成吉思汗的亲家，其儿子脱劣勒赤娶了成吉思汗的女儿扯扯干公主。斡亦剌部也随之成为大蒙古国的皇亲国戚，极为显贵。所谓种下梧桐树，招得金凤凰。周围林木中百姓各部落都以斡亦剌为荣，虽然在内部继续沿用各自的名称，对外都喜欢自称斡亦剌。因此，原本的林木中百姓，逐渐有了一个统一的名字斡亦剌，这便是瓦剌或卫拉特。

而在日后的蒙古文献中，记载着一个关于卫拉特形成的传说。据说，在古代，有名叫阿木尼和多木尼的两个人住在蛮荒之地。阿木尼的十个儿子成为准噶尔的部众，多木尼的四个儿子成为了杜尔伯特的部众。一天，他们之中的一个猎人在森林狩猎时发现一个婴儿躺在一棵树下，那树的形状像一个弓形的管子，从中流出的树汁哺育着婴儿，而旁边则有一只

江格尔艺人述说着卫拉特古老的传说

鸮（音xiao，一种鹞鹰）在守护着婴儿。猎人认为树是孩子的母亲，而鸮是孩子的父亲，这是神奇的婴儿，于是将孩子抱回部落，取名"绰罗斯"，长大后因为其神奇的出身和过人的英武，众人便推举他为准噶尔和杜尔伯特的首领，于是，绰罗斯便成为了准噶尔和杜尔伯特的姓氏。

这个传说载于噶班沙拉勃所著的《四卫拉特史》和巴图尔乌巴什图门所著的《四卫拉特史》。这两部书都是卫拉特历史的重要著作。不过，噶班沙拉勃著书是在1737年（清乾隆二

年），巴图尔乌巴什图门则要比其晚100年左右，这距离卫拉特的早期形成已经过去数百年，而传说中因受佛教影响，只能看作是神话而不是历史。准噶尔和杜尔伯特本都属于绰罗斯部，1486年（明成化二十二年）方才分裂为两部，可见传说不实。但卫拉特核心部落以绰罗斯为姓氏，这却是确凿的。

1227年（蒙古太祖二十二年）成吉思汗去世，窝阔台汗及其子贵由汗相继继位，而贵由汗死后，成吉思汗第四子托雷之子蒙哥依靠家族强大的实力，并获得术赤家族、察合台家族的支持，一举取得了蒙古大汗汗位。因为汗位易主，一场清洗也就不可避免，蒙哥汗对窝阔台家族的贵族们进行了强力镇压，或处死，或改封，将"窝阔台兀鲁斯"除国。这场变故，使得大蒙古国内部各贵族的封地出现了一次大洗牌。卫拉特此时的首领是忽都合别乞之子脱劣勒赤，他将两个女儿分别嫁给了蒙哥汗的弟弟阿里不哥以及察合台的孙子哈剌旭烈，在这

蒙哥汗（1209~1259）

次事变中站在蒙哥汗一方，受封很多牧场和属民，于是，卫拉特人大量西迁，来到阿尔泰山及现今蒙古国西部地区，从森林狩猎民逐渐转变为草原游牧民。

1259年（蒙古宪宗九年），蒙哥汗在攻打南宋的合州钓鱼城时驾崩，他的两个弟弟阿里不哥和忽必烈开始了长达4年的争位战争。卫拉特部首领因为是阿里不哥的岳丈，自然全力支持阿里不哥一系。阿里不哥失败后，又转而支持与忽必烈作对的窝阔台汗国之汗海都，参与战乱30余年，所部损失惨重。不过，脱劣勒赤第三子巴儿思不花之子别乞里迷失一直跟随忽必烈，在攻打南宋之战、平定昔里吉之乱中立下汗马功劳而备受宠信，官至同知枢密院事高位，从而保住了卫拉特人在元朝的地位，得以继续发展。

2.卫拉特蒙古其他重要的组成部落

从"林木中百姓"一步步转变为"毡帐中百姓"的绰罗斯部，只是后来为人们所知的卫拉特蒙古人的一部分而已。在漫长的历史发展过程中，卫拉特部又吸收了众多其他部落，如巴儿忽惕、不里牙惕、秃马惕、古儿烈兀惕、森林兀良合惕、克烈亦惕、辉特、乞儿吉思、和硕特等很多东蒙古及突厥语族部落，多次形成庞大的卫拉特联盟。

据《和鄂尔勒克史》、《蒙古溯源史》等史籍记载，卫拉特联盟是由四部分组成：绰罗斯、土尔扈特、和硕特合为一个卫拉特；辉特、巴图特、秃马惕合为一个卫拉特；巴儿忽惕、不里牙惕合为一个卫拉特；全体蒙古（即北元汗廷为首的东蒙古诸

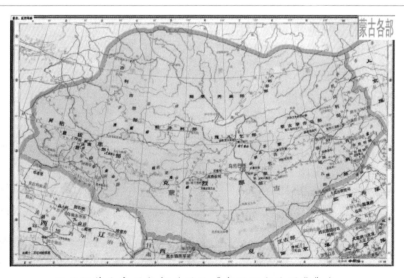

13世纪蒙古高原各部（源于《中国历史地图集》）

部）合为一个卫拉特。此外，贝加尔湖以西、额尔齐斯河以东的兀良合惕、布喇斯、巴尔曼、客列亦惕、乞儿吉思，以及额尔古纳河、斡难河和呼伦贝尔湖附近的乌拉特、扎赉特等一度属于巴儿忽惕、不里牙惕这个卫拉特。到巴图尔乌巴什图门所著的《四卫拉特史》时，记载则是厄鲁特独自为一卫拉特，辉特、巴图特为一卫拉特，巴儿忽惕、不里牙惕为一卫拉特，绰罗斯、和硕特、土尔扈特为一卫拉特。而到了16世纪下半期，四卫拉特又变为：准噶尔为一个卫拉特，和硕特部为一个卫拉特，土尔扈特为一个卫拉特，杜尔伯特为一个卫拉特。

由此可见，卫拉特蒙古的成分、源流纷杂凌乱，难以捋清，后世学者经过数代多年的辛勤探索和研究，力图探讨出各个时期的"四卫拉特"的面貌，但至今没能得出一致的意见。本书为了方便读者阅读，只能采用最广泛的论断，叙述卫拉特蒙古的其他组成部分：

如克烈亦惕，便是曾经和成吉思汗争雄的克烈部，在其败亡后，其大汗王汗的弟弟扎合敢不率部投降了成吉思汗，成为蒙古的一部分。因为克烈部的官制中，大汗的护卫军名为"土尔扈特"，因此克烈的后裔均以"土尔扈特"为名，成为卫拉特蒙古重要的组成部分。

而辉特是原游牧于察合台汗国及钦察草原的察合台汗、窝阔台汗后裔及所属部落的泛称。后来，辉特部中的窝阔台后裔所属部落陆续越过阿尔泰山到达漠北，与西迁的卫拉特人合流，成为卫拉特另一支重要力量。

还有，和硕特部本是成吉思汗二弟哈撒儿的后裔，融入卫拉特最晚，直到公元1434年前后，才成为卫拉特蒙古中的一大部，这在后文和硕特的一章中将有详细介绍。

画家笔下的卫拉特将军和夫人

二、北元时期的卫拉特蒙古

公元1368年（元至正二十八年），明军攻陷元大都，元惠宗（元顺帝）率皇后、皇妃、皇子及朝臣百余人北走上都，元王朝灭亡，而其继任政权"北元"朝廷随之建立。

北元在惠宗、昭宗时期，虽屡遭明军打击，但仍能保持住相当的实力，成为号令蒙古高原的中心。1378年（明洪武十一年），北元昭宗爱猷识理达腊病逝，其弟（也有说法是儿子，至今没有定论）脱古思帖木儿继位，是为益宗。益宗再没有了其兄力图恢复盛元的志向，只想偏安求生，将汗廷迁至捕鱼儿海（今贝尔湖）。但树欲静而风不止，明太祖朱元璋却从没有忘怀北元朝廷的存在，1388年（明洪武二十一年），在相继吞并辽东、云南之后，派大将蓝玉率15万大军直驱捕鱼儿海，一举摧毁了北元汗廷的武装，北元益宗脱古思帖木儿在逃亡途中与太子一起被阿里不哥后裔也速迭儿所杀。从此，稳定的北元朝廷不复存在，蒙古高原大汗更迭频繁，群雄逐鹿的乱世开始了。

"北元益宗"脱古思帖木儿（1350~1388）

也速迭儿是阿里不哥的后裔，其本身并无太强的实力，之所以能够抢夺北元的统治权，其一是因为北元汗廷武装已被明军摧毁，其二则是因为有卫拉特蒙古的大力支持。

1.猛可帖木儿的崛起

从公元1351年（元至正十一年）开始，无论塞北、辽东、中原、江南都陷入了长时间的红巾军参与的战乱。即使较为封闭的吐蕃，也有着帕竹政权取代萨迦政权的战争。几乎处处烽火，遍地狼烟。到1368年（元至正二十八年）元朝灭亡，虽大部分战乱都已结束，但新建立的明朝又开始了针对北元朝廷的多次北伐，数十年间，烽火连年干戈不息。而在这动乱之世，卫拉特蒙古却因为偏居西方而免遭战乱，得以休养生息。

卫拉特蒙古远居漠西的中亚地带，没有参与明蒙战争。当时卫拉特北与乞儿吉思为邻，西南与别失八里、哈密毗连，最东到达达扎布汗河、科布多河流域。优越的地理条件使卫拉特免遭战乱。随着元朝灭亡，北元屡遭明军打击，尤其是矢志中兴的北元昭宗爱猷识理达腊、太师扩廓

猛可帖木儿（？~1394）

帖木儿相继病逝之后，北元朝廷已经锐气尽失，再难复振。此消彼长，躲过战乱，一直在冷眼旁观天下大局的卫拉特，则实力日增。而在此时，卫拉特蒙古出现了一位杰出的领袖——猛可帖木儿。

关于猛可帖木儿的身世，史学界有多种说法，有的说其人便是在中亚建立帖木儿帝国的跛子帖木儿，有的说其人是后来执北元牛耳的乌格齐哈什哈，还有的说其人是篡位的鬼力赤，众说纷纭，难有定论。不过，主流意见，其人就是卫拉特土尔扈特部首领乌格齐哈什哈。在他统领卫拉特期间，卫拉特一方面由于自身部落繁

衍，另一方面也由于不断吸收和联合周围其他部落，势力渐强，人数发展到4万户以上，有了足以左右蒙古高原局势的实力，他因而被明朝称为"瓦剌王"。在明军摧毁北元汗廷武装后，他率领卫拉特东进，帮助也速迭儿杀死了北元益宗。也速迭儿夺走了元朝传国玉玺，自立为汗。

1260年，阿里不哥与忽必烈争位失败，被迫投降后屈辱而死。他的后代子孙也速迭儿倒是洗刷了这一耻辱，但是，也速迭儿的复仇除了得到大汗的名号之外，其他着实不多。此时蒙古帝国早已分崩离析，大元王朝也只剩下大漠南北草原地带的残山剩水。更可怕的是，即使是草原上的各蒙古部落，也并不怎么拿这位新任大汗当回事，尤其是卫拉特部，仰仗着强大实力和拥戴之功，跋扈非常，视大汗为傀儡。

也速迭儿汗号"恩克卓里克图汗"，做了4年大汗后于1391年病死。其子继位，号"昂克汗"，在位3年而死。昂克汗死后，卫拉特蒙古与东蒙古正统派达成妥协，拥立北元昭宗之子买的礼巴剌为汗，号"额勒伯克汗"，忽必烈家族复辟。这位额勒伯克汗虽是正统的元裔，却并没有继承祖先的任何优点，在位5年期间毫无作为，反而残忍好色，因听到卫拉特绰罗斯部首领浩海说自己的弟媳美貌，竟然荒唐地杀死了胞弟哈尔古楚克洪台吉，并霸占了弟媳鄂勒哲依图洪拜济。这已经是违背人伦的倒行逆施了。鄂勒哲依图洪拜济被大伯子霸占后，一直想为夫君报仇，便在额勒伯克汗耳边说浩海的坏话，这位大汗也不分辨是非曲直，便又处死了浩海。待得知浩海冤枉

"恩克卓里克图汗"也速迭儿（1358~1391）

"额勒伯克汗"买的礼巴剌（1362~1399）

后，为了弥补过失，他又将女儿萨穆尔公主嫁给浩海的儿子马哈木，并封马哈木为丞相，统领卫拉特。

前文说过，此时统领卫拉特的是"瓦剌王"猛可帖木儿，额勒伯克汗此举无疑是捅了马蜂窝。猛可帖木儿大怒道："汗政治不端，杀弟哈尔古楚克洪台吉，以弟妇洪拜济为福晋，淫虐乱法，复被洪拜济所欺，杀臣浩海，以有此耻。乃既有我在，而令我属人巴图拉（马哈木）管辖四卫拉特耶？！"于是于1399年发兵攻打汗廷。额勒伯克汗是由众部首领拥立的，没有多少实力，如何能抵挡，很快便被袭杀。

这场变故，使得好不容易复辟的忽必烈家族又失去了汗位，不但使东蒙古正统派损失惨重，被猛可帖木儿"降蒙古人众大半"，不得不屈服于卫拉特之下，额勒伯克汗的儿子本雅失里也逃到中亚，投奔了帖木儿帝国。

猛可帖木儿在这次大胜后，彻底掌控了北元汗廷，立阿里不哥后裔坤帖木儿为汗，号"脱欢汗"。1402年，卫拉特一代雄主猛可帖木儿病逝，在他之后，卫拉特没有一位首领能够统领各部，于是，出现了绰罗斯部首领马哈木、土尔扈特部首领太平、辉特部首领把秃孛罗三人共掌权柄的局面。

2.东西汗廷的对峙

猛可帖木儿死后，马哈木、太平、把秃孛罗三位首领并没能很好地控制住东蒙古各部，使得局势再起波澜。

1403年（明永乐元年），窝阔台庶子合丹后裔月鲁帖木儿（明朝史籍中称为"鬼力赤"）崛起称汗，任命阿苏特贵族阿鲁台为太师对抗卫拉特。这样一来，蒙古草原上便出现了东西两个汗廷，征战自然不可避免。

因为额勒伯克汗曾封马哈木为丞相，统领卫拉特，再加上绰罗斯部实力最强，因此马哈木便成为西汗廷的领军人物，他与太平、把秃孛罗率军与东汗廷鏖战多年，未分胜负。

到1408年（明永乐六年），额勒伯克汗的儿子本雅失里回到了蒙古草原，他是合法蒙古大汗的儿子，而且是忽必烈的嫡系子孙，自然要比月鲁帖木儿更具有大汗的合法性。月鲁帖木儿汗的辅臣阿鲁台认为"奇货可居"，于是阴谋杀掉月鲁帖木儿拥立本雅失里为汗，阿鲁台仍为太师。阿鲁台何许人也？他是阿苏特部首领，是当时蒙古政坛的风云人物，本人是蒙古化的伊朗人。自1403年至1434年的30年间，先后拥立鬼立赤、本雅失里、阿岱为蒙古大汗，自称大元朝太师。

阿鲁台拥立本雅失里，原本是想利用其在东蒙古正统派中的地位，获得更多的号召力。可他拥立元朝直系后裔为汗，这就触犯了南方明朝的利益。从明朝建立元室北迁以来，无论是明太祖朱元璋还是明成祖朱棣，都在担心蒙古人以复兴元朝的名义南下，阿鲁台此举无疑让明成祖感到威胁，于是，明成祖招抚卫拉特诸部，封马哈木为顺宁王、太平为贤义王、把秃孛罗为安乐王，给他们提供大量军械，让他们进攻阿鲁台。同时，还在1409年（明永乐七年）派麾下大将丘福率军10万北伐，欲图一举摧毁蒙古东汗廷。

可是，明成祖小看了本雅失里和

"月鲁帖木儿汗"鬼力赤（？~1408）

阿鲁台太师（？~1434）

阿鲁台，这对君臣精诚合作，设下陷阱，步步为营，一举全歼了丘福所率的北征军。不但10万大军全军覆没，67岁的老将丘福也被俘杀。这是北元建立以来对明朝战争取得的最大的胜利，似乎，蒙古复兴的时刻已经到来。

然而好景不长，决不能坐视蒙古崛起的明成祖亲自发难，于1410年（明永乐八年）御驾亲征，率大军50万北伐而来。刚经过大战的东汗廷根本没有力量再次迎接一场寡众悬殊的战争，本雅失里和阿鲁台只得放弃汗廷撤退。在撤退途中发生分歧，本雅失里希望向西背靠帖木儿帝国徐图发展，阿鲁台因根据地在呼伦贝尔草原而执意东撤。君臣争执不下，甚至刀兵相见。最后，二人各领所部分道扬镳。

关键时刻的分裂，给了已经有着绝对优势的明成祖绝佳各个击破的机会。本雅失里所部首先被击溃，本雅失里孤身一人逃亡到卫拉特马哈木处，希望其看在是自己妹夫的面上给条活路。可卫拉特枭雄马哈木绝对没有糊涂到认为亲情可以强过政治利益，所以将本雅失里汗处死了。本雅失里败亡后，阿鲁台也随之被打败，无奈之下遣使向明朝称臣。

当阿鲁台的东汗廷在明朝的打击下一蹶不振的时候，卫拉特则迅速取得了草原上的优势，三位首领拥立阿里不哥后裔答里巴为汗，马哈木任太师，率军东进，占领了大片土地。

明成祖当初招抚卫拉特打击东汗廷，是为了让草原上不再出现足以统一的势力，可当东汗廷衰微、阿鲁台归附之后，卫拉特所主导的西汗廷又成

本雅失里汗（1384～1410）

为了巨大的威胁，为了保持均势，明成祖又开始扶持阿鲁台，封其为和宁王。

原本已经元气大伤的阿鲁台在受到明朝的支持后，迅速重新崛起，为了表示对卫拉特人拥立大汗的不承认，自己也拥立成吉思汗二弟哈撒儿七世孙阿岱台吉（本名阿克萨合勒）为汗。

东西汗廷继续对峙，答里巴为西汗，阿岱为东汗，双方不停地征战。但两位大汗都是台上的木偶，真正较量的则是两位太师马哈木和阿鲁台。而在马哈木和阿鲁台的身后，也有着一双

"阿岱汗"阿克萨合勒（1390~1438）

控制局势的手，那便是明成祖朱棣。谁赢谁输，都要看这双手会摆向哪一方。

1414年（明永乐十二年），明成祖率50万大军第二次北征漠北，兵锋直指马哈木控制的西汗廷。答里巴汗、马哈木、太平、把秃孛罗率精锐3万骑兵在克鲁伦河的忽兰忽施温（红山嘴）迎战。激战的结果，双方"杀伤略相当"，但明成祖损失几万人只是九牛一毛，卫拉特几万人战死几乎是灭顶之灾，这样的"平手"自然是卫拉特大败。

东汗廷太师阿鲁台闻讯，立即率军连连西征。这样的"雪中送炭"，使得西汗廷几乎崩溃，大汗答里巴、太师马哈木先后战死。马哈木是卫拉特的灵魂人物，他的死更让西汗廷元气大伤。而马哈木之子脱欢也被阿鲁台俘虏，幸亏其母是额勒伯克汗的女儿萨穆尔公主，身上流着黄金家族的血，阿鲁台没有将他杀害，并于1418年放归，让他统领马哈木余部。在脱欢被囚禁期间，卫拉特联盟的事务都由太平、把秃孛罗主管，他们拥立阿里不哥后裔斡亦剌歹为汗，率残部西

迁，等待时局的变化。

他们知道，阿鲁台以正统大元太师自居，一旦有了实力，决不会安心臣服明朝，而明成祖更是绝不会允许蒙古出现一家独大，尤其不能容忍坚持正统的东汗廷独大。时局马上就要变化了。

果然，日益强盛的阿鲁台开始频频骚扰明边，明成祖认为其"凶悖之心复萌"，决定再次翻脸。

在生命的最后三年，明成祖朱棣始终坐在马背上，1422（明永乐二十年）、1423、1424年三次亲征攻打东汗廷。阿鲁台虽然以避而不战的方针尽量保存实力，让明成祖到死都没能和他交上手，但物资、人口，特别是作为太师的威望均损失巨大，在不战而败中迅速衰落。

此消彼长，当阿鲁台在明成祖的追击下疲于奔命的时候，卫拉特则经过了内部的整合和休养生息，实力大增。继承马哈木衣钵的脱欢不再满足于三位首领共治的局面，在恢复了本部的元气后，于1424年（明永乐二十二年）兼并了太平，又于1434年（明宣德九年）兼并了把秃孛罗，结束了卫拉特"三巨头"的历史，继猛可帖木儿之后，成为了名副其实的"瓦剌王"，同时，他从明朝迎回了北元益宗次子的孙子脱脱不花，立为

蒙古铁骑出征图

"岱总汗"脱脱不花（1416~1452）

"岱总汗"，自任太师，也有了正统的元裔为号召。看到东汗廷在明军的打击下日趋衰落，便频频发兵东征。

阿鲁台早已是强弩之末，面对朝气蓬勃的脱欢，自然屡屡战败，再加天灾不断，所部日益解体。1434年7月，在北元担任太师30余年，拥立了3位大汗的阿鲁台终于被脱欢攻杀。

与福威自操的阿鲁台相比，东汗阿岱要冤枉得多，近，20年来，自己毫无实权，只是有一个汗号。可偏偏这个汗号成了他的催命符，明朝和脱欢都要将他消灭而后快。成为众矢之的的阿岱汗，在将领朵儿只伯的保护下四处逃难，身边的部队最多时不超过千人。但这位阿岱汗甚有骨气，虽然穷途末路，仍然拒绝了明朝的招降，在脱欢和明朝的夹击下又苦撑4年，终于败死在巴丹吉林沙漠。

蒙古东汗廷灭亡，脱欢控制的西汗廷成为北元蒙古唯一的中心。脱欢在统一卫拉特、消灭东汗廷后，已经几乎将蒙古高原完全统一。同时，原游牧于呼伦贝尔草原的哈撒儿后裔科尔沁部落也出现了分裂，在1434年前后，哈撒儿七世孙阿岱汗的长子阿鲁克特木儿势力渐渐增大，其胞弟乌鲁克特木儿因分配属民不公而感到

脱欢太师（？~1439）

015

失望，遂带领自己的部众以及兀良哈三卫中福余卫的一部分部众投靠了脱欢，愿意成为脱欢的属民。脱欢将之纳入卫拉特之中，将之取名为和硕特部，命令其游牧于科布多河、扎布汗河、崆奎河流域。这么一来，卫拉特自身的实力也得到极大的加强。

脱欢作为一个强臣，到了这个地步，就开始谋划篡位自立了，原本立实力微乎其微的脱脱不花为汗，也就是在为自己称汗铺路。然而，因为黄金家族在蒙古人心中的崇高威望，以及"非黄金家族不得称汗"惯例的深入人心，脱欢的自立无法得到绝大多数蒙古人的支持。罗密的《蒙古家谱》中，曾记载了脱欢试图篡位而不成的故事：

脱欢想要自立为汗，在成吉思汗陵用刀砍墙壁，说道："咄咄成吉思汗陵寝，若是其显贵乎？余苏太后，不汝弱也。"在场的大臣都劝他："不可，此圣祖不特蒙古君，天下主也，汝当叩首谢罪求免。"可脱欢毫不在意，说道："余行将代彼也，何以谢为？今众蒙古皆已属我，我欲法古人君陛位之制，称汗于陵前。"结果，就在设宴准备称汗的时候，挂在墙壁上的箭筒中的箭突然发出声响，紧接着脱欢身上便有了箭伤，脱欢因此而死。

这自然是神话故事，但也从侧面表现出当时蒙古社会对非黄金家族的脱欢欲图自立为汗的反对。同时，被脱欢拥立的岱总汗脱脱不花也是位"聪智"、"有奇策"的人物，被立为大汗后，韬光养晦，收买人心，并在击败东汗廷的战争中将阿鲁台残部收编到自己麾下，实力迅速壮大。

黄金家族的声望加上脱脱不花的经营，脱欢虽然有自立的打算，却始终不敢违背传统。他所能达到的辉煌，最多不过是蒙古的"曹操"。1439年（明正统四年），脱欢病逝，将自己的功业和成为大汗的梦想，留给了自己的儿子——也先。

3.空前绝后的非黄金家族大汗——"大元天圣汗"也先

在蒙古历史上留下空前绝后传奇的也先，是脱欢的长子，马哈木的长孙。对他来说，爷爷马哈木奠定了绰罗斯在卫拉特中的霸主地位，而父亲几乎一度统一蒙古高原，自己一生下来，便肩负更为艰巨的责任——把祖父和父亲的事业再推进一步，建立由绰罗斯家族为大汗的新的蒙古帝国。为了达到这个目标，他在父亲在位时，便抓紧一切机会提高自己的能力，积累自己的经验。

接替父亲成为太师之前，他的训练场在西部，而陪练则是东察合台汗国。蒙古四大汗国之一的察合台汗国在公元1346年分裂为东西两部分，西

"大元天圣汗"也先（？～1454）

察合台汗国后被帖木儿帝国取代；而东察合台汗国则一直坚持了下来，到1414年时，第八位大汗歪思汗成为统治者。歪思汗在东察合台汗国也是一位雄主，被称为"英武过人"，即位后放逐了曾经拥立过六位察合台汗的权臣忽歹达，独掌大权。脱欢时代，因为卫拉特人都不信仰伊斯兰教，歪思汗视为"异教徒"，屡屡发兵来犯。

从法统上来说，东察合台汗国应该是北元的属国，属国君主攻打宗主国太师，实在是犯上作乱。可在大元朝鼎盛的时候都不买账的察合台后裔，哪里还管

这些？脱欢自然不能坐视西部边陲出事，何况那里还是自己家族的"龙兴之地"，于是派出自己的儿子也先前去经略。

初出茅庐的也先激情澎湃，几乎不间断对歪思汗发动攻击，史书记载，双方"总共打了六十一次仗"，除了一次之外，每次都取得胜利。歪思汗损兵折将，丧城失地，在明拉克一战中，自己也被俘虏。也先表现得相当大度，将之释放。可歪思汗也是个钻牛角尖的人物，并不甘心，再次提兵来战，结果不久又在吐鲁番被也先俘虏。这回也先不打算无条件放

人，必须得到某种保证。歪思汗不得不用女人来换自由，将妹妹哈尼木公主嫁给也先。

从此，歪思汗终于愿赌服输，不再与也先交兵。也先也放过了大舅哥，开始向北部经营，降服了乞儿吉思人。乞儿吉思人从此便成为卫拉特人的属民，虽然屡有反复，却直到清朝乾隆时期，卫拉特人建立的最后一个帝国准噶尔帝国灭亡后，才彻底改变了这种状态。

在这一系列战斗中，也先日益成熟，声望也逐渐提高，为他日后接父亲的班，以至于完成父亲未竟的心

卫拉特骑兵作战图

愿，奠定了坚实的基础。有了许多显赫的战功，又是嫡长子，到父亲去世时，也先接替"太师"一职，内部没有任何的动荡。成为太师的也先，颇有政治手腕，他对于"岱总汗"脱脱不花十分恭敬，几乎所有大事都以大汗的名义行事。而脱脱不花也想在和平中壮大自己的实力，心甘情愿地配合也先，尽量满足他的要求。

一切后顾之忧都已经排除，也先可以放心实施建立自己帝国的计划了。他的运气非常好，这个时候，大明王朝继承明成祖事业的仁宗、宣宗都已去世，在位的是9岁登基如今只有14岁的明英宗皇帝朱祁镇。皇帝年纪

小倒也没什么，但在太皇太后张氏和宣宗重臣"三杨"或去世或致仕后，司礼监太监王振便接管了朝政。宦官处于非男非女的状态，若是使坏，可以集中两者的优点，胆大包天又阴狠刻毒；可要治国便又可以集中两者的缺点，自高自大又自私短视，这样的人专权，大明王朝的盛世注定要结束了。结束了盛世的明朝，对于边防便不再关心。不关心边防的明朝，对于边境的蒙古诸卫被别人控制便不会在意。

而吞并诸卫，正是也先的初期目标。明初，明廷在辽东地区设置兀良哈（即朵颜）、泰宁和福余三卫，

以安置归附的蒙古部落；在西北设置哈密、安定、阿端、曲先、罕东、沙州和赤斤蒙古诸卫，作为明王朝护卫边疆的"屏蔽"。尤其是兀良哈三卫，更在明成祖"靖难之役"中立下汗马功劳。

但是，这些卫对于明廷只是名义上隶属，实际上一直处于独立自治状态。他们在北元与明的战争中左右逢源，对谁都不是死心塌地。比如兀良哈三卫就因为明成祖许诺赐予大宁之地而食言，一度从"屏蔽"成为边患，后归附阿鲁台，直至阿鲁台败亡后才重新向明朝臣服，但仍然是独立发展。而西北诸卫中的哈密、安定、阿端和曲先等卫的统治者是察合台第六子拜答儿的后裔。他们不但在元朝时封爵显赫，明朝对之也是封王、赐印，这里完全是一个个自主小王国。赤斤蒙古卫的首领冒称为蒙古丞相之后裔，也是福威自操，拿全额的明朝俸禄，只履行愿意履行的臣子义务。

兀良哈三卫首先成为也先的目标。也先先用政治手段，先后娶泰宁卫都督拙赤、泰宁卫都指挥革干帖木儿之女为妻，希望以此笼络兀良哈三卫。可事与愿违，诸卫首领更倾向于脱脱不花汗，同时仍坚持与明朝的朝

明英宗朱祁镇（1427~1464）

贡关系，对这位太师并不买账。既然不能收为己用，1446年（明正统十一年），也先便率大军进攻兀良哈三卫。

这时候，兀良哈三卫首领本与建州女真在争斗，而且处于下风，被女真肥合卫都指挥别里格打得大败，正想收兵休整，背后却突然遭受也先的雷霆一击，成了腹背受敌，顿时"三卫大困"、"艰窘至极"，各卫首领先后被杀，也先"几歼三卫达尔"。至此，兀良哈三卫彻底被也先征服，其部众大部分被迁往丰州城（今呼和浩特市东郊）以北、小河套甚至亦集

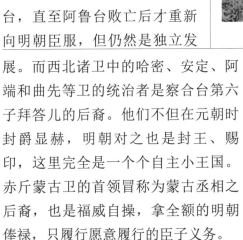

乃（今阿拉善黑城遗址）以西。而趁着大胜，也先又顺势向女真各部用兵，于1447年（明正统十二年）攻伐海西女真，同年11月征讨野人女真，翌年又向建州女真出击，一路北上，直抵黑龙江，后来因南方的攻略才撤军。

收复兀良哈三卫的同时，也先也在向西北的蒙古诸卫下手。相对于对付兀良哈三卫的铁血手段，也先在收复西北诸卫时则要温柔得多。脱欢在世时，便将自己的女儿嫁给哈密王卜答施里，生下了王子道瓦答施里，王子后继位为哈密王。哈密王数代都很"庸懦"，无法

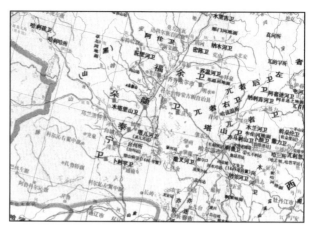

兀良哈三卫位置地图（源于《中国历史地图集》）

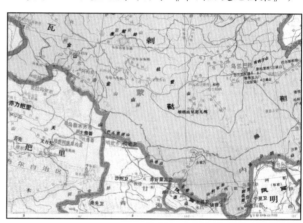

西北诸卫位置地图（源于《中国历史地图集》）

控制领地内的局势，权臣趁机架空王权。也先于是派兵进驻哈密，帮助外甥剪除权臣，安定局势。道瓦答施里对这位舅舅感激涕零，遂归附也先。

西北诸卫中，哈密南连沙洲，北接卫拉特，东抵肃州，实力最为强大，哈密王的态度迅速带动了其他首领，纷纷向也先投效。1444年（明正统九年），沙州卫首领喃哥接受也先以大汗名义授予的平章职衔，其弟锁南奔被封为祁王，其余头领为参政、

三平章、大使等。同年，赤斤蒙古卫首领阿速与也先联姻，接受蒙古印诰，确立臣属关系。1446年（明正统十一年），罕东卫首领班麻思结也与也先结为姻亲。原本是明朝"西陲屏蔽"的西北诸卫几年之内便改换门庭。也先在其地恢复了元代甘肃行省的建制，统一管辖诸卫事宜。

到1448年（明正统十三年），也先掌握实权的北元汗廷控制了东起女真，西达哈密及其以西的裕勒都斯河

流域，北抵叶尼塞河上游，南临长城的广袤地区，"漠北东西万里，无敢与之抗者"。

接下来，就该是向明朝发出直接挑战了。当年东西汗廷对立，明朝忽而助彼攻此，忽而助此攻彼，坐收渔人之利。现在，"岱总汗"脱脱不花还有很强的实力，受到很多正统派贵族支持，不把明朝搞定，这样的情况还会发生。

其实，早在1447年（明正统十二年），也先便召集朝会，决定南征明朝。聪慧过人的脱脱不花汗自然知道也先的目的绝不会是"求大元一统天下"，而是为篡位做准备，于是坚决反对。其时，东北的战事还未平息，也先便暂时作罢。

到了1449年（明正统十四年），大漠南北尽数平定，也先再次把南征提上议事日程。脱脱不花汗、知院阿剌都表示反对，但慑于其威，又没有拿得出手的理由，只得违心赞同。

虽然决议向明朝宣战，但也先并非莽撞之徒，并不是想用武力消灭明朝，他知道自己没有这个实力，动兵的目的主要是两个：一则要"使其田不得耕，民不得息"，削弱明朝实力，让明朝皇帝丧失干涉北元内政的能力；二则是逼迫明朝扩大与蒙古的边贸交易，解除对军器、钢铁、锅

明蒙连年战争

明英宗皇帝率军出征图

釜、茶叶的禁运，以获取更大的商业利益。

可连他自己都没有想到，明朝在太祖、成祖时代强悍无匹，差点使蒙古人亡国灭种的军队，会衰落得那么彻底，自己的进兵顺利得匪夷所思，甚至有了灭亡明朝的契机。

1449年七月十一日，战争的大幕正式拉开。也先以四路大军直逼明边：自己率军进攻大同；脱脱不花汗率军进攻辽东；阿剌知院进攻宣府；将军阿乐楚攻打陕西。七月三十日，也先率军到达大同，首战击败明朝参将吴浩所部，斩吴浩，攻陷大同边外诸堡。八月三日，大同总督军务宋瑛、总兵官朱冕、都督石亨等，在太监郭敬的监督下与也先激战于阳和（今山西阳高县）。既然有太监监军，明军自然"师无纪律，全军覆没"，宋瑛、朱冕均弃尸战场，石亨只身逃回大同，郭敬躲藏于草丛中幸免一死。

同时，知院阿剌所部直抵宣府，围困马营（今河北赤城县西北），断绝明军水源。马营守备杨俊，不敢出战，弃城而遁。知院阿剌继而挥戈南下，连续攻破独石（今河北赤城县东北）、永宁（今北京延庆县东），击毙守备孙刚，直逼居庸关。

将军阿乐楚所部到达陕西镇夷所（今甘肃高台县北）后，与明朝总兵官任礼、都督刘永、镇守肃州卫指挥胡麟激战于临水堡之西，大败明军，斩胡麟与左参将阮和、谷聪，接着，又败右参将都指挥刘震等，斩杀指挥阎震，虏获人、畜万余。

四路大军中，脱脱不花汗最不愿作战，很不卖力，但也收获颇丰。到达广宁（今辽宁北镇县）附近时，明朝总兵官王翱闭门自守，不敢迎战。脱脱不花汗于是将广宁卫和辽东卫(今辽宁辽阳市)之间的站路破坏殆尽,掳掠人、畜数万。

也先的长驱直入,不但他自己深感意外,北京城中的王振也没有想到。这位大太监不懂军事,却在此时爆发出男人一面的豪情,怂恿年仅22岁的英宗皇帝亲征。英宗皇帝年轻气盛,又想到祖父辈们都曾经亲征,很想寻个刺激,于是仓促间下令准备二日,即行出发。朝廷上下顿时一片混乱,大臣们伏阙极谏,认为不可行,但王振和英宗根本不理。

七月十七日,英宗皇帝、王振与扈从的文武大臣率数十万大军从北京出发,儿戏般地开始了亲征。由于准备极不充分,一路之上,"士兵乏粮,僵尸满路",没等作战便开始严重减员,扈从文武纷纷上书劝止前行,均被王振呵斥。

八月初一,英宗的亲征军抵达大同,蒙古军佯退。这时,太监郭敬赶到,报告了明军惨败的消息,王振这才决定撤退。可在撤退途中,大太监想让英宗到自己的家乡蔚州巡幸,好让自己光彩一番,于是向蔚州出发。可行进了40里后,王振发现军队沿途损毁庄稼,出于桑梓之情,又让大军掉头东去。

几十万大军在这样胡乱的指挥下越来越混乱,士兵疲惫不堪。八月初十到达宣府时,也先兵马追到。恭顺侯吴克忠任殿军抵御,兵败战死。之后成国公朱勇、永顺伯薛绶率4万人出战,结果又被包围全歼。

在听说大明皇帝亲征的消息时,

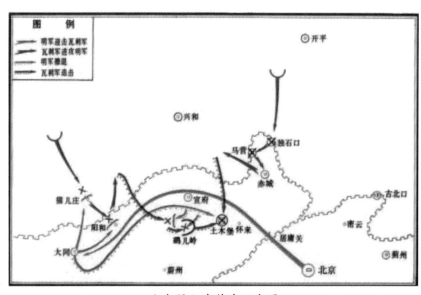

土木堡之战作战示意图

也先原本想见好就收，撤回草原。哪想英宗的亲征军未战先退，行军路线又一再变动，便尾随而来。一经接战，发现明军不堪一击，胆气顿壮，准备与之决战。

八月十四日，英宗大军到达土木堡，这里仅离怀来20里。诸文武奏请皇帝先入怀来，但王振因为自己千余车辎重未到，下令就地驻扎。

次日，也先率军赶到，

土木堡明蒙作战图

为了争取时间，他身边只有先头部队2万骑兵，但仍然迅速占据桑干河，将土木堡包围。明军虽然无能，但毕竟人数众多，也先知道强攻无法取胜，于是主动派遣使节谈和，骗得英宗将营中所带金银珠宝交出，便伪装撤退。

看到也先准备解围，王振断然下令全军立即开拔。在这样的命令下，明军行列大乱，士兵争先奔逃。

一直等待这一刻的也先立即集结骑兵四面突击，蹂阵而入，明军几乎无还手之力，全军溃散，只能任人宰割。如果说这是一场决战，实在有些抬高了也先，这是一场2万人对数十万人的大屠杀，虽然双方都有武器，但根本没有交战，只有一方对另一方的

砍瓜切菜。王振无论如何跋扈，也无法逃出生天，与数百扈从文武一起死在乱军之中。英宗皇帝无处可逃，被也先俘虏。

公平地说，明军的战斗力绝非如此之差，也并非没有可战之将，例如死在军中的英国公张辅，便是曾经平定安南、威震远邦的名将。可惜，王振将一切优势变成了劣势，数十万大军成了待宰羔羊。

这便是历史上著名的"土木之变"，也先取得了自己一生中最大最辉煌的成就，而明朝则遭遇了自建国以来最大的危机。

这场胜利，对也先来说，是无意间的乐透大奖，他如果在大明皇帝被俘、明朝京军损失殆尽、北京城中一

英宗的弟弟朱祁钰为帝，下诏各地兵马勤王

片混乱之际迅速推进至北京，以当时的情况，完全有可能将之攻陷。

但是，也先梦寐以求的是建立自己的帝国，是代替黄金家族成为蒙古的大汗。如果这个时候攻陷了北京，最为受益的，便是北元的"岱总汗"脱脱不花，自己若要篡位反而会增加难度。于是，他带着英宗皇帝于二十四日出边，到威宁海子、九十九泉、黑河等地"观光旅游"，在大青山两侧游牧一个多月，才又进入明边，决定将英宗皇帝送还北京，让明朝皇帝感激自己，从而不干涉自己篡位。

而这个时候，大明朝中的兵部尚书于谦已经和朝臣们拥立英宗的弟弟朱祁钰为景帝，下诏各地兵马勤王，在北京集结了20余万军队，下定决心不会答应也先的任何条件。

而也先阵营中，脱脱不花汗在得知俘虏英宗后，迅速从辽东赶来与也先会合，希望一鼓作气拿下北京，"还于旧都"，但没想到，也先根本没有进攻北京的意思，只是想把英宗送回，获取更多利益。脱脱不花汗于是再次消极怠工，到古北口后屯兵不前。知院阿剌在此次南征中所部损失不小，而也先的缴获最多，却不分与他，于是也磨洋工，在宣府停留。

　　也先失去了先机，又没有了战友的配合，单独到北京后，明朝君臣拒不迎接英宗。双方激战五天，也先损失惨重，弟弟孛罗、大将卯那亥相继战死，兵力损失数万，无奈之下只得撤兵。

　　虽然遭受失败，也先却看出景帝对英宗不能回去的期望，于是"成人之美"，将之送回。埋下"正统还入，则与景泰必有猜疑，以成内乱。如此，徐观其势，欲施其策"的伏笔。1450年（明景泰元年）八月，也先将英宗皇帝送回，结束了与明朝的

战争。日后，英宗和景帝兄弟二人果然同室操戈，演出了"夺门之变"的惨剧，朱祁镇复辟成功，重新夺回了皇帝大位。然而，那时这出大剧的策划者也先，已经不在人世。

　　外部的事情处理完毕，也先准备完成自己最迫切的心愿了——逼迫岱总汗脱脱不花让位，或者干脆袭杀大汗。

　　然而，就在他送还英宗的时候，脱脱不花汗征服了海西女真，斩杀其首领不剌吹、剌塔、别里格等人，将嫩江、松花江广大地区纳入自己的控制范围，实力大为增强。也先想要弑

英宗和景泰帝同室操戈，演出了"夺门之变"的惨剧

君自立，脱脱不花汗也要来铲除这个司马昭之心路人皆知的也先。

双方首先在大汗继承人上的问题发生了冲突。脱脱不花汗的皇后是也先的姐姐，而他所立的太子却并非正室所生。也先名正言顺地要求脱脱不花汗将正室所生之子，也就是自己的外甥立为太子。

插手汗室事务和立储，这是明显的挑衅，脱脱不花汗当然

也先"凡故元头目苗裔无不见杀"

知道，自己如果示弱，也先便会得寸进尺，于是坚决不从。君臣二人的关系急剧恶化。而也先的跋扈，不但激怒了东蒙古各正统派部落，也使得自己的麾下出现了分裂，他的部下阿哈剌忽知院以及哈喇嗔部首领对他不满，各率本部投奔了脱脱不花汗，汗廷可指挥的兵马迅速增多。

对脱脱不花汗来说，既然早晚都要和也先翻脸，现在自己又有了实力，何不抢先动手占得先机呢？于是，1451年（明景泰二年）冬，"岱总汗"脱脱不花集合汗廷人马，并传谕各部共同讨伐也先。由于事发突然，也先初战不利，折了大将圭林奇，阿剌知院也受了伤，只得退到杭爱山南麓休整。脱脱不花汗率军进逼，决心一举将之歼灭。

情势对也先不利，但他并不惊慌。他很清楚，能够置人于死地的，不仅仅是钢刀弓箭，还有阴谋。而脱脱不花汗身边，有人可以让他尽情施展阴谋。也先派遣部下趁夜色潜入大汗营地，见到脱脱不花汗的二弟阿巴噶尔济，提出如果只要其临阵倒戈，杀死脱脱不花后便拥立其为汗。阿巴

噶尔济利令智昏，不顾儿子哈剌苦出的劝诫，决定背叛大哥。

关于弟弟的背叛，脱脱不花汗毫不知情，他还沉浸在彻底击败也先、收归卫拉特各部、实现由汗廷主导的蒙古统一、重现大元荣光的迷梦中。结果，在1451年十二月二十八日清晨，也先的大军突袭汗廷大营，与阿巴噶尔济里应外合，一举歼灭了汗廷军。脱脱不花汗的妻子、儿子也被也先俘虏，他仅带10人逃走，投奔了自己的岳父——郭尔罗斯部首领沙布丹。

此时的脱脱不花汗大势已去，收留他就是和也先作对，沙布丹并不想为了这个已经失势的女婿受到牵连，于是不顾女儿的哀求，将脱脱不花汗杀死。为了不让女儿太伤心，他收养了脱脱不花的两个幼子马儿古儿吉思、脱古思蒙克，这两个孩子日后都被权臣拥立为大汗，但结局比父亲还要悲惨。

脱脱不花已死，也先就搬掉了称汗路上最大的拦路石，本可顺势登基

脱脱不花的三弟满都古勒

了，但毕竟黄金家族势大，尤其是元裔树大根深，虽然蛰伏，却也是自己巨大的威胁，也先于是狠下心来，进行了一场大清洗——屠戮元裔。挨第一刀的便是那个出卖胞兄的阿巴噶尔济，也先请其赴宴商讨拥立为汗事宜，阿巴噶尔济欣然前往，结果刚入席就掉入被事先挖好的陷阱当中，与护卫一起全部被杀。其子哈剌苦出虽是也先女婿，但也没能幸免，随即在逃亡路上遇害。紧接着，也先"凡故元头目苗裔无不见杀"，几乎将忽必烈直系子孙斩杀殆尽。除了上文所说的沙布丹保护的两个外孙之

也先完成了祖父和父亲的心愿成为蒙古大汗

外，只有脱脱不花的三弟满都古勒因逃到哈赤温后裔领地得以活命。

一切的障碍都已经排除，1453年（明景泰四年）夏，也先宰杀五头黑牛、九匹白马祭天，自立为汗，称为"大元天圣可汗"，年号"天元"。他终于完成了祖父和父亲都没能完成的心愿，成为蒙古历史上第一位非黄金家族的大汗。

从北元建立以来，蒙古高原第一次出现了所有部落受一位大汗统治的局面，也先不仅是第一位非黄金家族的大汗，还完成了从北元惠宗开始，历任大汗都没能完成的统一大业。

虽然此时蒙古各部都是单一的游牧经济，难以形成稳固的统一基础，只是被也先的武力所压服，但只要他励精图治，未尝不能建立新的蒙古帝国。但是，也先毕竟受父祖的余荫，并非从底层一步步奋斗崛起，缺乏政治智慧，一旦有了成就便忘乎所以了。登上汗位后的他以成吉思汗流亚自诩，目空一切，曾经的谨慎小心全部抛在脑后，迅速成为了"荒于酒色，又残忍"的人。按说，登基为汗后，应该封赏功臣，与成吉思汗一样，与功臣贵族共天下，将所有人团结在自己周围。可也先却不这么认为，在他看

来，天下是自己的，那么一切的一切都应该归自己所有。而对于其他贵族，他不但吝啬封赏，还迷信暴力压制，动辄杀戮。

黄金家族各部贵族不用说了，杀戮不用理由，没有隐瞒，想杀便杀。土默特部的蒙克拜、永谢布部的索尔逊均因一言不合而被杀；科尔沁部的锡古锡台是蒙古各部中著名的神箭手，拥有崇高威望，在也先与脱脱不花汗之战中站在脱脱不花汗一边，阵斩也先大将圭林奇，结果归降后也被无端处死。而对自己赖以起家的卫拉特各部的贵族，也先也没有丝毫的客气。那个跟随自己多年的阿剌知院，也先先是拒绝了其就任太师的请求，以自己的儿子斡失帖木儿为太师。之后，为了削弱阿剌知院，先后将其两个儿子暗杀。

刚当上大汗，也先就亲手把自己的根基弄得相当松动，让自己成为了真正的孤家寡人，四周危机重重。可他自己非但没有察觉，反而雄心壮志，兵分两路对外扩张。

第一路，他将重兵交给自己的次子——新任太师斡失帖木儿，让他向西方攻略。斡失帖木儿是也先诸子中最有才能的一个，在得到父亲的旨

第一路向西攻伐的卫拉特蒙古军队

第二路向明朝攻伐的卫拉特蒙古军队

意后，率7万大军一路向西攻伐。约在1452年至1455年间，斡失帖木儿率军进入七河流域（指中亚注入巴尔喀什湖的七条河流：伊犁河、卡拉塔尔河、阿克苏河、列普萨河、阿亚古兹河、楚河、塔拉斯河），在锡尔河畔打败了白帐汗统治者阿布海尔汗，兵锋达到河中地区东境，并且抄掠了塔什干以及其他绿洲。1459 年，斡失帖木儿还派遣使节到当时德里苏丹国的赫拉特（今阿富汗西北部赫拉特省首府）拜见了阿布塞伊德苏丹。

斡失帖木儿的西征，历时十年左右，不但将察合台后王逐出天山北麓，掠夺了河中的东境，而且还恢复了对哈密以北及阿尔泰山以西辽阔草原地带的控制，收获相当丰厚。但是，斡失帖木儿带走了也先麾下的主力，使得也先的汗廷兵力空虚，为日后的败亡埋下了伏笔。

第二路，也先则调动蒙古各部，决定大举入侵明朝。他深知，自己成为大汗绝非名正言顺，如果不能取得如成吉思汗、忽必烈一样的功业，绰罗斯家族完全代替黄金家族是不可能的。统一蒙古主要是父亲完成的，自己必须有更大的成功。那除了征服明朝，还能做什么呢？

1454年（明景泰五年）刚一开始，也先在蒙明边境动作频繁，明朝边关大量的军情报往北京；二月，边关的守将不停地向朝廷奏报，越来越

031

多的蒙古骑兵在沿边活动；五月，有被俘虏的蒙古人招认，"天圣可汗"也先是派他们前来侦查，为在秋天大军入关做准备；六月，传来兀良哈三卫在也先的胁迫下，"尽发丁壮"随他南下作战的消息；八月，也先准备南下的消息已经坐实，不但兀良哈三卫随征，西北的赤斤蒙古诸卫也接到汗廷谕旨，起兵作为策应。

景帝重臣、兵部尚书于谦认为"意外不测之患，难保必无"，开始加强边关警戒。然而，明军枕戈待旦许久，欲想的战争却没有到来，反而很快得到了也先被杀、蒙古大乱的消息。长出一口气的明朝君臣不仅面面相觑，那个也先，怎么这么快就走上了绝路？他们并不需要奇怪，无数历史早就证明，一个用武力建立霸业的人，如果只知道用杀戮来维持霸业，那么，败亡就会指日可待。

结束也先的，正是他曾经的得力助手——阿剌知院。这个为也先卖命多年，一无所得，又被连杀两子的老人，怒火早已不可遏制，但在表面上还"益敬顺也先"，暗中寻找着机会。与也先一样，他也知道阴谋要比刀剑更容易置人于死地。而对于志得意满的也先来说，给别人杀掉自己的机会并不困难，正当他准备大举伐明的八月，在一次出猎中，阿剌准备的三万骑兵迅速将他包围。面对着惊愕不已的也先，阿剌知院说了番连他自己都不相信的理由："你双手沾满了先可汗的血，也沾满了兀良哈三卫众多首领的血，天道循环，今天该轮到你了！"这完全是借口，这次兵变，只是也先酿成的众多矛盾的总爆发，在建立自己帝国的过程中，他树敌无数，而又没有任何措施来进行弥补，即使阿剌知院不出手，想杀他的人也大有人在，不过是时间早晚罢了。

阿剌知院（？~1454）

也先就这样结束了自己的大汗梦，从他的祖父马哈木开始，卫拉特的绰罗斯部就在一步步向这个梦想迈进，历经三代，终于在也先的时代得到实现，可辉煌只持续了短短的一年。随着也先的败亡，蒙古高原再次分裂，各部的混战重新开始，而卫拉特人执蒙古牛耳的时代也一去不返，开始了衰落、分裂、西迁以至重新整合的历史。

4.卫拉特蒙古的衰落与东蒙古中兴

阿剌知院的兵变，不但终结了也先的生命，也使卫拉特自身的力量遭到沉重的打击，几乎一蹶不振。处在核心地位的绰罗斯部受害最深，也先的弟弟赛罕王，伯颜帖木儿都死于这次变乱之中，另一个弟弟伯都王带领部分人马南下哈密地区，其母与其妻被阿剌俘获，长子火儿忽答孙率余部退回叶尼塞河上游卫拉特人的故地。而与此同时，一直坚持元裔为正统的东部蒙古各部则在这次变乱中抬起头来，迅速联合起来，恢复了正统汗廷。

1454年（明景泰五年），成吉思汗弟别勒古台后裔毛里孩，另一弟哈撒儿后裔齐王孛罗乃，哈喇嗔首领孛来、少师阿罗出等人，拥立脱脱不花幼子马儿古儿吉思为汗，汗号"乌珂克图汗"，毛里孩与孛来同为太师。同时，正统派部落也开始了对卫拉特的清算，发兵攻伐。这使得卫拉特势

"乌珂克图汗"马儿古儿吉思和"摩伦汗"脱古思蒙克

力大衰，内部又矛盾重重，一度相当被动。弑杀也先的阿剌知院便在征伐中战死，虽然还能勉强保住漠南、漠北的牧场土地，但也大显败象，难以为继。

正当卫拉特诸部处于坐困愁城之时，一位救星回来了，他便是奉也先之命西征、攻略中亚的太师斡失帖木儿。1463 年（明天顺七年），斡失帖木儿从中亚返回蒙古，带回了经略西方的精锐之师，从而迅速改变了东西蒙古的力量对比，卫拉特诸部迅速团结在他的麾下，重新崛起。

斡失帖木儿回来的第二年，汗廷孛来太师率众出征卫拉特，迎头遭到卫拉特的抗击，惨败而归。这一仗，不仅使得孛来损失惨重，也让汗廷的内讧进一步发展。因为此役让孛来"稍衰"，另一位太师毛里孩便趁机将其袭杀，而此时乌珂克图汗正在孛来营中，结果玉石俱焚。旧"牌位"不小心弄坏了，只好找个新的，太师毛里孩与少师阿罗出另立脱脱不花汗另一儿子脱古思蒙克为汗，汗号"摩伦汗"。可仅一年后，摩伦汗就因为小人挑唆与毛里孩发生争执，被毛里

斡失帖木儿太师（？~1478）

孩所杀。之后，齐王孛罗乃、少师阿罗出联合兀良哈三卫以为大汗报仇为名进攻毛里孩，双方鏖战5年之久，到1469年（明成化五年），毛里孩终于兵败，被齐王孛罗乃袭杀。

在汗廷内斗不已的时候，斡失帖木儿频频发兵东征，1465年（明成化元年）将汗廷势力全部逐出漠北草原。1469年又击败欲图收复漠北的齐王孛罗乃，使之逃往辽东后不知所终，并趁势渗透到辽东一带，降服了兀良哈三卫。东蒙古各部虽然没有如脱欢、也先时代被完全征服，但也狼狈不堪，纷纷撤入漠南草原，甚至争相到河套"恃黄河以为

险"，"惧瓦剌阿失帖木儿（斡失帖木儿）与之仇杀，不敢渡河而北"。

斡失帖木儿不愧为一代英雄，从中亚回到蒙古，短短6年时间，便恢复了除漠南之外也先时代的疆土，东据漠北草原，西有天山北麓，北起林木中百姓故地，南至哈密北山。这时的东蒙古各部只有招架之功，毫无还手之力.连明朝的史籍中也记载："成化间，大抵瓦剌为强，小王子次之"（郑晓：《皇明北虏考》），成化是明朝宪宗朱见深的年号，在位期间是1465年到1478年，在这14年当中，由斡失帖木儿领导的瓦剌，仍是蒙古第一大势力，无人能膺其锋。

也就在此时，卫拉特也有了"额鲁特"或"厄鲁特"的名称，意为

"众中之大者"，"众中之强力者"，足显现其威势。在日后清朝的典籍中，厄鲁特便成为卫拉特的泛称。

然而，水满则溢，月满则亏。斡失帖木儿虽然一度复兴卫拉特的霸业，可他仍没能改变其父亲时代的行政、经济状况，终究不能摆脱"其兴也勃焉，其亡也忽焉"的命运。1478年（明成化十四年），斡失帖木儿去世，其子克舍继位。克舍才能不如其父，但也并非无能之辈，本来能做个守成之君，但其运气不佳，在他登上太师之位后一年，东蒙古出现了一位杰出的巾帼英雄，东蒙古开始崛起了。

这位巾帼英雄便是满都海彻辰夫人，蒙古大汗满都鲁汗的侧妃，在满

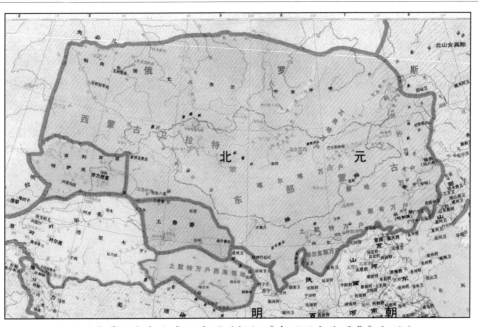

北元时期蒙古各部分布示意图（根据《中国历史地图集》标注）

都鲁汗去世后，以汗后的名义进行监国。满都鲁汗没有儿子，原本是想将汗位传给自己的侄孙巴彦蒙克，可由于奸臣挑唆，祖孙二人发生战争，巴彦蒙克败死。如此一来，黄金家族的元裔正宗忽必烈一支，几乎要到了绝嗣的地步。

黄金家族其他支系的首领们都跃跃欲试，如成吉思汗二弟哈撒儿后裔，科尔沁部首领兀捏孛罗特等人便积极向满都海夫人求婚，希望用婚姻的方式获得继承汗位的合法性。但国公桑海之妻济罕阿噶向满都海夫人进言道："如果嫁给哈撒儿的后裔，就会招来厄运，离开你所有的国土人众，失去你所有的哈屯册封！如果守着大汗的子孙，就会被皇天佑护，主宰你所有的国土人众，让你哈屯的声名远扬！"于是，满都海夫人坚决拒绝了各部首领的求婚，寻找忽必烈家族的后裔。

所幸，在巴彦蒙克遇害时，其独生子巴图蒙克被一个小贵族哈达克收养，得以保全，现年7岁。原本人丁兴旺的忽必烈家族，此

时的男性后裔，仅此一人了。

满都海夫人没有食言，下嫁给年仅7岁的巴图蒙克，并在自己的主持下，于1479年（明成化十五年）立巴图蒙克为汗，汗号"达延汗"。满都海夫人此时已经33岁，嫁给巴图蒙克是极大的牺牲。从此，她身兼母亲、妻子、辅臣三项重任，成为蒙古历史上著名的巾帼英雄。

新组织的汗廷主少国疑，全靠满都海夫人支撑，她巾帼不让须眉，于1480年（明成化十六年）亲自率军远征卫拉特。克舍认为女流之辈没什么了不起，率军迎战，岂料却在满都海夫人的一路猛攻之下难以招架，在博尔塔拉（今新疆和布克赛尔蒙古自治县）被打得大败。卫拉特人被迫迁往杭爱山以西，蒙古圣地哈喇和林被汗廷收复。

此役标志着卫拉特的衰落，不但丢失了漠北大量牧场土地，还不得不与汗廷签订盟约，规定卫拉特首领的住帐只能称宅而"不得称殿"，其"冠缨不得过四指"等条件，这等于宣誓卫拉特承认达延汗为汗，不得自行称汗，独立于蒙古之外。

满都海彻辰夫人（1448～？）

克舍在位8年后，于1486年（明成化二十二年）病逝，其子阿沙继太师之位，卫拉特更为衰微。在东部，巴图蒙克达延汗亲政，初步统一东蒙古各部，频频向卫拉特出兵，争夺漠北草原。而在西南，东察合台汗国的阿黑麻汗也开始向北扩张，欲图控制整个蒙古斯坦（意思为"蒙古人的地方"。东起阿尔泰山，西到塔拉斯河之东，北界塔

"达延汗"巴图蒙克（1474~1516）

尔巴哈台山至巴尔喀什湖一带，是天然的良好牧场），对卫拉特人发动了迅猛的攻势。根据《拉失德史》记载："整个蒙兀儿斯坦全境再也没有人敢反抗他。他几度用兵喀耳木（卫拉特），连战皆捷，斩获颇众……喀耳木非常畏惧他，一直称他为阿勒札汗……这就是把他称为'嗜杀之汗'。"这虽然是伊斯兰史学家对伊斯兰君王功业有所夸大，但卫拉特的节节败退却是事实。

外患频仍，内部的分裂也随之开始，克舍的弟弟阿力古多自称"太师"，不再服从阿沙太师，率部自行其是，两方遂起仇杀。绰罗斯部至此分裂，阿力古多统领的部众，被称为杜尔伯特部，而阿沙所统领的，便是准噶尔部。

此后的卫拉特每况愈下。中兴了北元的达延汗将从前各小领地合并为六个万户，仍分左、右两翼。左翼三万户为察哈尔万户、兀良哈万户、

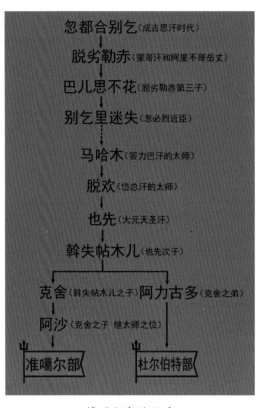

忽都合别乞（成吉思汗时代）

脱劣勒赤（蒙哥汗和阿里不哥岳丈）

巴儿思不花（脱劣勒赤第三子）

别乞里迷失（忽必烈近臣）

马哈木（答力巴汗的太师）

脱欢（岱总汗的太师）

也先（大元天圣汗）

斡失帖木儿（也先次子）

克舍（斡失帖木儿之子）　阿力古多（克舍之弟）

阿沙（克舍之子 继太师之位）

准噶尔部　　　　杜尔伯特部

绰罗斯家族世系

喀尔喀万户；右翼三万户为鄂尔多斯万户、土默特万户、永谢布万户，汗廷设置在察哈尔境内。这六万户除兀良哈万户以外，达延汗把其余五个万户都封给自己的儿子领有。在达延汗之后，掌控了右翼三万户的土默特部阿拉坦汗以及喀尔喀部的阿巴岱汗等杰出的首领相继西征，而东察合台汗国也不停向北侵扰。卫拉特人在巨大的压力下，被迫不停西迁。逐渐，杭爱山以南，坤奎、扎布汗河流域及其东南的哈喇和林，瓜、沙二州以北，天山山脉的济拉玛罕山及其附近的巴里坤一带草原全都丢失。到17世纪初，卫拉特最终只能在鄂毕河、额尔齐斯河上游以及叶尼塞河上游驻牧。

在十六世纪末17世纪初，西迁后的卫拉特人有了新的整合，绰罗斯分裂为准噶尔和杜尔伯特两部，而辉特部后来一部分加入了和硕特及土尔扈特，一部分附牧于杜尔伯特。巴图特部初依附于绰罗斯，后被吸收到和硕特部。于是，准噶尔、杜尔伯特、土尔扈特、和硕特便成为了新的"四卫拉特"，他们组织了一个松散的联盟，各部互不统属，各治其民，只是有大事时，才召开"丘尔干"大会商议。而联盟的盟主，则是后来居上的和硕特部。

不过，这个联盟并没能持续多久，为了应付周边错综复杂的环境，各部都在努力寻找着自身的位置，最终在一系列事件之后，各部分道扬镳，各自撰写出了精彩的历史。

三、持教法王——和硕特汗国

和硕特部是四卫拉特部中唯一由黄金家族后裔为首领的部落，是成吉思汗二弟哈撒儿的子孙。不过，在卫拉特内部，黄金家族这块金字招牌却并不能带来什么显赫和荣耀，反而在卫拉特中其他三部首领都是出身于非

黄金家族的情况下，和硕特部显得相对孤立和处于非常尴尬的境地。因为卫拉特诸部在北元时代的崛起，就是建立在无视黄金家族传统权威的基础之上。早期卫拉特的首领猛可帖木儿、马哈木、脱欢、也先都杀死过蒙古大汗，也先更是彻底抛弃数百年来"非黄金家族不得称汗"的传统，自立为"大元天圣可汗"。而和硕特部的始祖乌鲁克特穆尔的父亲阿岱汗，偏偏就是死在脱欢之手。其刚投奔卫拉特时的情形，必定是极为压抑和充

哈撒儿（1164～1215）

039

满矛盾的心态。

如前文所述，阿岱汗是北元时期东汗廷的象征，且其人很有骨气，在无兵和无根据地的条件下，面对明朝与脱欢的两面夹击，苦撑数年，在穷途末路之际仍然拒绝投降，最后败死于敌手，称得上是宁死不屈的硬汉。但他的次子乌鲁克特穆尔却能够率领部众投奔他的敌人，且成为卫拉特重要的组成部分，其中有多少不为人知的秘密？

从现有的史料上来看，乌鲁克特穆尔大约是在15世纪40年代从科尔沁部出走并投奔卫拉特的。公开的原因是在分配属民和财产中所得不公，

据史料记载，只分到一些"好歹属民"。可想而知，父亲不在，那么家中的大权自然落在长兄手中，而作为长子的阿鲁克特穆尔显然没有公正分配财产，将更多财产和属民留给了自己；做弟弟的无力与之相争，那么惹不起躲得起，毅然投奔当时蒙古最大的势力，借助其力量保护自己，似乎是最好的办法。

不过，在脱欢攻灭东汗廷之后，已经统一了蒙古各部，科尔沁部也一度臣服于卫拉特，但臣服归臣服，部落的独立性还自始至终保持着，仍然以"哈撒儿大王的后裔科尔沁人"而感到荣幸。乌鲁克特穆尔则是完全加

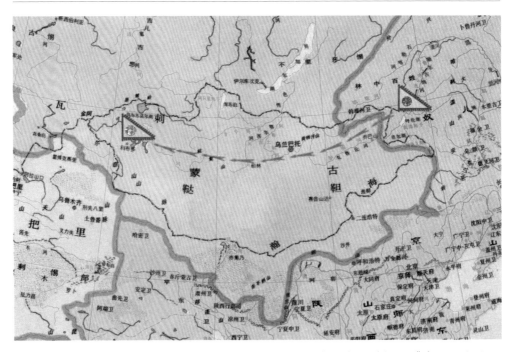

和硕特部从科尔沁分离后向"日落方向"迁徙路线示意图（根据《中国历史地图集》绘制）

入了卫拉特部，成为脱欢的直属部落。要完全放弃祖先的骄傲，这其中有多少不甘心和无奈呢？

尤其是，脱欢虽然对乌鲁克特穆尔的归顺极为欣喜，给予了很高的奖赏和信任，还把自己的亲生女儿嫁给了乌鲁克特穆尔，同时又从自己卫拉特部众中分出一批属民赐予他，并亲自为其部落起名为"和硕特"。命令其游牧于科布多河、扎卜罕河、崆奎河流域。虽然游牧民族的蒙古人转换牧场是司空见惯的，但从东北亚的额尔古纳河流域及呼伦贝尔大草原，一路向着"日落方向"迁徙到今天蒙古国的西部地区，这样的长途迁徙也绝非易事。数千部众扶老携幼，驱牛赶羊，长长的勒勒车队首尾难以相望，而故乡则在身后渐行渐远，又如何能没有辛酸的泪水和对往日的回忆呢？

何况，此次迁徙，他们不再是世代沿袭的科尔沁部属民，而将是卫拉特的和硕特部，他们将要为卫拉特的生存与兴盛去奋斗、去作战、去流血。曾经的敌人，却要成为誓死效忠的母邦，心中又将是何滋味呢？谁能够想到，当卫拉特整体衰落西迁后，和硕特部会一跃而成为卫拉特联盟中第一大部落，执联盟牛耳近百年

呢？

1. "卫拉特汗"——卫拉特联盟时期的和硕特

卫拉特联盟形成初期的历史，少有记载，但可以肯定的是，和硕特在初期仍然是不显山不露水，而盟主之位由准噶尔部担任。不过，因史料疏略，此间和硕特、准噶尔两部关系具体如何，暂不可考。

但很快，和硕特部因为在同近邻乌兹别克、哈萨克等部的频繁战争中获益良多，实力壮大，同时也因为准噶尔部的力量终究无法和分裂前的绰罗斯相比，卫拉特各部部长对其"并未给予应有的尊敬，而只顾维护自身的利益"，和硕特部终于有了出头之日，在迅速争取到其他诸部的支持后，从准噶尔部手中夺走了盟主之位，由此开始雄冠卫拉特蒙古。

1541年（明嘉靖二十年），和硕特首领博贝密尔咱成为卫拉特联盟盟主，按照清朝《藩部要略》第九卷的记载："自博贝密尔咱汗始，卫拉特立汗"，也就是说，博贝密尔咱成为盟主后，依仗自己出身于黄金家族的身份，废除了卫拉特人当初与满都海彻辰夫人的盟

和硕特部旗帜(本书作者设计)

约，开始称汗。这无疑使原本在卫拉特内部很不以为然的黄金家族血统重新得到了尊重。

不过"卫拉特汗"虽然出现，却不能说卫拉特形成了"卫拉特汗国"，因为各部之间只有松散的联盟关系，并未形成统一的国家，这有点类似于欧洲的"神圣罗马帝国"，虽然有皇帝，但"既不神圣，也不罗马，更非帝国"（伏尔泰语），不过是诸多公国、侯国、宗教贵族领地和帝国自由城市的政治联合体而已。

博贝密尔咱主持联盟事务20余年，虽然在团结内部、应对俄罗斯人南下等方面颇有建树，但始终没能让卫拉特摆脱被东部蒙古汗廷打击的命运。1558年（明嘉靖三十七年），北元土默特部的阿拉坦汗率军西征，征服了辉特部的郭林明安氏族，并压服土尔扈特部，娶了其首领的女儿做自己的侧妃，这个女人便是蒙古历史上著名的钟金夫人，汉文史籍中称为"三娘子"。1562年（明嘉靖四十一年），北元鄂尔多斯部的库图克图彻辰洪台吉也出兵卫拉特，再次击败土尔扈特部。1568年（明隆庆二年），阿拉坦汗再次出兵卫拉特，兵锋直抵阿尔泰山。而漠北喀尔喀左翼的阿巴岱汗也从1554年（明嘉靖三十三年）开始，频频出兵攻打卫拉特。卫拉特诸部左支右绌，损失惨重。

1570年（明隆庆四年），博贝密尔咱病逝，其子哈尼诺颜洪果尔继承和硕特部长之位，并成为第二任卫拉特联盟盟主。在他率领卫拉特联盟期间，其主要的敌人是漠北喀尔喀左翼的阿巴岱汗。从此，漠北喀尔喀与卫拉特开始有了千丝万缕的联系。其来龙去脉是这样的：前文说过，北元在达延汗时代获得中兴，分封了六个万户，分别为察哈尔万户、兀良哈万户、喀尔喀万户、鄂尔多斯万户、土默特万户、永谢布万户，其中，达延汗将喀尔喀万户左翼分封给第五子阿尔楚博罗特，右翼则分封给第九子格埒森

博贝密尔咱（？~1570）

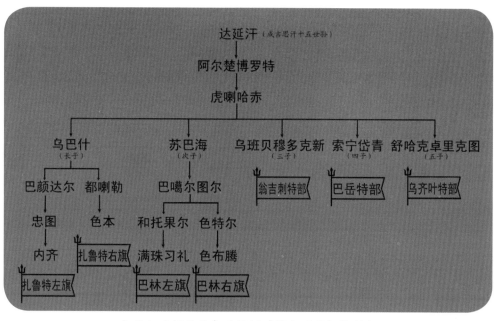

内喀尔喀部世系表（根据《蒙古世系》绘制）

扎。16世纪中叶，喀尔喀左翼随蒙古大汗达赉逊南下大兴安岭，来到西拉木伦河流域驻牧，被称为"内喀尔喀五部"，从此脱离喀尔喀万户独立游牧于漠南蒙古地区。内喀尔喀五部在以后的清朝与林丹汗的战争中损失三部，只留下巴林和扎鲁特两部，被清朝编为札萨克旗，从此不再以"喀尔喀"为名号。而喀尔喀右翼则在格埒森扎的领导下从哈拉哈河向西发展，参与了从1524年（明嘉靖三年）到1538年（明嘉靖十七年）蒙古大汗博迪汗所主导的对兀良哈万户的拆分战争，分得了杭爱山的原兀良哈万户牧场和属民，并经过多年努力，势力囊括整个漠北草原，后世所说的喀尔喀蒙古，便是这一支。

格埒森扎是喀尔喀蒙古的始祖，也是喀尔喀雄霸漠北的奠基者。在他去世后，七个儿子拆分了遗产，也分为左右两翼。左翼分为三部，分别为第三子诺诺和、第五子阿敏都剌勒、第六子达来；右翼分四部，分别为长子阿什海、次子诺颜泰、第四子德勒登和第七子鄂特欢诺颜。

成为卫拉特主要敌人的阿巴岱便是喀尔喀左翼的首脑诺诺和的长子，在父亲1554年（明嘉靖三十三年）去世后继承首领之位。这位阿巴岱汗勇武绝伦，从14岁起便频频率兵攻打卫拉特，哈尼诺颜洪果尔与他交战总是败多胜少。1580年（明万历八年），在库博克儿战役中，阿巴岱汗彻底击败了卫拉特联军，斩杀了哈尼诺颜洪

043

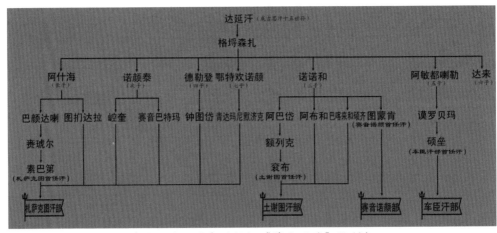

外喀尔喀世系表（根据《蒙古世系》绘制）

果尔。卫拉特诸部不得不拜服于阿巴岱汗脚下。阿巴岱汗立自己的儿子锡部古泰作为"卫拉特汗"，统领各部。

因为阿巴岱的卓越战功，1580年喀尔喀各部首领尊奉其为"赛因汗"，他成为漠北蒙古中第一个拥有汗号的首领。到1587年（明万历十五年），阿巴岱到西藏觐见达赖喇嘛，受封"佛法大瓦齐赉汗"，其统治权不但为喀尔喀各部所承认，还受到了黄教教廷的认可。1588年（明万历十六年），阿巴岱汗去世，其子额列克继位，号"墨尔根汗"。额列克去

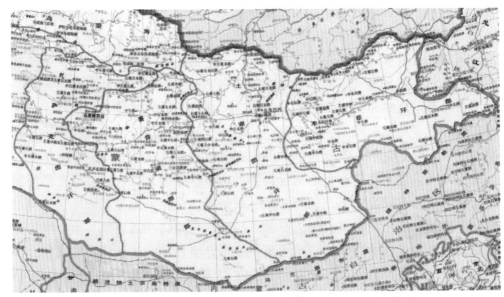

清朝时期外喀尔喀蒙古地图（源于《中国历史地图集》）

世后，其子衮布继位，号"土谢图汗"。待到衮布之子察珲多尔济即位时，专门于1674年（清康熙十三年）拜谒五世达赖喇嘛，请求将其父亲的"土谢图汗"称号和其曾祖父"瓦齐赉汗"称号全部由自己继承，号为"信仰和力量具备的瓦齐赉土谢图汗"，五世达赖喇嘛答应了他的请求。从此，喀尔喀左翼的汗世代都以此为汗号，简称"土谢图汗"。这便是喀尔喀蒙古三汗部中的"土谢图汗部"。

从1580年往后的8年中，卫拉特一直在喀尔喀的统治之下．直到1588年阿巴岱汗去世，他们才群起反叛，袭杀统治他们的锡部古泰，拥立哈尼诺颜洪果尔长子拜巴噶斯为"卫拉特汗"，恢复了独立。

然而，虽然喀尔喀左翼在阿巴岱汗死后出现内乱，汗位传承出现问题，无力讨伐。但喀尔喀右翼之长，格埒森扎的长子阿什海达尔罕珲台吉的曾孙素巴第填补了权力的真空，于1596年（明万历二十四年）发起"塔剌尼河会盟"，召集喀尔喀各部首领与会，推举自己为"札萨克图汗"，让喀尔喀蒙古重新有了核心，恢复了对卫拉特的攻势，终于使得卫拉特

于1606年（明万历三十四年）被迫签署和约，向喀尔喀交纳贡赋。素巴第的堂叔硕垒乌巴什成为管理卫拉特人的"汗"，其部称为托辉特部，因为有"卫拉特汗"的虚名，因此在与俄罗斯交往中总是自称"阿拉坦汗"，所以托辉特部在俄罗斯史料中被称为"阿拉坦汗王朝"。

拜巴噶斯是第三任卫拉特联盟盟主，在他的父亲哈尼诺颜洪果尔战死时，他只有10岁，由母亲

拜巴噶斯（？～1629）

阿亥夫人抚养成人。阿亥夫人是个很了不起的女性，丈夫战死后，她一面管理和硕特部的事务，一面抚养自己的五个孩子，而到卫拉特群起反抗喀尔喀重新获得独立的时候，仍是推举拜巴噶斯为盟主，说明和硕特在阿亥夫人的经营下，仍是卫拉特最强大的部落。拜巴噶斯在历史上被评价很低，认为其贪酒而无能，不过，在其继位初期，还是很有作为的，做过两件对历史影响深远的大事。

第一件便是击败喀尔喀，免除了卫拉特对喀尔喀的贡赋义务。本来在1606年（明万历三十四年），卫拉特各部签署盟约，向喀尔喀纳贡，双方恢复和平，在这次盟约上，拜巴噶斯的二弟图鲁拜琥表现出色，被喀尔喀誉为"大固实"，也就是大国师。但和平只维持了17年，喀尔喀一方便出尔反尔。1623年（明天启三年），"阿拉坦汗王朝"的"阿拉坦汗一世"硕垒乌巴什联合乌梁海部出兵8万进攻卫拉特。

拉萨布达拉宫壁画《黄教传教图》

作为卫拉特联盟的盟主，拜巴噶斯亲自率领自己的卫士军16000名铁骑，并和准噶尔部首领哈喇忽剌、杜尔伯特部首领达赖台什等人一起，与硕垒乌巴什会战于额尔齐斯河上游。双方数万骑兵打得难解难分。混战中，硕垒乌巴什被冲进阵中的卫拉特勇士赛因色尔滕吉撞见，无奈进行单挑。赛因色尔滕吉虽然一口一个"殿下"，叫得恭顺有礼，手下却是毫不容情，最终将硕垒乌巴什一枪刺于马下。统帅战死，喀尔喀军大败，部队主力和大量属民仓皇东撤，卫拉特人不但摆脱了称臣纳贡的负担，还向东扩展了很多牧场土地。

第二件大事，是给卫拉特引进了佛教，使卫拉特皈依了藏传佛教格鲁派（黄教）。藏传佛教格鲁派自从1578年（明万历六年）由北元土默特部首领阿拉坦汗引进蒙古以来，在蒙古各部迅速传播，喀尔喀也不例外。前文所说的阿巴岱汗便是第一个朝见达赖喇嘛的喀尔喀蒙古首领，并在蒙古故都哈喇和林修建了漠北第一座黄教寺院额尔德尼召。卫拉特诸部从1606到1623年之间，与喀尔喀保持和平，双方各种交往不断，黄教便也顺势传入了卫拉特诸部。据日本学者若松宽的考证，黄教正式传入卫拉特蒙古之年应是1615年（明万历四十三年）。

在引入黄教的过程中，拜巴噶斯起到了决定性的作用，他不但支持传教，甚至因为"听取了察罕诺们罕讲授的有关情器世间必将毁灭的道理，决心脱离无常之根"，遂发愿出家为僧。这察罕诺们罕就是外蒙古最大转世活佛哲布尊丹巴转世系统奠基人——库伦掌教大喇嘛多罗那他（法名扎阿囊昆噶宁波）。他在卫拉特传教非常成功，甚至连"卫拉特汗"都自愿出家为僧，但毕竟这关系到政治上的大事，多罗那他不禁为难。其他

新疆和静县巴仑台黄庙

卫拉特贵族也都群起反对，众人问多罗那他："是一个人当喇嘛福大，还是众人当喇嘛福大？"多罗那他回答："众人当喇嘛福大。"于是四卫拉特王公决定每人派一个儿子代替拜巴噶斯当喇嘛，和硕特部的昆都仑乌巴什、杜尔格齐诺颜、楚库尔，准噶尔部的哈喇忽剌、巴图尔珲台吉、墨尔根岱青，土尔扈特部的和鄂尔勒克、罗卜藏、墨尔根托木尼，杜尔伯特部的达赖台什，辉特的苏勒坦台什等，每人出一个儿子，总共有32个王公的儿子当了喇嘛。同时还从庶民百姓中选了200个男孩子作为上述王公孩子的侍从，也当了喇嘛。这些人被送到安多学习，不久又被送到拉萨求学。所有王公的子孙都成为喇嘛，黄教得以迅速在卫拉特生根发芽。尤其

是拜巴噶斯当时还没有儿子，便从和硕特巴巴汗诺颜的儿子中认了一个义子，献出当了喇嘛，这便是后来卫拉特声名卓著的佛学家、翻译家、文学家、外交家咱雅班第达。

有了这两件大事，拜巴噶斯原本算是强爷胜祖，是很合格的首领和盟主。然而，在战胜喀尔喀后，他却迅速变得好酒贪财，引起了和硕特乃至卫拉特诸部的严重内讧，也使得卫拉特联盟走向了瓦解。1625年（明天启五年），拜巴噶斯的从弟青台吉病死，因没有子嗣，其财产的归属便成了问题。青台吉是拜巴噶斯的从弟，也就是异母弟，那么其财产应该归拜巴噶斯另一位从弟楚库尔所有。楚库尔当仁不让，便擅自占有了其亡弟的全部财产。这样的作为，让拜巴噶斯

卫拉特部的内讧战争

认为楚库尔不把自己放在眼里，另外也因贪图财货，便派兵将财产抢走。楚库尔吃了亏，自然不能善罢甘休，于是邀集昆都仑乌巴什以及土尔扈特部墨尔根德木尼、库颜、达毕岱等首领向拜巴噶斯开战。而拜巴噶斯身为联盟盟主，当然也不能示弱，便也邀集准噶尔部的哈喇忽剌、杜尔伯特部的达赖台什、土尔扈特部的和鄂尔勒克与之针锋相对，大打出手。原本是和硕特部自己内部的财产纠纷，终于酿成了卫拉特诸部的大规模内战。虽然楚库尔应负一定责任，但拜巴噶斯身为和硕特部长，又是联盟盟主，却不以大局为重，更要为这场大内讧负主要责任。

内战整整持续了5年，虽然在1630年（明崇祯三年）楚库尔一方最终战败，局势恢复平静，但拜巴噶斯却也在1629年（明崇祯二年）战死，他的三弟，被人尊为"大固实"的图鲁拜琥，继承了卫拉特盟主之位。图鲁拜琥被称为固实汗，虽然

"固实汗"图鲁拜琥（1582~1655）

足智多谋，英武有为，但哥哥留下的烂摊子实在太大，难以收拾。因为内乱，和硕特部被严重削弱，本就不牢固的对其他各部的控制越发动摇。而经过多次内外战争，准噶尔部却在哈喇忽剌、巴图尔珲台吉父子的经营下兵强马壮，日益强盛，对盟主和硕特部已经不再服膺，常有"恃其强，侮诸卫拉特"的行为，和硕特部对之已经难以驾驭。

与此同时，土尔扈特部因为厌倦了内讧，又不满准噶尔的专横跋扈，同时在中亚这块土地上与其他部落又存在着土地和牧场的矛盾。另外，此前在卫拉特全体会议上曾经做出过决定，由卫拉特人重新占领成吉思汗蒙古帝国已经失去的土地，以恢复蒙古帝国的辉煌。因此，由土尔扈特部首领和鄂尔勒克于1628年（明崇祯元年），率领本部落大部分属民以及和硕特、杜尔伯特、辉特等部的部分属民，共计5万户19万人离开故土，向西迁徙到伏尔加河流域开疆扩土。

自此，土尔扈特部自成一体，四卫拉特联盟缺了一角。卫拉特其他三部为了自身的利益开始了独立的奋斗，在以后的一段时间里，各自开辟了一片新的天地，为蒙古历史增添了辉煌的篇章。

但是当前却由于内讧加剧了卫拉特诸部的矛盾，使之不能团结对敌。东部的喀尔喀蒙古、西部的哈萨克汗国、南部的东察合台汗国，尤其是北部的俄罗斯都在不停地蚕食卫拉特的土地，而卫拉特各部因为自身的繁衍、畜群的兴旺，牧场本来就日趋紧张，在这样的情势下，再想维持原有的格局是不可能的了。

摆在固实汗面前的有两条路：其一，干脆与准噶尔进行彻底的对决，完成卫拉特的一元化，建立集权的和硕特汗国，以应对内外危机；其二，学习土尔扈特，远迁他乡，自行发展。第一条路，要付出的代价太大，而且胜负难料，因为准噶尔是十分厉害的对手，可第二条路却是要放弃祖业，不到万不得已也是难下决断的。

固实汗正在左右为难时，两位化装前来的喇嘛给他送来一封密信，这封密信就如砍向纠结难缠的绳结上的一柄利刃一般，一切都将就此迎刃而解。这封信是黄教教廷五世达赖和扎什伦布寺法台罗桑却吉坚赞的求援信，卫拉特诸部信奉和尊崇的黄教遭遇了极大的危机，需要信徒前去解救。那么，发展迅速，在蒙古诸部有着极大影响，几乎成为藏传佛教最大教派的黄教，遭遇了什么样的危机？为何又要千里迢迢请卫拉特前去解困

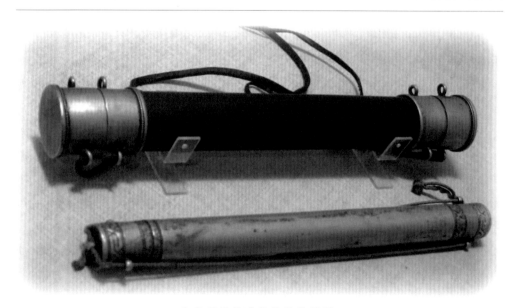

古代用于传递信件的传信筒

呢？

2.乱世雪域——和硕特入藏前的卫藏局势

"卫藏"是一个地理范畴的名词，区域是以拉萨为中心的西藏地区。是藏传佛教传播的中心区域。藏传佛教在历史上又分为若干教派，由于各种历史原因，各教派之间曾经产生过很多教义和其它方面的分歧，曾经出现一派武装打压另一派的极端现象。

要说清为何黄教教廷需要卫拉特前去解救，就要从黄教的产生发展说起。而要说清黄教的产生和发展，则

要从元朝末年西藏萨迦政权的灭亡说起。

自从吐蕃帝国崩溃之后，西藏就一直陷入诸侯割据状态，长久以来都没能再出现一个足以统一整个青藏高原的政权。直到1244年，蒙古帝国第二任大汗窝阔台汗的次子阔端率军兵临西藏。割据分裂的西藏根本没有还手之力。为了避免生灵涂炭，萨迦派第四任教主萨迦班智达以古稀之龄面见坐镇凉州的阔端，商定归顺条件，并向各个地方势力写信，劝说他们接受条件归顺蒙古。这是西藏纳入蒙古帝国版图的开始。到蒙哥汗统治时

卫藏地区示意图

期，西藏成为忽必烈的封地，忽必烈对西藏进行人口普查，按照蒙古本土制度设立13个万户，每个万户有一个万户长。

元朝建立后，忽必烈册封萨迦派第五任教主八思巴为"帝师大宝法王"，将卫藏13万户作为灌顶的供养奉献赐给了八思巴，并于1265年（元至元二年）赐予萨迦本钦"乌思藏三路军民万户"头衔，建立了萨迦政权。这是吐蕃帝国崩溃388年后，西藏第一次有了统一的政权。

元朝在确定萨迦政权是统治西藏所有军民的万户之余，还册封了其他12个万户的官职。各万户长通常都要元朝皇帝诏封，虽然这种诏封都要有萨迦政权的提请，但这一做法使得萨迦派对其他十二万户的管理极为有限，其管理权并非以自身的实力为基础，而是元朝强加于其他万户之上的。各万户分别从元朝手中获得诏封，并各自管理着自己的辖地和庄园属民，他们在其各自的辖区内仍拥有绝对的权威。所以，萨迦政权虽是元朝册封的西藏统治者，却不能进行内部的整合，其统治是建立在元朝的庇护之下的，一旦元朝的威势不再，便无法控制局势。

忽必烈收服西藏

西藏萨迦寺

到公元1354年（元至正十四年），元朝在中原内地的统治由于各地农民起义风起云涌而自顾不暇，萨迦政权便难以为继，宣布灭亡，仅统治西藏89年。灭亡萨迦政权的，是前藏帕竹万户长"身披袈裟的英雄"绛曲坚赞。他是吐蕃王朝时代朗氏家族后裔，出生于13万户之一的前藏帕竹万户之家，7岁受居士戒，9岁受沙弥戒，14岁至萨迦寺学法，1321年（元至治元年）被正式委任为帕竹万户长。绛曲坚赞向来很有雄心，成为万户长之后，在领地内实行政教合一统治，将帕竹万户治理得兵强马壮，趁着萨迦政权衰微，频频进行扩张，先后吞并雅桑万户、蔡巴万户、止贡万户等前藏万户，到1349年（元至正九年）几乎完全控制了前藏地区。到

1354年（元至正十四年），萨迦政权出现内讧，绛曲坚赞出兵包围萨迦寺，收缴了元朝赐予萨迦世代管理乌思藏的敕封，兼并后藏大部分地区，萨迦政权寿终正寝。

绛曲坚赞设首城于乃东，开始了帕竹政权统治时代。为了获得统治的合法性，绛曲坚赞遣使元朝，希望获得承认。此时已经自顾不暇的元惠宗，对于祖先所尊崇的萨迦派的败亡自然无可奈何，只得承认现实，封绛曲坚赞为大司徒，承认其在西藏的地位。受封于元朝的帕竹政权后又受到明王朝的承认，历任统治者都被称为"第悉"，一直稳固地控制着西藏的教派和诸侯，直到藏传佛教出现了传奇人物——宗喀巴为止。

15世纪初，看到佛教徒们沉沦于

宗喀巴佛像

享受和奢靡，藏传佛教一代宗师宗喀巴倡导宗教改革，提出喇嘛遵守戒律、重苦行、禁娶妻，并制定僧人的生活准则、寺院的组织体系、学经程序和是非标准等等。无论哪种宗教，一旦进行改革，便会出现分裂，便会有新的教派产生，藏传佛教也不例外。于是，一个新的教派——藏传佛教最大的宗派格鲁派，也就是通称的黄教，应运而生。

藏语"格鲁"是善律的意思，该教派强调严守戒律，故此得名。创建之初，格鲁派受到帕竹政权阐化王扎巴坚赞的庇护，发展顺利。1409年（明永乐七年），宗喀巴在帕竹政权支持下，在拉萨发起大祈愿法会，显示其权威地位，同年建甘丹寺为主寺。1419年（明永乐十七年），宗喀巴圆寂。弟子们本着大师遗愿，发扬其宗风，又分头建寺，先后建立哲蚌寺、色拉寺、扎什伦布寺，与甘丹寺一起合称为卫藏四大寺。各寺内均成立学院，分科修学显教，此后又相继成立了上下密乘院。有四大寺为根基，格鲁派的僧众信徒日益增多，势力日渐扩张。

然而，福兮祸所伏，宗教改革会产生新的教派，便难免和旧教派产生矛盾，轻则分道扬镳，重则便会发生宗教战争。格鲁派是藏传佛教各宗派中出现最晚的一个，而发展却最为迅速。随着它的日益壮大，其他教派都或明或暗地对格鲁派进行着诋毁破坏和舆论打击。其中，反对最激烈的，是噶玛噶举派。

噶举派是藏传佛教的重要宗派之一。藏语"噶举"中的"噶"字本意指佛语，而"举"字则意为传承。故"噶举"一词可理解为教授传承，该宗派历史悠久，形成于"佛法后弘期"，也就是大约在宋朝初年。噶举派的始祖为米拉日巴尊者。这一宗派经过多年演变流传，逐渐形成香巴噶举、达波噶举、噶玛噶举、蔡巴噶举、拔绒噶举、帕竹噶举等派。而噶玛噶举派是噶举派中势力最强、影响最大的一支派别，其创始人都松钦巴在临终时口嘱他要在人世间再次转世，让后人教法继承者到时要寻访认定转世灵童，从而开创了"活佛转世"之先河。这么一个树大根深的教派自然不愿意格鲁派压自己一头，不但在教法上处处与之争论，还想将格鲁派彻底铲除。可

噶举派始祖米拉日巴尊者

打击格鲁派，就必须消灭其身后的支持者——帕竹政权，噶玛噶举派对此没有办法。而此时，帕竹政权的家臣仁蚌巴家族也在希望架空主家夺取政权。两者一拍即合，联起手来。

1462年（明天顺六年），年仅3岁的阿旺扎西扎巴登上第悉宝座。这么小的孩子自然不能治国，于是，仁蚌巴家族的首领措杰多吉以摄政官的名义管理帕竹第悉的政务。这样少主强臣的格局在历史上实在出现得太多，最后的结果也很相似。从此之后，仁蚌巴家族掌握了前后藏的统治权，帕竹政权仅剩下了一个名义。措杰多吉在担任摄政官期间，将尊崇噶举派、压制格鲁派作为既定国策。

1503年（明弘治十六年），仁蚌巴家族的权力人物顿月多吉在拉萨附近的萨纳玛地方为噶玛噶举派兴建了规模很大的图丹曲科尔寺，以此来压倒黄教的色拉寺、哲蚌寺、甘丹寺三大寺庙。格鲁派失去了靠山，在仁蚌巴家族和噶玛噶举派的打压下举步维艰，只能在暗地里对他们进行诅咒。也许是诅咒应验，仁蚌巴家族很快遭到了"报应"。靠架空主家得势的仁

蚌巴家族又被自己的属臣辛厦巴家族捅了一"刀"。

1563年（明嘉靖四十二年），辛厦巴家族的首领才旦多吉对仁蚌巴家族发动叛乱，并屡屡战胜仁蚌巴家族的军队。到1565年（明嘉靖四十四年），才旦多吉利用仁蚌巴属民的不满，激起属民起义，推翻了仁蚌巴家族在日喀则的统治，并将属地扩大到西藏其他地区。格鲁派的大敌仁蚌巴家族倒台了。可前门走了狼，后门来了虎，辛厦巴家族比仁蚌巴家族更推崇噶玛噶举派。格鲁派的危机不但没有减轻，反而日益加深了。

也许是佛祖确实"眷顾"格鲁派，正当他们对自己的将来深感忧虑时，蒙古土默特的阿勒坦汗开始频送秋波。阿勒坦汗虽然将自己的部落经营得无比强大，连蒙古大汗都对其退避三舍，但因为只是旁支而无法获得成为全蒙古大汗的合法性。在得知黄教的转世说可以帮助自己达成心愿后，立即表现出极大的皈依热情。经过多次联络，1578年（明万历六年）五月十五日，阿勒坦汗与格鲁派领袖索南嘉措在察卜恰勒庙会晤，举行了有蒙古、藏等各族人众多达10万人参加的法会。在会上，阿勒坦汗与索南嘉措互赠封号，索南嘉措尊阿勒坦汗为"转千金轮咱克喇瓦尔第彻辰汗"，这与当年八思巴赠与忽必烈的尊号相同(意即睿智贤明的转轮王)。而阿勒坦汗也赐予索南嘉措"圣识一切瓦齐尔达赖喇嘛"称号(意即法海无边伟大的上师)。这便是黄教最高教主称谓"达赖喇嘛"的由来，索南嘉措活佛往上追认两世，自称"三世达赖喇嘛"。

随着这次会晤，黄教开始传入蒙古各部，短短10余年，便在蒙古各大势力中生根发芽，成为最主要的宗教。而黄教也有了蒙古强大的军事实力作为保障。阿勒坦汗便是黄教的第一个"持教法王"。1602年（明万历

阿勒坦汗塑像

三十年），既是阿勒坦汗之曾孙，又被指认为四世达赖喇嘛的云丹嘉措在数千名盔名甲亮的蒙古骑兵的护送下进入西藏举行坐床典礼的时候，可以想见噶玛噶举派的怨毒与无奈。但土默特部的强盛在阿勒坦汗去世之后很快就成了昔日黄花，持教法王的力量削弱，直接使得黄教再次陷入了危机。

1605年（明万历三十三年），辛厦巴家族的军队占据了拉萨北

三世达赖喇嘛鎏金铜像

部的彭域，1610年（明万历三十八年）又切断了前藏格鲁派的势力同山南帕竹政权的联系。到1611年，辛厦巴家族已经完全控制了后藏地区。1616（明万历四十四年）年，年仅28岁的四世达赖喇嘛云丹嘉措圆寂。如此年轻便离世而去，人们都在传言，是辛厦巴家族的首领彭措南杰对他实行了暗杀。1618年（明万历四十六年），彭措南杰正式建立了噶玛政权，设首城于日喀则，尊号为"第悉藏巴"，意为"后藏上部之王"，汉文史料翻译为"藏巴汗"。原本就对黄教极为嫉恨的藏巴汗在获得了正式统治权之后，立即下令中断达赖喇嘛的转世。

教主危机，不但西藏的黄教僧侣和信徒们忧心如焚，更让信奉黄教的蒙古各部不能容忍。在禁令颁布的同年，喀尔喀部确科尔兄弟率军入藏，欲图迫使藏巴汗解除禁令，被藏巴汗击败。1619 年（明万历四十七年），在青海驻牧的右冀土默特部首领拉尊和古茹率兵入藏，击败藏巴汗，禁止四世达赖灵童转世的禁令才作废。但拉尊和古茹也无法在西藏站住脚，很快撤回青海。不但如此，1632年（明崇祯五年、后金天聪六年），因为信

藏传佛教护法头盔

奉红教而被信奉黄教的外喀尔喀三部汗王排挤出漠北的绰克图洪台吉远征青海，击败土默特诸首领控制了青海全境，自号"却图汗"。再加上统治康区的白利土司顿月多尔济是一位虔诚的苯教教徒，对格鲁派极为仇视。黄教的四周已经没有可以依靠的武装力量了。

1634年（明崇祯七年、后金天聪八年），随着蒙古共主，信奉红教的林丹汗被后金天聪汗皇太极击败，西撤至青海、甘肃边境，为了重整旗鼓，林丹汗与绰克图洪台吉、第二任藏巴汗

丹津旺布、白利土司结成了"反黄教联盟"。危机迫在眉睫，黄教已经命悬一线。土默特部作为持教法王，明显已经不可依靠。黄教的五世达赖喇嘛环顾四周，将目光落在了西藏北面的天山草原，寄希望于在那里游牧的卫拉特蒙古。1635年（明崇祯八年、后金天聪九年），在五世达赖和扎什伦布寺法台罗桑却吉坚赞的授意下，郭隆寺僧人纤尼、纳切化装成其他教派僧人，作为密使携带密信前往卫拉特，将密信亲手交给了四部卫拉特的盟主——和硕特部汗王固实汗，希望他承担起新一代持教法王的重任，拯救黄教。如命中注定一般，和硕特部要接替土默特成为黄教的守护者，

成为新一代的持教法王。

3. "全藏三区之王"——和硕特汗国的建立

可以想象，正在为和硕特生计和未来左右为难的固实汗在接到密信时，会是如何的激动。也难怪固实汗兴奋，作为虔诚的黄教教徒，能够出兵护教，是极大的功德。而出兵护教使他能够率领和硕特部远离卫拉特的纷争，避免与准噶尔的对决，同时，那青海水草丰美，还是中原与卫拉特贸易的商业通道，有丰厚的商业利益可图。无论从上层建筑还是经济基础来说，出兵都是最好的选择。固实汗立即答应了出兵护教的请求。

但毕竟自己面对的是一个强大的

军事联盟，虽然林丹汗已经在"反黄教联盟"成立不久后就病死，但绰克图洪台吉、白利土司、藏巴汗都有着不可小觑的军事力量，仅凭和硕特自己的力量是难以战胜的，必须调动卫拉特其他部落才能成功。

在召集诸卫拉特首领举行的"丘尔干"会议上，固实汗提出了出兵护教的打算，并要求各部协力。此前，土尔扈特大部已经西迁伏尔加河流域。杜尔伯特部实力不足；而辉特部已经难称是独立的部落，附属于准噶尔，自然都没有异议。而准噶尔的巴

图尔珲台吉明白，固实汗此举实际上是把天山草原都让给自己，交换条件就是要求准噶尔帮助和硕特攻打青海。这样的买卖，怎么看都是划算的。于是，丘尔干会议做出了决议："我们供奉达赖喇嘛吧！土伯特人（藏人）不是属于达赖喇嘛吗？卫拉特不要约束自己，到最想去的地方去吧！"战争动员顺利地完成了。

虽然有了全体卫拉特的协助，但是以睿智著称的固实汗也知道，在不了解对手底细的前提下，贸然进兵是很不明智的。为了做到知己知彼，固

出征图

实汗亲自率十名护卫化装成入藏朝圣的香客，途经青海进入西藏，沿途考察军情民情，对青藏各派势力有了清晰的认识。到达拉萨后，他秘密会晤了五世达赖罗桑嘉措和扎什伦布寺法台罗桑却吉坚赞，商定了进军计划。

1636年（明崇祯九年、清崇德元年）秋末，固实汗率领卫拉特联军从伊犁出发南征青海。卫拉特各部首领几乎全部参加，除了固实汗外，准噶尔部的巴图尔珲台吉、墨尔根岱青；土尔扈特部的墨尔根济农、袞布伊勒登；辉特部的苏勒坦台什、苏木尔台

什；杜尔伯特部的达赖台什、保伊勒登，全都率部从征。卫拉特出现了暂时的"无政府"状态，以至于俄国派使臣在这一年来到卫拉特访问，一个重量级人物都没有见到。

大军穿越塔里木盆地，乘冰冻越过黑达河大沼泽地后，进入青海，在今天青海省乌兰县的卜浪沟休整兵马，等待时机与绰克图洪台吉决战。绰克图洪台吉能够从漠北一路杀到青海建立霸权，也绝不是庸懦之辈，听闻卫拉特大军压境，立即调动人马与之对峙。两军在1637年（明崇祯十

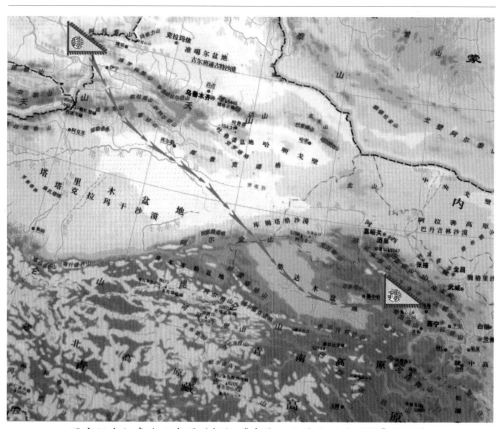

固实汗出征青海示意图（根据《中华人民共和国地形图》绘制）

位于青海省乌兰县境内的"乌兰和硕"古战场旧址

年、清崇德二年）正月正式交战，固实汗以1万精兵迎战绰克图洪台吉3万人马（一说4万），战斗惨烈异常，血流成河，尸积如山，后来双方交战的两山山口就被称为大小乌兰和硕（蒙语：大小红山被血所染红）。

固实汗以少胜多大败绰克图洪台吉，绰克图洪台吉仅率少量残部逃遁。固实汗长子达延台吉率军紧追，一直追到哈尔盖全歼敌军，绰克图洪台吉慌不择路，躲在一个旱獭洞里，仍然被找到，这个称雄一时的人物就在这窝囊的状态下被俘杀。

青海之战结束，固实汗赠送各部首领很多礼物进行酬谢，尤其是对巴图尔珲台吉，不但礼物丰厚，还将自己的女儿嫁给了他。各部首领心满意

足，纷纷率军返回卫拉特，而固实汗则率和硕特部留在了青海，准备进一步开展统一青藏高原的行动。

巴图尔珲台吉返回卫拉特后，在博克塞里建立城市，作为自己的统治中心，与固实汗的继子鄂齐尔图（拜巴噶斯之子）一起掌管卫拉特，他二人被称为"合约二台吉"。鄂齐尔图是最后一任卫拉特联盟的"卫拉特汗"，后被达赖喇嘛赐予"彻辰汗"尊号。但此后的卫拉特联盟已经名存实亡，准噶尔在巴图尔珲台吉的带领下迅速向一元化的集权汗国迈进。而鄂齐尔图的和硕特也以伊犁为中心自成一体。杜尔伯特、辉特以及留在故土的部分土尔扈特人则分别依附于二者。可以说，当固实汗率军远征青

固实汗赠送各部首领很多礼物进行酬谢

海，巴图尔珲台吉返回卫拉特后，后来雄霸中亚的准噶尔汗国的历史便已经开始。也许无论固实汗还是巴图尔珲台吉都没有料到，整整80年后，结束和硕特汗国和持教法王历史的，正是现在既是盟友又是亲家的准噶尔。

安排好善后，1638年（明崇祯十一年、清崇德三年）固实汗再次化装成香客来到拉萨，面见五世达赖。由于绰克图洪台吉的覆灭，黄教的气势已经壮了不少，不再是偷偷摸摸，而是举行了隆重法会，达赖喇嘛赐给固实汗"丹津崔吉扎勒布"称号，这是藏语，也就是"持教法王"。

绰克图洪台吉败亡，固实汗受封持教法王，这两件大事都标志着"反黄教联盟"的崩溃和噶玛政权的危机。可藏巴汗丹津旺布竟然没有采取任何行动，似乎一切都与自己无关一般。任何政权的灭亡都有它必然的原因，从藏巴汗的迟钝，也就不难预测噶玛政权已经亡国无日。

倒是统治康区的白利土司顿月多尔济比藏巴汗更敏锐地感到了危机，联盟中军事实力最为强大的绰克图洪台吉迅速败亡，使他大为吃惊，为了共同对敌，顿月多尔济向藏巴汗送出密信："非常令人沮丧的是，我们的盟友绰克图洪台吉被消灭了，虽然如此，明年我将在喀木（康区）集中

固实汗率军"如黑色狂风一样"攻入康区

起一支兵，把它带到卫。同时你也应当带着后藏的兵来，我们一起消灭格鲁派，让他们连个影子也找不到。"这不失为以攻为守的好策略，可偏偏带着这封信的密使被格鲁派的僧人擒获，并将信转交给固实汗。没有材料显示固实汗在收到这封信之前有用兵康区的打算，这一回，不先发制人是不行了，白利土司引火烧身。

1639年（明崇祯十二年、清崇德四年）五月，固实汗率军"如黑色狂风一样"攻入康区，白利土司率军拼死抵抗，但在没有外援的情况下连战连败，邓柯、白玉、石渠、德格、甘孜等地相继失守。1640年（明崇祯

十三年、清崇德五年）十一月，康区全境被固实汗占领，白利土司顿月多尔济被俘杀。固实汗释放了白利土司关押的各派僧人，并安抚百姓，获得各教派僧众的拥护。

接下来，便是进军西藏，消灭反黄教联盟的最后一支劲敌——藏巴汗，以完成护教大业。1641年（明崇祯十四年、清崇德六年）底，固实汗做出从康区返回青海的假象迷惑藏巴汗，半途中突然改道杀入西藏。毫无准备的藏巴汗丹津旺布被打得大败，一个又一个城堡失守，最后只能退守日喀则。

丧城失地的藏巴汗此时才后悔

没有积极和盟友们配合，如今敌人兵临城下，取胜的希望已经微乎其微。为了能苟延残喘，他向扎什伦布寺的法台罗桑却吉坚赞等高僧求告，希望他们从中斡旋，使固实汗罢兵。罗桑却吉坚赞本着不忍生灵涂炭的慈悲心肠亲赴固实汗大营进行调解。固实汗虽对罗桑却吉坚赞极为尊重，同意讲和，但提出，藏巴汗必须交出政权和军队，自己可以给他保留一个庄园让他安度晚年，至于划疆而治之类的条件根本不予考虑。

毕竟也是一方之雄，面对这样苛刻的条件，藏巴汗愤而再战。双方在日喀则城下激战数场，藏巴汗军仍然连连失利。没有了强硬的本钱，藏巴汗只得答应了固实汗的条件，宣布无条件投降。1642年（明崇祯十五年、清崇德七年），藏巴汗丹津旺布交出首城日喀则以及茶叶、酥油、糌粑、金银珠宝一千余驮，在固实汗面前认罪，噶玛政权灭亡。从彭措南杰称"第悉藏巴"到丹津旺布亡国，其政权仅持续了2代24年。

至此，已经61岁的固实汗完成了统一青、藏、康区的大业，成为青藏高原的最高统治者——"全藏三区之王"。他将首城迁到拉萨，在布达拉

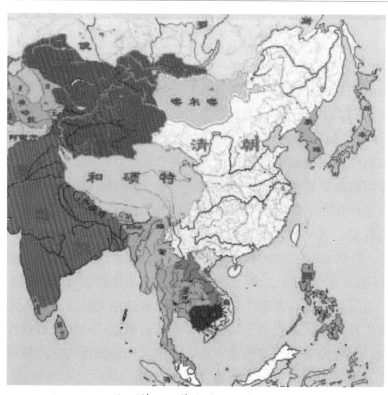

和硕特汗国势力范围示意图

宫设无畏狮子宝座，作为自己的行政处所。囊括整个青藏高原的和硕特汗国从此建立。

作为持教法王，固实汗请达赖喇嘛从扎什伦布寺搬到布达拉宫，将八思巴所用的法器、西藏13万户的税收，以及从日喀则缴获的大量珍宝都奉献给达赖喇嘛，奉达赖喇嘛为藏传佛教最高教主。但同时，为了避免达赖喇嘛一家独大，固实汗也请罗桑却吉坚赞驻扎什伦布寺，并划后藏地区归其管辖，又拜其为师，并于1645年赠予"班禅博克多"尊号，意为"智勇双全的大学者"，罗桑却吉坚赞向上追认三世，

四世班禅喇嘛鎏金铜像

自称四世班禅。

这是继蒙古土默特部首领阿勒坦汗于1578年（明万历六年）赠封"达赖喇嘛"以后，蒙古人又以和硕特汗国的统治者和"持教法王"的双重名誉赠封"班禅喇嘛"的封号。这样，藏传佛教在蒙古人的扶持下，便有了达赖、班禅两大活佛系统，为西藏后来的宗教和政治制度奠定了基础。

作为汗国的统治者，固实汗对西藏政治、军事、法制各方面进行了改革。在政权组织方面，固实汗确立了第巴制度。"第巴"在藏语中原本是"头人"和"部落酋长"的意思。固实汗封五世达赖喇嘛的大管家索南饶丹为第巴，其职能既要负责汗对于汗国内部的施政，还要辅佐达赖喇嘛处理宗教和行政事务。从此，第巴这一官职便成了几乎与中原朝廷宰相一样的最高行政官。所有政令公文在第巴处理过后，再由固实汗和达赖喇嘛一起签印，才能生效。

在法制上，固实汗废除了噶玛政权时期"甚酷"的法条，新制定了十三条法律，将最高法庭设在拉萨大昭寺的拉章宫，并规定死刑判决只能由"王"，也就是最高执政者自己决定。至于军事，鉴于藏军由闲时农

当年和硕特汗国的政治中心"布达拉宫"

耕、战时聚集的民兵组成，战斗力极差，于是将麾下的蒙古军作为维护治安和抵御外敌侵略的主力，命长子达延台吉率5000骑兵驻扎在拉萨北面的当雄草原，自己率亲军驻防拉萨。

同时，固实汗攻占青海地区后，他在天山北路的和硕特属民渐次举部移牧到青海，"在青海托里地区定居，被称为卫拉特巴伦噶尔"。于是固实汗令其他8个儿子驻牧青海，由第六子多尔济统领，以"达赖珲台吉"为尊号，这支力量被称为"青海八台吉"，作为自己的坚实后盾。

并派拉康巴和巴珠等官员到贡

美丽富饶的青海草原

觉、打箭炉等地，清查土地、人口，编制户册，将土地、资源、赋税详细登录，加强对康区经济的管理和赋税的征收，以康区的赋税供养青海的军队。

在一番安排之下，和硕特汗廷可谓固若金汤。

但是，因为藏巴汗政权倒台而失势的噶玛噶举派并不甘心失败，很快又掀起叛乱。1642年（明崇祯十五年、清崇德七年），噶玛噶举派在康区最大的施主噶尔巴家族首领雅布赛起兵，打算救出藏巴汗丹津旺布，杀死固实汗，劫持达赖和班禅。叛军迅速占领南木林、仁蚌、江孜等地，并包围白郎、日喀则，险些将四世班禅俘虏，控制了后藏地区。固实汗闻讯后，立即起兵镇压，先后在居巴卜埔等地击溃叛军，稳定了后藏局势。为了剪除乱源，固实汗将囚禁中的丹津旺布装进牛皮袋扔进雅鲁藏布江处死，并对噶玛噶举派进行了大力镇压，摧毁各地噶玛噶举派的寺院，强令其僧人改宗，并在所有噶玛噶举派僧人手上打上印记，分交给各个格鲁派寺院。而同时，为了稳定人心，固实汗也对其他教派进行安抚，拨出大量财物为其修建寺院。如此一来，噶玛噶举派一蹶不振，而其他教派则甘心臣服于格鲁派之下，格鲁派作为藏传佛教第一大宗派的地位已经不可动摇。

一个强大汗国的横空出世，西藏周边的小国自然要选择其作为自己的

藏传佛教格鲁派佛像

靠山，"印度之拉克新王，尼泊尔之雅木布王，阐旦王（拉达克王）等边境小国君长，亦多进方物为贡"，成为汗国的藩属。据《哲孟雄王统记》记载，锡金第一代统治者朋素克纳姆扎勒也与汗国建立邦交，成为联盟。

而此时，中原的"天朝上国"大明王朝在起义军和清朝帝国的内外夹攻下已经摇摇欲坠。为了汗国的长治久安，固实汗必须与将要取而代之的中央朝廷建立联系。不得不承认，固实汗有相当的眼光，他没有选择好像最有希望的农民军，而是将宝押在了还未入关的清朝身上。刚刚稳定了青藏局势便派出使团前往盛京与清军建立联系，献上礼品，受到皇太极赞赏。

果然，1644年（清顺治元年），清军入关，顺治皇帝迁都北京，成为了中原朝廷新的统治者。随后便遣使西藏，请达赖喇嘛入京，但因为战乱未平，不能成行。1652年（清顺治九年），五世达赖喇嘛进京面见顺治皇帝，被封为"西天大善自在佛所领天下释教普通瓦赤喇怛喇达赖喇嘛"。同时，让达赖喇嘛携带金册、金印入藏，封固实汗为"遵行文义敏慧固实汗"，正式承认了固实汗作为庶邦君长的身份。这无疑为汗国的稳定又上了一层保险。但这一作为也无疑确定了大清帝国对和硕特汗国的宗主国地位。

1655年（清顺治十二年）初，和硕特汗国开国汗王、持教法王家族第一代法王、固实汗图鲁拜琥病逝于拉萨，享年73岁。蒙古汗王一般难得高寿，固实汗是元世祖忽必烈、土默特阿勒坦汗之后，第三个得享古稀之龄的汗王，其前半生为卫拉特联盟的生存和安定费尽心力，和硕特自行发展后，又用6年时间平定青藏高原，建立了幅员辽阔的汗国。在统治汗国13年中，也使得辖区内的各族百姓安于生计，不受战乱之苦，观其一生行止，不愧是蒙古民族在17世纪

清册封达赖喇嘛金册和印鉴（摄于国家博物馆）

杰出的军事家和政治家。

然而，和硕特汗国从建立之初便存在着很大隐患，那便是和硕特汗在法理上只是持教法王，也就是黄教的保护者，而因为固实汗将西藏的户口作为供养赠予达赖喇嘛，那么西藏地区的最高统治者应该是达赖喇嘛而并非和硕特汗廷，这必然会导致统治权的归属不明。这是难以忽视的制度漏洞，必然会导致黄教教廷和和硕特汗廷的争权斗争。

藏传佛教法器

固实汗在世时，因为其扫平反黄教联盟扶持黄教的功绩，再加上军事实力和其高超的政治手腕，整个汗国都在其掌控之中而处于平稳状态。随着固实汗的去世，其后继者对政治不甚关心，五世达赖喇嘛借助这一漏洞一步步将政权收归黄教教廷所有，从而埋下了教廷和汗廷从暗斗到明争的种子，这也直接导致了和硕特汗国最终的覆亡。

4.由汗主宰还是由佛主宰——五世达赖喇嘛收回政权的行动

前文说过，在和硕特汗国，最高行政官第巴是二人之下万人之上的人物，担负着整个汗国的行政重任，在汗国来说，这是一个十分重要的官职。而五世达赖喇嘛自从固实汗进军卫藏，把格鲁派救出水火之中以后，先是感激不尽，并与持教法王相安无事，但是在汗国的行政体制建立并运行以后，逐渐感到持教法王家族高高在上，自己作为教主心里十分不平

固实汗长子达延鄂齐尔汗（？～1668）

衡，便开始了从持教法王家族手中一点点收回权力的行动，这便从围绕着第巴这一实权官职的任命入手而逐渐达到高潮。

继承固实汗事业的，是他的长子达延鄂齐尔。他是一个英勇的战将，但不是一个合格的政治家。固实汗去世后，他因为与青海的兄弟们互相猜忌，纠葛不清，延迟3年才入藏。在这期间，汗国的政令几乎都是在没有他过问的情况下被颁发执行的，"没有一件事情不是经过达赖喇嘛批准和同意能够办成的"。看到和硕特汗廷内部不和，一些反对派也蠢蠢欲动，官居日喀则第巴的诺尔布趁机兴兵，使得后藏大乱。为了平乱，达延鄂齐尔才率军进入西藏，平定叛乱后，接受达赖喇嘛的册封，继承了父亲持教法王的尊号"达延鄂齐尔汗"。而回到拉萨后，他对于政务也是随意推托，并不专心任事，除了军权，"全藏三区之王"几乎被架空。

1658年（清顺治十五年）三月，第一任第巴索南饶丹去世，五世达赖向达延汗询问新任第巴的人选，达延鄂齐尔汗竟然对这重要的人事任命毫不在意，表示对达赖喇嘛言听计从。五世达赖于是经过慎重考虑，在六月任命赤烈嘉措为第

五世达赖喇嘛（1617～1682）

二任第巴。与前任相比，赤烈嘉措的权力被大大削弱。索南饶丹在世时，因为是固实汗一手提拔重用，唯汗廷马首是瞻，并不支持五世达赖收回政权的行动。而赤烈嘉措因为不是由大汗而是由达赖喇嘛册封的第巴，所以处处倚重达赖喇嘛。再加上达延鄂齐尔汗不热心政事，汗廷权柄被进一步削弱。

做了13年持教法王后，1668年（清康熙七年）三月十二日，达延鄂齐尔汗终于摆脱了让他烦恼不已的政事，追随他的父亲去了。一个并不热衷权力的汗的去世，原本并不会引起什么大的波澜，可在同一年，第二任第巴赤烈嘉措也随之去世。最高统治者和最高行政官一起出现了空缺，神权的最高象征五世达赖看到了自己的机会。

青海的和硕特诸位台吉因为意见不合，迟迟不能推举出新任大汗，而达赖喇嘛却不经汗廷的同意便委任了自己的亲信罗桑图道为第三任第巴。这时的第巴已经成为达赖喇嘛宗教事务的助手，行政权力几乎被剥夺殆尽，一切政务都由达赖喇嘛一手操持。而汗位空缺3年后，1671年，达延鄂齐尔汗的长子贯绰克喇达那才进入拉萨继承持教法王之位，被达赖喇嘛赐予"丹津达赖扎勒布"尊号，简称达赖汗。这位达赖汗与其父很相似，对于政事没有多少兴趣，对于第巴被达赖喇嘛控制没有提出任何异议。至此，第巴这个汗国最高行政职位已经

桑杰嘉措（1653～1705）

被达赖喇嘛牢牢地掌握在手里，他开始逐步安排将自己的爱徒桑杰嘉措推上第巴的位置。

出身于拉萨郊区大贵族仲麦巴家族的桑杰嘉措，原名贡确顿珠，是西藏历史上卓越的天文学家和医学家，一生中著有30余部天文历算著作，以《白琉璃论》最为著名，该书成为西藏的官方历书。同时还撰写集藏医大成的《四部医典蓝琉璃》。因为其深厚的学术素养和练达的政治能力，成为五世达赖喇嘛最为器重的弟子。

第三任第巴罗桑图道在1675年便自请卸任，五世达赖决定让桑杰嘉措继任，桑杰嘉措以自己年纪太轻、阅历尚浅为由推辞了。作为过渡，五世达赖任命罗桑金巴为第四任第巴。4年后，1679年，罗桑金巴卸任，年仅27岁的桑杰嘉措终于坐上了第巴的交椅。爱徒成了第巴，五世达赖放心地交出了权力，一切政务全由桑杰嘉措处理，自己平静地进行著述和钻研佛法。

年轻的桑杰嘉措一上任便展现出了卓越的政治才能，采取了一系列集权措施，不但在宗教上继续扩大和发展黄教的势力，而且从经济上、政治上进一步增强格鲁派的实力。他以世居拉萨为官为条件，将原有领主集中到拉萨，并让他们交出自己管辖的基本庄园以外的庄园归政府，又在西藏各地推行宗本流官制度，以集权于甘丹颇章政府，从而消除了地方势力谋叛或割据的社会基础。同时，他又拟定《噶伦办事章程》，具体规定各级政府官员的职责、权限和办事规程，并明确规定凡甘丹颇章政府职官一律必须尊信格鲁派，而且各宗行政官员实行僧俗并用，僧高于俗，而官员的任命则以本土藏人为主，蒙古人基本被排斥在外。

这一切，作为持教法王的达赖汗，没有任何的干预，他只是"出席宗教庆典，发放大量布施"，而"没有任何真正的干涉

《元以来西藏地方与中央政府关系档案史料汇编》

政务的行动"。甚至，还颇为倚重这个年轻干练的第巴，曾和他一起出兵反击拉达克王的入侵，攻占拉达克首都列城，迫使拉达克王割让早年侵占的古格、日土等地，并恢复称臣纳贡。原本应该是汗国最高统治者的和硕特汗，俨然成了自己政府最高行政官麾下的军队将领，仅是拥有军权来保护黄教而已。

1682年（清康熙二十一年）二月二十五日，66岁的五世达赖喇嘛罗桑嘉措在布达拉宫圆寂，临终向桑杰嘉措交代了政教事务。五世达赖的病逝对于桑结嘉措刚刚获得的权势无疑是一个严重的考验，如果他贸然宣布达赖喇嘛去世，等于宣布他本人失去靠山，达赖喇嘛和自己苦心经营才攥在手中的政权很有可能毁于一旦。于是，桑杰嘉措把老师去世的消息严密封锁了起来，对外声称达赖喇嘛闭关修行，任何人不得打扰，一切事物由自己禀报和传达。这一封锁，就是整整13年。

无论是持教法王达赖

宗教器物

汗、所有黄教信徒，还是在北京城里的清朝康熙皇帝，全都被蒙在了鼓里。桑杰嘉措凭借已死的五世达赖的宗教权威，将自己的权势提高到了最高峰。1693年（清康熙三十二年），他以五世达赖的名义上书康熙，请求任命自己为"土伯特国王"，康熙皇帝没有满足他的全部要求，但也封他为"掌瓦赤喇坦喇达赖喇嘛教宏宣佛法布达忒阿白迪"，意为"掌管佛法传教之王"，大大提高了桑杰嘉措的身价。

人在得意的时候，总会忽视自己最不应该忽视的东西，桑结嘉措忘了自己的一切都来自于一个弥天大谎，而再完美的谎言也不能永久欺骗所有人。1696年（清康熙三十五年），五世达赖去世密不发丧的消息终于大白于天下，康熙皇帝斥责桑杰嘉措"实倾险"，"欲专国事"，所有黄教信徒也都一片哗然。桑杰嘉措连忙于1697年（清康熙三十六年）指认出生在藏南门隅地区宇松地方的仓央嘉措为转世灵童，九月迎回拉萨拜五世班禅罗桑益喜为师，是为六世达赖喇嘛。

虽然这样的补救措施没能打消康熙皇帝的疑虑，但只要西藏保持稳定，便也不会有更大的惩戒措施。而达赖汗本就对政务无发言权，现在又已年老，更不会因此与桑杰嘉措为难。危机似乎度过去了。然而，达赖汗已经行将就木，他的后继者还会不会甘心大权旁落还是未知之数。

1701年，达赖汗去世，其长子丹津旺秋即位，仅在位三年，其弟弟拉藏鲁巴勒发动政变，毒死了大哥，自立为和硕特汗，这便是著名的拉藏汗。这是一个与桑杰嘉措一样有着极强权力欲的人，从登上汗位起，他便立誓要把父祖时代丢掉的权力

拉藏汗（？~1717）

全部收回手中。

5.最后的辉煌——拉藏汗的空前集权

拉藏汗要收回权力的过程注定要充满阻力，因为在他父亲达赖汗在位的30年当中，和硕特汗廷几乎没有参与过西藏的政务，大权旁落已久，第巴桑杰嘉措却早已树大根深。为了与之较量，拉藏汗采取了迂回政策，他深知，因为隐瞒五世达赖喇嘛死讯的行为，桑杰嘉措已经为清朝的康熙皇帝所猜忌。于是，他则表现出对清朝皇帝的殷勤与恭顺，竭力向康熙表示，自己与桑杰嘉措不同，是清朝控制西藏必须依靠的力量。

六世达赖（1683～1706）

拉藏汗的作为取得了良好的效果，康熙皇帝对其的夺权行动给予了大力支持。拉藏汗夺权的第一步便是向康熙皇帝上书，指出六世达赖行为不轨，不是真正的达赖转世，要求皇帝派人认证。藏传佛教史上，六世达赖仓央嘉措是一位极为叛逆的达赖喇嘛。他厌恶各种清规戒律，厌恶枯燥的寺庙生活，他性格风流浪漫，放荡不羁，经常独自溜出布达拉宫，往返于茶坊酒肆，和情人约会。爱情给他带来了无尽的灵感，写出了大量或热情奔放、或深沉哀婉的情诗。他是天才诗人，诗人不适合出家，更不适合做佛教的最高教主。这一点，被急于夺回权力的拉藏汗充分地利用了。

面对拉藏汗的上书，康熙皇帝派了一位精于相术的人入藏，给六世达赖看相，最后留下了一句论断："这位大德是否是五世达赖转世，我固然不知。但作为圣者的体尊，则完备无缺。"这句模棱两可的考语，看似两边都不得罪，但传达了一个重要的信息：作为宗主国大皇帝的康熙，并没有认定六世达赖仓央嘉措就是五世达赖真正的转世灵童。拉藏汗这一举

法　器

措，给了桑杰嘉措重重的一击。

桑杰嘉措自从步入政坛，先有老师五世达赖的苦心栽培，后有达赖汗的信任纵容，可以说，他从来没有遇到过真正的对手。面对咄咄逼人的拉藏汗，这位智慧超群的人出现了慌乱，而慌乱就会使人犯低级错误。首先，他打算派兵逮捕拉藏汗，可拉藏汗身后有骁勇善战的蒙古铁骑做后盾，根本不可能得逞。为了避免拉萨遭受血光之灾，哲蚌、色拉两寺的堪布出面调解，桑杰嘉措无奈作罢。

一计不成，桑杰嘉措采用了更低级的方法。1705年，他买通拉藏汗的内侍，在饭食中下毒，进行暗杀，但被处处防备的拉藏汗识破。伤虎不成，虎就会暴起反扑。几次阴谋都失败的桑杰嘉措知道，彻底翻脸的时刻到了，于是立即召集各地民兵进入拉萨，准备武力驱逐拉藏汗。拉藏汗自然不会示弱，也召集自己在拉萨的蒙古亲兵卫队准备迎战。双方剑拔弩张，一触即发。

圣城拉萨眼看要陷入战火，无论是沉溺于诗歌创作的六世达赖，还是在日喀则一向不问政事的五世班禅，都不能再袖手旁观了。在三大寺堪布的斡旋下，六世达赖、五世班禅的代表、三大寺堪布等政教要人请桑杰嘉措和拉藏汗在五世达赖的灵塔前举行会议。会议做出决定，桑杰嘉措退往山南，而拉藏汗退回青海，两方罢兵，避免荼毒圣城。

桑杰嘉措和拉藏汗都接受了会议的决定，但他们并不是为了避免战争，而是都知道自己目前没有一战而胜的实力。会议结束后，桑杰嘉措只是做出去山南的假象，留在拉萨近郊继续调集军队。而拉藏汗更是离开拉萨到达那曲后便停驻下来，传令到青海调集主力部队进藏。

1705年（清康熙四十四年）六月，等到了援兵的拉藏汗兵分三路，分别从郭拉（拉萨北部山口）、噶莫昌（拉萨东）和堆珑（拉萨河右河谷）杀向拉萨。而此时已经召齐了各地民兵并从阿里、康巴等地调来了生力军的桑杰嘉措也已经枕戈待旦。这一回，任何斡旋完全无效了，都已经准备好赌注的赌徒，决不会放弃一场豪赌。

双方在郭拉山口展开激战，桑杰嘉措麾下的民兵并非不勇敢，但在训练有素的蒙古骑兵面前实在是相形见绌，而桑杰嘉措指挥军队也远不如摆弄书卷公文擅长。很快，藏军的阵势崩溃了。桑杰嘉措乘皮筏逃到贡嘎宗，但仍然被抓获，七月十七日在堆珑附近被杀，时年52岁。

扫清了政敌，拉藏汗重新回到拉萨布达拉宫，端坐在了曾祖留下的狮子宝座上，接管了一切权力，受尊号为"丹津成吉尔扎勒布"，并任命一个叫隆素的人为新第巴。桑杰嘉措已经败死，但由他所拥立的六世达赖仍然在位。当初发难便是从怀疑达赖的身份开始，

拉藏汗用武力收回权利

康熙皇帝（1654～1722）

如今大局抵定，拉藏汗不打算再认这个不守清规的年轻人做教主了。他上书康熙皇帝，陈述了诛杀桑杰嘉措的情由，并提出废黜六世达赖仓央嘉措的主张。

康熙皇帝原本就对桑杰嘉措不满，看到有人替自己动手，自然满心欢喜，立刻于1706年（清康熙四十五年）"命护军统领席柱、学士舒兰为使，往封拉藏汗为'翼法恭顺汗'"，并"令其拘假达赖喇嘛赴京"。这虽然表现了清朝朝廷对拉藏汗的支持，但实际上将拉藏汗推上了不归之路。达赖喇嘛是藏传佛教最高教主，有着极高的宗教权威，蒙藏百姓对之敬若神明，康熙皇帝自己也承

认"此虽系假达赖喇嘛，而有达赖喇嘛之名，众蒙古服之"（《清圣祖实录》卷二二七）。让拉藏汗拘押六世达赖，无疑会使之成为众矢之的。

果然，消息一经传出，让广大信徒们悲愤不已。当拉藏汗的士兵押解仓央嘉措离开时，沿途百姓跪拜焚香者甚众，悲戚之声数里不绝。而在哲蚌寺前的参尼林卡为其送行时，哲蚌寺僧人干脆将其强行抢至该寺的甘丹颇章宫中保护起来。拉藏汗闻报后，立即派兵包围了哲蚌寺，寺僧们操刀挺枪，准备以死捍卫自己的上师。眼见一场惨剧即将发生，仓央嘉措于心不忍，原本并不愿做喇嘛的他此时却表现出了出家人的慈悲、决绝和献

活佛转世所用的"金瓶测签"器具

身精神，自行走出哲蚌寺，避免了一场血光之灾。就这样，在一片凄风苦雨中，仓央嘉措被押解出拉萨。同年十二月，到达青海西宁时，年仅23岁的他神秘病故。这个无辜的诗人就这样葬送在了权力斗争的漩涡当中。人们同情他，不愿他就这么死去，传说他化装脱逃，继续在蒙、藏及印度各地传教。

1707年（清康熙四十六年），在拉藏汗的安排下，新任六世达赖阿旺伊西嘉措被迎回拉萨坐床。无论是世

清军来到西宁支持拉藏汗

俗政权还是教权，都被拉藏汗掌握在了手中。在权力的把持上，拉藏汗已经超过了他的曾祖固实汗。什么东西都是过犹不及的，无论金钱、权力、地位还是荣耀，都不能贪图得太多，否则就会适得其反。

废黜仓央嘉措拥立阿旺伊西嘉措，使得整个汗国无论是西藏、青海还是康区都陷入了混乱，拉藏汗的大后方，青海的各部头领也开始背叛他。以罗卜藏丹津、察罕丹津为首的诸部首领宣布不承认阿旺伊西嘉措的达赖喇嘛身份，且不再听从拉藏汗的调遣，他们将仓央嘉措的一首著名情歌歌词"天空洁白的仙鹤，请它借给我双翅，不会远走高飞，到理塘转转

就回"作为预言，于1710年（清康熙四十九年）在理塘找到了仓央嘉措的转世灵童格桑嘉措，拥立为六世达赖喇嘛，与拉藏汗分庭抗礼。

拉藏汗对清廷一向恭顺，也是稳定青藏和黄教教廷的重要力量，大清皇帝自然不会坐视不管，在关键时刻给予拉藏汗支持。康熙皇帝正式册封阿旺伊西嘉措为六世达赖，并派军队到西宁等地对罗卜藏丹津、察罕丹津等首领进行武力威慑，逼迫他们将格桑嘉措送到西宁由清军看护。拉藏汗对于清廷感激涕零，接受清廷派官员到拉萨与自己共同管理政务。在宗主国的庇护下，汗国的局势似乎是稳定下来了。然而，失去了西藏僧俗的

支持，政、教权力只是在沙滩上的冰块，失去了青海诸部的军队拥护，统治的根基已经松动。拉藏汗统治下的汗国，稳定也只能是似乎而已。

6.倾国之恋——和硕特汗国的灭亡

拉藏汗在攀上权力顶峰的同时，也具备了一切迅速跌落至谷底的条件，所缺少的，就是推他一把的人。西藏的僧俗百姓没有这个力量，青海的诸部首领也没有这个实力，而清朝的皇帝希望他继续统治下去。谁会伸出那只推他倒下的手呢？

该做的事，总会有人去做。这个人，就是准噶尔汗国第四任汗王——策妄阿拉布坦。他是噶尔丹的侄子，在叔叔与清帝国争锋败死之后，成为了准噶尔汗国的统治者。为了抚平叔叔作战失败造成的创伤，即位后的策妄阿拉布坦厉兵秣马，内修政务，外整武备，经济借机军事实力与日俱增。有着与清朝一争雌雄实力的策妄阿拉布坦，早就想有机会控制西藏，尤其是控制黄教教廷，从而获得号召所有蒙古的旗帜。

和硕特汗国内的种种纷争变故，作为旁观者，策妄阿拉布坦都看在眼里，并时不时地参与其中。达赖汗在位时，他就迎娶了其女儿作为自己的大妃，两家成为亲家，而同时，又接受了桑杰嘉措以五世达赖名义册封自己的"额尔德尼卓里克图珲台吉"称号。待到拉藏汗继位后，更是对其频频示好，许以儿女亲家，但同时，也准备了暗中向拉藏汗射去的冷箭。

让人回味的是，在这场政治婚姻中，隐藏了一段深为感人的爱情故事。拉藏汗有二子，长子名为噶登丹衷，次子为苏尔扎。策妄阿拉布坦将自己的女儿博洛托克许配给噶登丹衷，在给拉藏汗的信中写道："请派贵公子来此与我女成亲。（他们）两小无

准噶尔汗国的统治者策妄阿拉布坦

猜，合卺完婚之后，再送回卫地。"

把自己的汗位继承人送到外国去完婚，实在是很不保险的事情，拉藏汗提出"万万不可"。但噶登丹衷竟然以死要挟父亲："请父王三思呵，如果阻止我去准噶尔迎亲，失去良缘，我就要自杀。"舐犊情深的拉藏汗无奈，只得送噶登丹衷前去准噶尔。"两小无猜"，"以死相挟"，可见噶登丹衷和准噶尔博洛托克公主早就相识，并且早已经建立了很深的感情。年轻人为了爱情可以不顾一切，拉藏汗爱自己的儿子，也只能顺从。这是一个完美的关于爱情的故事。而这故事的结局，却是一场倾国阴谋。

送走了长子，拉藏汗又考虑到准噶尔与清廷关系敌对，为了避免清廷的疑虑，又将自己的次子苏尔扎送往青海与一位王公的女儿完婚。在他看来，这样就可以保持平衡了，却没有发觉危险已经步步逼近。1716年（清康熙五十五年）底，经过缜密策划，策妄阿拉布坦命自己的弟弟大策零顿多布率军6000以护送噶登丹衷及其妻子回藏的名义向西藏进军，同时，派

噶登丹衷和准噶尔博洛托克公主

策妄阿拉布坦派兵向西藏进军

300人的队伍前往青海塔尔寺，准备劫持被青海诸部首领拥立的格桑嘉措一起前往西藏。护送噶登丹衷是迷惑拉藏汗，而劫夺格桑嘉措，则是为了夺取西藏后取得政治上的优势。6000名全副武装的准噶尔骑兵杀气腾腾向西藏进军，除了拉藏汗，谁都看得出这不是来送亲，而是来催命。

　　和硕特汗国方面，并不是没有人发现这支送亲队伍的古怪与阴谋。拉藏汗麾下驻守阿里地区的将领康济鼐得到情报后，立即向拉藏汗报告："我们接二连三听到从叶儿羌传来的消息……准噶尔军队从那里往阿里开来，是敌是友，尚难分辨，我阿里军队已整装待命，该不该开拔到敌人出没的地界上去，请下命令。"而此时的拉藏汗正在当雄草原与刚从青海归来的次子苏尔扎及其新婚妻子享受天伦之乐，"游玩作乐，尽情欢娱"。留在拉萨的官员接到康济鼐的报告，认为和硕特与准噶尔已经"亲上加亲"，不会出现军事冲突，要康济鼐"不必多虑"。

　　御敌于国门之外的机会就这样丧失了。大策零顿多布是策妄阿拉布坦帐下第一号将，曾于1715年（清康熙五十四年）在准噶尔的亚梅什湖地区重创俄罗斯军队。在得知和硕特方面已经察知自己动向后，率全军急行军，通过荒无人烟的昆仑山，于1717年（清康熙五十六年）六月到达"圣

西藏"圣湖"纳木错湖

湖"纳木错湖附近，休整兵马后，一边散布此来目的是护送格桑嘉措回拉萨坐床，对藏民没有恶意，一面向拉萨进军。

此时拉藏汗才感到对方来者不善，急命各将领率军抵御，但准噶尔军在大策零顿多布的率领下，骁勇善战，多次击溃藏军，拉藏汗麾下大将阿戎巴、索朗扎巴、甫唐巴先后战死，大将颇罗鼐也受伤败退。虽然如此，但拉藏汗在军事上仍有着绝对优势，"前藏的乌如、约如，后藏的耶如、如拉克各部，恰、塔、工三地，以及霍尔蒙古的兵丁，全都效忠拉藏汗王，乐于死战，不怕牺牲"，但准噶尔所散布的护送达赖喇嘛回藏的消息正好迎合了藏民对于拉藏汗擅自废黜达赖喇嘛的不满，各支部队"打起仗来，除了装模作样，再也不愿出力"，而且成群结队的人向准噶尔军投效。准噶尔军一路上势如破竹，迅速逼近拉萨。

尚在当雄的拉藏汗召集部

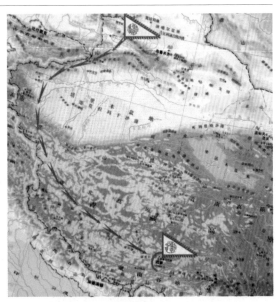

准噶尔军进军西藏路线图（根据《中华人民共和国地形图》绘制）

083

下商议对策。一些官员认为应该立即退守拉萨，凭借坚固的堡垒和城墙死守待援。而大将颇罗鼐则指出："如果我大军驻防拉萨，就如雪猪钻洞一样，不能发挥威力"，应当趁准噶尔军现在人员物资众多，行动缓慢之机，"首先攻打他们，然后再据情况而定。派王子苏尔扎驻守拉萨，汗王亲自率军在此驻扎。那么，进可攻，退可守了"。

两军交战，胜负往往在双方谋划战略之时就已经注定，作为军事统帅，一念之差，就会丧师辱身。拉藏汗最后没有听从颇罗鼐的建议，率全军退守拉萨等待救援。他知道，青海诸部的军队已经不可依靠，自己的援兵只能来自清廷。求援信是直接写给康熙皇帝的："恳求皇上明鉴，速发救兵并青海之兵，即来策应。"

从西藏到北京，路途遥远，拉藏汗并不嫌远水不解近渴，他有信心固守到援军赶来。然而，已经在军民心中没有了威望的他，是根本没有固守拉萨的资本。十一月，准噶尔军兵临城下，将拉萨城围得水泄不通。拉藏汗没有看到军民据城死守的局面，而是陷入了全面的众叛亲离境地。未等开战，"三大寺的僧侣带着食物和武器弹药，热烈欢迎准噶尔人。许多年轻的僧侣武装参军，使准噶尔军队的

双方战斗图

人数大为增加了"。

颇罗鼐见大势已去，再次劝谏拉藏汗逃出拉萨，前往青海，等待时机东山再起。而拉藏汗虽然也知道胜利无望，但却拒绝逃走。作为英雄固实汗的子孙，他保持了最后的尊严。月底，大策零顿多布指挥全军攻城，拉藏汗的部分官员早已与准噶尔军暗通，不时在拉萨城墙上放下梯子，北城门的守军索性开门迎敌。一片混乱之中，拉萨城陷落。

拉藏汗和部分随从退入布达拉宫，这里是黄教圣地，是曾祖固实汗开国建业的所在，但无论是佛祖还是祖先，都无法保护他了。面对着如潮水般的敌军，拉藏汗命所有随从保护自己的儿子苏尔扎突围逃走，自己只带了一个名叫罗桑曲沛的护卫冲出东门。准噶尔军很快发现了主仆两人，紧追而来。拉藏汗与随从"各尽平生之力，张弓搭箭，朝远处之敌连连射击，使他们不能近身，对冲到跟前的人，像连珠炮似的一阵砍杀，杀死了一些敌人"，最后，筋疲力尽的拉藏汗和随从一起，被追兵所杀。拉藏汗战死，次子苏尔扎被俘，长子噶登丹衷被杀，和硕特汗廷覆亡。从固实汗到拉藏汗，共经历4代5任持教法王，君临青藏高原75年。

准噶尔军控制西藏后，并没有如他们所说的没有恶意，这些黄教信徒立即对这座黄教圣城进行了疯狂劫掠。布达拉宫及各大寺院所藏的珍宝、书籍、艺术品几乎被洗劫一空，

冷兵器图

拉萨城遭到了前所未有的破坏。这简直就是1204年作为"捍卫上帝尊严之城"的君士坦丁堡被"章显上帝荣耀之军"的十字军攻破遭到野蛮破坏的翻版。法国历史学家勒内·格鲁塞在他的名著《草原帝国》中评价两个事件的相似时，也用了无奈的口气："准噶尔人，这些虔诚的喇嘛教徒，洗劫他们自己的宗教圣城，而以掠夺来的宝物去装饰固尔扎的喇嘛寺庙。然而，中世纪基督教世界的威尼斯人在亚历山大堡和君士坦丁堡的行为不也是如此吗？"

准噶尔军不但洗劫了拉萨，其派往青海劫持格桑嘉措的那支小部队

罗卜藏丹津

因为清军的警惕而未能成功，护送达赖喇嘛回藏的口号也成了谎言。因为暴行和失信，准噶尔根本无法巩固在西藏的统治，这给清朝进兵西藏彻底将西藏纳入清帝国版图提供了可趁之机。

7.青海和硕特的复国努力——罗卜藏丹津的反清起义

公元1717年（清康熙五十六年）底，拉藏汗战死于拉萨，长子噶登丹衷被杀，次子苏尔扎及其他汗室成员被送到伊犁监禁，和硕特汗廷覆亡。作为屏藩的青海诸台吉顿时一片混乱。虽然，以罗卜藏丹津、察罕丹津为首的台吉们对拉藏汗不满，甚至迎立格桑嘉措为新的六世达赖与拉藏汗对抗，但毕竟也算是家务纷争。准噶尔无缘无故地横插一手，甚至将汗国灭亡，这是他们无论如何也不能接受的。

罗卜藏丹津是固实汗第十子达西巴图尔之子。当年，固实汗命令青海八台吉驻牧青海，由第六子多尔济统领，以"达赖珲台吉"为尊号，达赖喇嘛也赐予"青海总管王"名号。多尔济死后，当时在世的固实汗的儿子，只剩下第十子达西巴图尔，于是由他继承达赖珲台吉和青海总管王之位。达西巴图尔死后，罗卜藏丹津继承其位。罗卜藏丹津年纪比拉藏汗为小，却是拉藏汗的亲叔叔，又是青海

总管王，在和硕特第三代贵族中地位最为尊贵。在汗廷覆亡的时刻，他当仁不让地成为救亡的首脑，积极准备反攻西藏。

可是，准噶尔实力强大，大策零顿多布用兵如神，和硕特诸首领都感到力不从心。对他们来说，要驱逐准噶尔，必须将清朝引为外援。

早在1697年（清康熙三十六年），康熙皇帝击败准噶尔汗国噶尔丹之后，便趁势对青海和硕特诸部施压要他们归附。虽然从固实汗开始，青海八台吉便是和硕特汗国的屏藩，但和硕特汗国本身也是清朝的"庶邦"，为了避免麻烦，以达西巴图尔为首的诸部台吉与清朝在察罕托罗海会盟，承认归附。康熙皇帝册封达西巴图尔为"和硕亲王"，其余台吉分别为"多罗贝勒"、"固山贝子"及"辅国公"等。

从此，清朝的势力逐步渗透到青海东北部，对青海和硕特诸部有着极大的威慑。而在拉藏汗废除六世达赖仓央嘉措的时候，清军更是深入到青海腹地，支持拉藏汗。在这样的情势下，要恢复汗国，寻求宗主清朝皇帝的支持便是理所当然。而在清朝方面，康熙皇帝在得到拉藏汗的求援后，虽然知道缓不济急，但也派出了援军。对于康熙皇帝来说，即使不能

清军大营

清军入藏图

救援拉藏汗，却也能打击准噶尔，并将西藏收归统治。1718年（清康熙五十七年）三月，和硕特汗国灭亡4个月后，康熙皇帝命西安将军印务总督额伦特和四川提督康泰率军分别从青海的库库赛、拜图和四川打箭炉进入西藏。

准噶尔的大策零顿多布再次发挥了他的军事天才，一步步诱使清军进入自己精心布置的包围圈，一举全歼额伦特所率的6000清军。康泰所率清军除500人被俘外，也全军覆没。清廷大为震惊，多数大臣都认为"藏地远且险"，不宜动兵，打算就此作罢。而康熙皇帝虽然已进入暮年，但壮心不已。认为若西藏控制在准噶尔汗国

之手，不但青海、云南边境不宁，蒙古诸部也难以相安，于是力排众议，决定第二次对藏用兵。于是年十月命自己十四子固山贝子胤禵为"抚远大将军"，率军2万入藏，并命四川护军统领噶尔弼为定西将军，岳钟琪为副将军，率军7000由四川入藏以为策应。

即使组织了大军压境，但康熙皇帝也深知，和硕特汗国立国近一个世纪，在青藏影响甚巨，虽然拉藏汗的倒行逆施丢了人心，而准噶尔的暴行却仍会让僧俗百姓倾向于和硕特。没有和硕特贵族的支持，自己进军西藏将相当困难。而这正好与和硕特诸部的诉求一拍即合。于是，1718年（清

康熙五十七年），康熙皇帝在北京召见罗卜藏丹津，对他郑重地做出了一个天大的许诺：只要和硕特帮助大清进军西藏，"取了土伯特国，将尔等内中立汗"，只要驱准保藏，"一切照原不变"。

罗卜藏丹津是所有和硕特贵族中实力最大的，既是和硕特的"达赖珲台吉"、"青海总管王"，又是清朝皇帝钦封的亲王，地位最尊，康熙皇帝所谓"将尔等内中立汗"可说是非

他莫属。罗卜藏丹津满心欢喜，回到青海后，积极组织和硕特诸部配合清军行动。

在清军进军西藏的途中，罗卜藏丹津等首领率军协助，同时和硕特军民还负责情报收集、沿途辎重转运，并大力宣传清军入藏是为了复立格桑嘉措为达赖喇嘛，这场战争是拯救黄教的圣战。西藏僧俗百姓本就痛恨准噶尔军，再加上和硕特贵族站在清军一边，纷纷投效。大策零顿多布虽然

七世达赖喇嘛鎏金铜像

有勇有谋，但终于寡不敌众，被迫退回漠西。清军毫无悬念地占领西藏，立格桑嘉措为六世达赖喇嘛，大局初安。1720年十月十六日，格桑嘉措在清军的护卫下进入拉萨，成为最终被确立的六世达赖喇嘛，后改为七世，那位诗人仓央嘉措被追认为六世。

罗卜藏丹津满怀希望地等待着康熙皇帝实践诺言。然而，康熙皇帝没有履行承诺，他的理由相当充分：西藏初安，以稳定为重。在清廷的安排下，喀尔喀王公策妄诺尔布、敦多卜多尔吉、阿拉善亲王阿宝、原拉藏汗大将隆布鼐、阿尔布巴和罗卜藏丹津一起组成了一个"临时政府"，处理西藏战后事宜。虽然有些失望，但罗卜藏丹津认可了康熙帝的安排，安心在"临时政府"中任职。

岂料，1721年（清康熙六十年），康熙皇帝下诏改组西藏临时政府，命策妄诺尔布率军镇守西藏，废除藏王，封康济鼐、阿尔布巴为贝子，隆布鼐为辅国公，颇罗鼐为一等台吉，让他们共管西藏事务。而要求罗卜藏丹津等和硕特贵族全部回到青海，不得再滞留西藏。这"藏人治藏"的方针彻底击碎了罗卜藏丹津的复国梦，被玩弄之后恼恨和沮丧迅速

康熙皇帝下诏改组西藏临时政府的官印

占据了他的心，在无奈之下，他只得返回了青海。

1722年（清康熙六十一年），大清圣祖康熙皇帝驾崩，雍正皇帝继位。雍正帝是标榜"以一人治天下"的皇帝，他对权力的把持比其父更甚，不但不去履行父亲曾经违背的诺言，还要将青海完全纳入掌中，他要对青海和硕特"众建以分其势"分而治之。1723年（清雍正元年）二月，雍正皇帝特意诏封察罕丹津为亲

雍正皇帝（1678~1735）

王，额尔德尼额尔克托克托奈为多罗郡王，同时，命罗卜藏丹津和察罕丹津共掌和硕特右翼，额尔德尼额尔克托克托奈掌管左翼。

察罕丹津是固实汗五子伊勒都齐的孙子，其父亲达尔吉只受封"辅国公"，地位很低。虽经察罕丹津多年经营受封多罗郡王，但仍与罗卜藏丹津相差甚远。而额尔德尼额尔克托克托奈是固实汗第三子达兰泰之孙，地位更低。原本和自己天差地别的两人，如今一下子和自己平起平坐，罗卜藏丹津不仅失去了对青海和硕特各部的管辖权，还凭空多了两个政敌。察、额二人对清廷的册封感激涕零，

处处唯雍正皇帝马首是瞻，与罗卜藏丹津多有争执，甚至上书清廷，状告罗卜藏丹津谋反。

雍正皇帝早就有心彻底归并青海，接到察罕丹津等人的告状后，便与陕甘总督年羹尧商议进军青海，但又不想在登基初年便大动干戈，于是决定第二年春出兵。可察罕丹津却太过性急，1723年八月初，竟自领兵攻打罗卜藏丹津。罗卜藏丹津正窝着一股火，立即组织兵力迎头痛击。察罕丹津及其属下不能抵挡，溃不成军，率妻儿属下140余人逃入河州老鸦关，得到清军的保护。这次作战，使罗卜藏丹津彻底放弃了一切幻想。西藏没

年羹尧

了，连青海也都快保不住，祖父创下的基业眼看就要毁于一旦。自己一再隐忍，清廷仍要除之而后快，除了奋力一搏，他已经没有其他选择。

1723年八月末，罗卜藏丹津在青海察罕托罗海举行会盟，相约各部台吉以"恢复先人霸业"为口号共同反清。清廷的失信，早已让和硕特诸台吉大为不满，只是缺少一个领头人而已，罗卜藏丹津登高一呼，顿时得到众人响应。阿喇布坦鄂木布、阿旺丹津、巴勒珠尔阿喇布坦、吹拉克诺木齐、阿喇布坦苏巴泰、罗卜藏察罕等17名台吉参与会盟。罗卜藏丹津仍以和硕特汗国时期"达赖珲台吉"为尊号，并决定众台吉俱令呼旧日名号，一概不许呼王、贝勒、贝子、公等清朝封号。除了世俗贵族，各大寺庙的喇嘛僧人也积极参与了罗卜藏丹津的行动。德庆寺察罕诺门罕、郭隆寺达克玛活佛也参加会盟，在他们的带动下，西宁一带格鲁派大小寺庙及中甸、阿冈、多卜藏马嘉、铁布、纳珠公寺、朝天堂、卓子山、先密寺、兴马寺、西脱巴等地的蒙古、藏、土族僧众，近20万人参与反清，可谓声势浩大。会盟一结束，罗卜藏丹津及诸台吉便率军分路攻取了西宁的南川、北川、西川、镇海堡、申中堡和归德等地。

一时间，川、陕及甘、凉、肃州地区大受震动，清朝的西部战云密布。原本想在来年开春才解决青海问题的雍正皇帝见事态已不可收拾，立即任命陕甘总督年羹尧为"抚远大将军"，四川提督岳钟琪为"奋威将军"，率军2万入青海"平叛"。年羹尧早就做好了进军青海的准备，虽然仓促上阵，倒也从容不迫，十分周密

地将进剿大军分为三路：一路北进，扼守布陲吉尔河，防罗卜藏丹津北犯；一路南行，驻守里塘、巴塘、察木多等地，断罗卜藏丹津入藏之路；一路为主力军，由奋威将军岳钟琪直接指挥，由西宁、松潘、甘州等处，分路进攻南川、北川、西川、镇海堡和归德等地。

相对于清军的缜密计划，罗卜藏丹津则显得并无章法，战争刚一开始，便犯了一个致命的错误。虽然在他的麾下有青海几乎所有的僧俗人众，但大多数都是百姓和僧侣，并非作战部队，他所能掌握的野战军实力并不雄厚。而在攻下

岳钟琪

西宁周边的各个要塞、堡垒后，他分兵据守，使得手中的兵力更为分散，给了清军各个击破的机会。1723年十月，年羹尧的大军攻入青海，十二日向正在攻打镇海堡的和硕特军发起攻击。守卫镇海堡的和硕特军统帅是阿旺丹津，遭到清军攻击后死战不退，并向罗卜藏丹津请援。二十日，罗卜藏丹津派3000人增援。双方反复争夺，战事异常激烈，激战5日，清军援军陆续开到，和硕特军死伤惨重，被迫撤退。与此同时，罗卜藏丹津正亲

自率5000人据守申中堡，与清军进行轮番争夺。镇海堡的失败，使得那里的满洲兵、绿营兵几千人腾出手来前来支援，罗卜藏丹津独力难支，遂率众撤出了申中堡。两处失利，引起连锁反应。西宁北面的新城堡、上北塔和下北塔的寺庙喇嘛组成的僧军死守堡垒，清军屡攻不下。罗卜藏丹津撤出申中堡后，堡外清军绿营兵参将宋可进率领3000人立即转向攻打，众喇嘛腹背受敌，全部战死。这次交战，和硕特一方先机尽失，从主动迅速陷

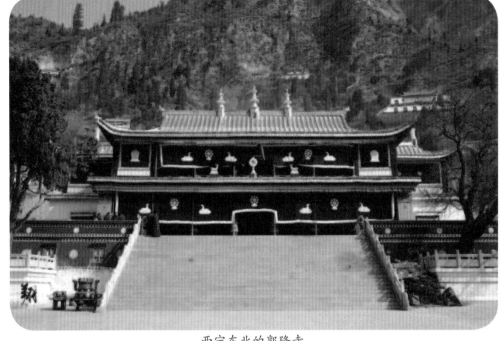

西宁东北的郭隆寺

1724年（清雍正二年）正月，奋威将军岳钟琪率领的中路主力军前锋，抵达西宁东北的郭隆寺一带。这里没有罗卜藏丹津的军队，但寺中喇嘛与百姓自发起来对抗清军。十二日，双方交战于郭隆寺东北的哈喇直沟。清军"直前奋战，斩贼数千，据其三岭，毁其十寨"，喇嘛僧众战死无数。十三日，清军进至郭隆寺附近的山谷，千余名喇嘛前来伏击，被清军打退，只得逃入山洞。清军聚薪放火，众喇嘛不愿逃出，被活活熏死于洞内。扫清外围后，清军攻入郭隆寺，达克玛活佛以下6000名喇嘛全部战死，郭隆寺被烧成白地。这一战，

是清军入青海最激烈一战，仅川陕官兵腰刀砍缺者就有三四百口，年羹尧也说："自三藩平定以来未有如此大战者。"由于大批清军的推进，罗卜藏丹津及诸台吉的队伍被迫陆续西撤，而清军则乘胜追击。

1724年二月，岳钟琪分兵三路，开往青海湖北岸的伊克哈尔济。在这里，阿喇布坦鄂木布、巴勒珠尔阿喇布坦两台吉及其属下被清军俘虏。二月十四日，一路清军开赴青海湖西北的希尔哈。台吉吹拉克诺木齐率所部抵抗，也被击败，吹拉克诺木齐及属下300余人逃至乌兰白克，但还是被清军抓获。同时，清军副将军阿喇纳，从天青察罕哈达向西奔向哈喇淖尔，

青海湖北岸的刚察草原

台吉阿喇布坦苏巴泰率部抵御清军不敌对手，尽弃辎重和牛羊而逃走。其余两路均取得胜利，岳钟琪自率精兵5000人，自布尔哈达、察罕哈达经哈喇淖尔，二月二十日进抵柴达木。二月二十二日，岳钟琪大军进至柴达木以东的乌兰穆和尔，对罗卜藏丹津的营地发起突然袭击。此时，罗卜藏丹津部属尚未起床，人不及衣，马未衔勒，在突袭之下仓皇逃散，溃不成军。罗卜藏丹津的母亲阿尔泰夫人、妹夫克勒克、济农藏巴吉查及其属下均被清军俘获。罗卜藏察罕台吉等率领属下被迫归降清军。罗卜藏丹津仅率200余人出逃。

清军以每天数百里的行进速度追赶数日，罗卜藏丹津身边人马日益减少，眼看难以幸免。所幸，山穷水尽之时，逃至青海和西藏交界处桑骆海，这里红柳蔽天，目望不及，清军迷失方向。罗卜藏丹津骑白驼，穿越红柳，投奔了准噶尔汗国的策妄阿拉布坦。罗卜藏丹津逃到准噶尔汗国后，受到策妄阿拉布坦、噶尔丹策零两代汗王的保护，甚至引发了清准之间的大战。但在1755年（清乾隆二十年），准噶尔汗国灭亡，他还是做了清朝的俘虏，被押送北京。乾隆皇帝以蒙古各部都已归服，若杀他只会"有损圣德"，便免其死罪，并赏给房屋，令其居住，同时授任其二子为蓝翎侍卫。罗卜藏丹津后来老死于北京，得以善终。

罗卜藏丹津的反清起义仅坚持了不到半年便完全失败，整个青海一片血泊，清朝官方记载："降三王，

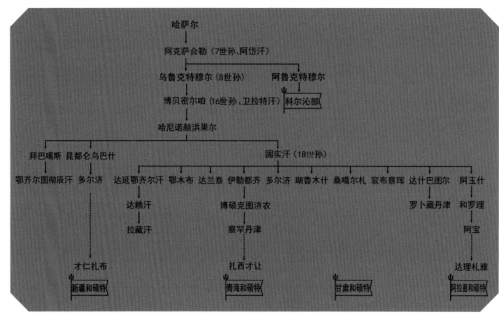

和硕特部世系表（根据《蒙古世系表》绘制）

擒王十有五，斩首八万余人，俘获男女数万口"，这样的数字已经极为惊人，而在汪景祺《读书堂西征随笔》中则记载："余五十以下，十五以上者，皆斩之，所杀数十万人，不但幕南无王庭，并无人迹"，这可算得骇目惊心了。经此一役，和硕特蒙古人口锐减，实力大衰。

清朝政府在镇压了罗卜藏丹津的反清起义以后，仿照先期归附清廷蒙古各部的先例，在青海和硕特蒙古中也实行了盟旗制度。1724年，雍正皇帝将青海蒙古各部落编成和硕特21旗和其他部8旗，史称青海蒙古29旗，同时派驻"办理青海蒙古番子事务大臣"。和硕特蒙古正式从外藩成为内属。从此，和硕特汗国的后裔便成为

清朝的臣民，散居于青海、内蒙古、新疆和甘肃肃北等地，绵延至今。

8.和硕特汗国后裔之一——青海和硕特各旗

"旗"是清政府"国家行政体制中蒙古地区的基本军事、行政单位，同时也是清朝皇帝赐给旗内各级蒙古封建主的世袭领地"。在政治上，各旗札萨克及其手下章京管理本旗一切事务，如经济、司法、文教、对外关系事务等。经济上，各旗也是组织属下各牧户放牧、划分草场、指挥游牧的牧业生产组织。各旗札萨克由世袭王公担任，但须由清政府任命。

这样的制度先后在内蒙古、外蒙古实行，而青海蒙古内附后，也照之办理，共分29旗。其中，和硕特部21

旗，牧地在通河上游、布哈河、布隆吉尔河、柴吉河两岸及河曲地区；另外8旗中，土尔扈特部分4旗，牧地在河曲的黄河两岸；绰罗斯部分2旗，牧地在青海东南地方；喀尔喀部1旗，牧地在青

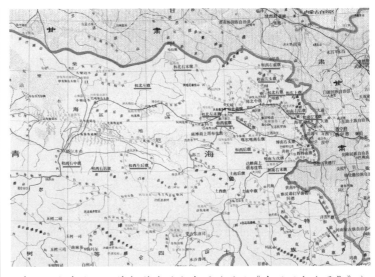

清朝时期青海和硕特札萨克旗分布图（源于《中国历史地图集》）

海湖南岸；辉特部1旗，牧地在柴吉河东。清道光三年，又分29旗为左右翼两盟，设正副盟长统辖。

和硕特21旗是指，南左次旗、西前旗、前首旗、南左首旗、西后旗、北右旗、北左旗、南后右旗、北前旗、南左后旗、西右中旗、西右前旗、南右中旗、南左中旗、北左末旗、北右末旗、东上旗、南左末旗、南右末旗、西右后旗、西左后旗。

经过罗卜藏丹津起义战争的损失以及清军后来对义军的屠杀，青海蒙古族，尤其是和硕特部人口遭到很大损失，到编旗时，29旗"共壮丁一万五千六百七十五名"，共约1.7万户，估计人口10余万，各旗规模都很小，平均不足600户。而青海又是各民族杂居地区，藏族、回族乃至汉族均有相

札萨克官印

当的人口规模，如此稀少而又分散的蒙古各旗很难有较好的生存和发展环境。从清朝雍正年间到民国，青海蒙古族的境况可以说每况愈下。

按照盟旗制度，各旗虽然人口很少，但旗内大小官职俱全，同时封授了从亲王、郡王、贝子到一、二、三、四等台吉的世袭爵位，各级爵位的贵族都享有一定的特权。寄生贵族群体庞大，供养他们的部落民众则人口稀少，而且编旗后原归和硕特管辖、向和硕特岁纳"添巴"（纳税）的周边各民族不再归和硕特管辖，分以千户、百户统领，归厅卫官员直接管辖。和硕特各部领主向番族取贡的经济来源被切断，这必然加重各旗牧民的负担，导致"各旗蒙古，俱已贫困"，出现大量的逃荒人群，以至于数万人"散处边内，插帐驻牧及延边乞食"的地步，使和硕特民众进一步贫困化。

因为和硕特曾在青海长期统治所造成的巨大影响，以及罗卜藏丹津反清起义的浩大声势，清朝一方面对主动投效的察罕丹津等贵族甚为优礼，另一方面实行"扶番抑蒙"的政策。已经被分而治之的蒙古人失去了昔日震撼西陲的武力，遂引起河南番族的轻视，不时北渡寇掠。而处于居中调解位置的青海办事大臣又往往拒不上奏，不予处理。各旗蒙古遭到其他民族的严重侵害，既无力反抗，又无处申诉，除了离乡逃难外别无他法。正如民国时期的评论，"蒙古各旗，因

贫困的青海草原牧民

受清室的优遇与喇嘛教的熏陶，都渐趋习尚法治，遇事则必审慎周详，犹豫不决，失去了原有的果决刚毅的民族性，松弛了兵制，固当不去侵人为好，但藏民……多种侵略主义，决不含垢忍辱……所以对藏民入侵，蒙古王公们只能步步退化"。（张员彬：《青海的民族》）

如此恶性循环，积弱愈深，只得把优良的草原忍痛放弃，移退于瘠苦沙碛的地带。18世纪中期以后，住在柯柯乌苏地区的蒙古族已经大部撤退，而当19世纪中期藏族深入环

深受藏族文化影响的和硕特蒙古族服饰

湖地区乃至祁连山地区后，蒙古各部的草原不断缩小，很多蒙古人弃草原而走他乡。道光二年，时任青海办事大臣的那彦成奏疏中提到："而今蒙古孱弱已极，不但不能自强，且均逃散，或依附官兵营长，或逃至附近州县，一时竟难归来，河北数千里尽属旷土，是以野番占住。"

这已经使得蒙古人苦不堪言，而自罗卜藏丹津反清失败后，清政府强令对蒙古游牧之地开垦屯种，征调直隶、山西、河南、山东、陕西五省的"军罪人犯"发往大通、布隆吉尔等

处"令其开垦"，并招募西宁一带农民与驻军家属，对西宁周边地开垦耕种。从西宁北川白塔之处到扁都口一带，强修边墙筑建城堡，使之成为内地；将大草滩的常马尔鄂东塔拉草原开垦成农田；将阿拉善山前蒙古人驱赶到山后。这不但使得大量蒙古人失去了赖以生存的牧场，原本生态脆弱的草原地带也被无限制地开垦成了不毛之地，而生态的恶化更加剧了蒙古族牧民生存的困难。

与此同时，民族间的同化也导致蒙古族人口大量下降。和硕特蒙古

进入青海后，为了适应当地的生存环境，巩固自身实力，积极与藏族上层人物接触，大力倡导学习藏族文化，虔诚信奉黄教，重视选送本民族青少年入寺为僧学习藏语藏文，使得蒙古人受藏族文化浸染日益加深。实行"盟旗制度"后，各旗只能在本旗范围内活动，逐渐失去与其他地区蒙古族的联系，完全浸润在藏文化的包围中，逐步为藏族所同化，到清朝末期，已经到了"蒙古近来竟有穿戴番子衣帽毫无区别者"的地步。

到了民国时期，军阀割据，青海成为"马家军"的地盘。马麒及其子马步芳家族经营青海30多年，青海蒙藏王爷头人都为其管辖，蒙藏牧区成为马氏家族私人牧场。马氏家族对牧民的苛捐杂税及差役相当繁重，有据可查者就达七八十种，而为了稳固统治，又在各民族间刻意制造矛盾，使之分化相争。《大公报》记者范长江到青海考察，对马步芳政权活动进行了深入观察研究，他认为："中国传统的民族政策，都是建筑在相互压迫的关系上。青海回族与汉族自称为'中原人'，意思是'文化民族'。而称藏人为'番子'，蒙古为'鞑子'。对他们只是羁縻征服，使之归所谓'中原人'统治，而不是本民族平等的思想，来谋共同的解放。……从人口上看，蒙藏两族，今皆已大大地减少，这一方面是负担不起草头

马步芳的骑兵

税，逃向西康和蒙古，一方面是因穷困而死亡率增大。这些事实告诉我们，青海目前的安定，只是马步芳武力统治的结果，并不是民族问题已经解决。"

到1939年（民国二十八年），因为新疆军阀盛世才对辖区内哈萨

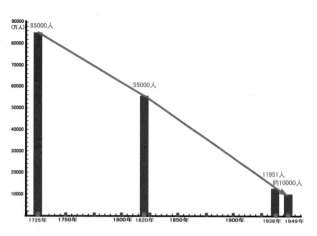

青海地区蒙古族人口近两个世纪变化图表

克族的驱逐杀戮，大量哈萨克牧民迁往青海。哈萨克族初来青海时，本与蒙、藏的关系很好，并无龃龉。但随着时间推移，双方因为牧场、牲畜等问题产生的矛盾日益加深，而马步芳为了"分而治之"，也极力制造民族隔阂，终于使得出现大规模仇杀。台吉乃旗和柯鲁沟旗的蒙古族牧民多次遭到哈萨克族的抢劫和杀掠，迫使很多蒙族牧民逃亡到都兰、敦煌等地乞食为生，家畜财产全部丧失。

凡此种种，曾经雄霸青藏高原的和硕特汗国的后裔已经到了几乎消亡的地步。蒙古族人口在1725年（清雍正三年），尚有17000余户，到了1820年（清嘉庆二十五年），便已经缩减为11000余户，以后持续减少，到了民国初年，很多旗已经空有其号，人民残少到形同虚设。1928年青海建省后，蒙藏委员会统计，青海有蒙古族

30000余人；1938年时统计，便只剩下11951人。到1949年，更是不足万人。人口下降速度令人咋舌。民国时有流传嘲笑青海蒙古族的笑话说："有一个旗，那旗有一个王爷，他只有一个属民和一只狗。而那个属民又是他自己的弟弟。"（札奇斯钦：《我所知道的德王和当时的内蒙古》149页）

不过，虽然屡经磨难，但青海的和硕特蒙古族仍然顽强地生存下来，其中的杰出人物在中国的近代史上也做出了卓越的贡献。其中的佼佼者，是和硕特前首旗末代女王扎西才让。和硕特前首旗便是和硕亲王察罕丹津的封旗。察罕丹津为第一世和硕亲王，1701年(清康熙四十年)封多罗贝勒，为和硕特前首旗封爵之始。1723年(清雍正元年)封和硕亲王，1725年(清雍正三年)授札萨克。整个清代和民国时期，河南蒙古族被划分为

四旗，即和硕特三旗、土尔扈特部一旗，统归和硕特前首旗管辖。这便是今天的青海省河南蒙古族自治县的前身。

因为察罕丹津对清朝的忠心耿耿，其家族在青海各蒙旗中最受恩遇，"河南亲王"从察罕丹津开始代代承袭，第八代亲王巴勒珠尔喇布坦，是察罕丹津之兄岱青巴图尔的七世孙。他娶了拉卜楞寺四世嘉木样活佛的侄女兰曼措为妻，生有一子一女，儿子衮噶环觉，女儿便是扎西才让。

巴勒珠尔喇布坦去世后，衮噶环觉继承了王位，即九世河南亲王，时年仅3岁。然而，衮噶环觉也年寿不永，于1940年早逝。因为没有留下子嗣，年仅20岁的扎西才让不得不继承了哥哥的王位，成为河南蒙旗，也是和硕特历史上唯一一位女王。

1947年（民国三十六年），扎西才让被选为国民政府行宪国民代表大会的青海代表。在丈夫黄文源的陪同下，扎西才让赴南京出席国民政府第一次国民代表大会，期间加入国民党。在南京，这位富有传奇色彩的女王爷受到媒体的热烈关注，被誉为"中国边疆的伊丽莎白"。

然而，在南京的风光没有过去多久，内战的硝烟便让给予扎西才让无限荣耀的国民政府摇摇欲坠，身在青海的和硕特蒙古也感到了大时代的剧烈变化。1949年8月，中国人民解放军攻陷兰州。这对扎西才让深受震动，

青海河南蒙旗草原

青海河南蒙古族自治县文化广场

为了辖区百姓的安危，她派丈夫黄文源为代表，随甘南地区民族上层人士组成的致敬团，赴兰州向中国人民解放军致意，表示拥护共产党、解放军。1952年，扎西才让带领蒙族各部落头人和数百名群众，前往河南、泽库两县交界地拉莫汉滩，专门迎候西北军政委员会派往河南地区的工作委员会人员，将之妥善护送到河南亲王府夏季草场纳木翁滩，并在这里郑重宣布拥护共产党的领导，欢迎解放军解放河南蒙旗，使得民族杂居、局势复杂的河南蒙旗和平解放。

在此之后，扎西才让任河南蒙族自治区筹备委员会主任和省人民代表大会代表。1955年6月，河南蒙族自治区人民政府改称河南蒙族自治县人民委员会，扎西才让任县长。在任职期间，扎西才让兢兢业业，得到很高评价。解放初任中共河南工委书记的郭曙华回忆说："扎西才让在与我党多年的合作共事中，勤奋工作，尽心尽责，是一位蒙古族妇女界爱国的知名人士，深受各族人民的敬重和爱戴。"而在1956年，扎西才让的母亲去世，为了给母亲超度，她于1957年入藏礼佛。在藏期间，十四世达赖喇嘛曾劝她留在西藏，参与日后的驱逐共产党的行动。扎西才让不为所动，坚决返回青海，并将之向政府作了报告。然而，这位卓越的和硕特蒙古族女政治家最终未能逃脱"文化大革命"的摧残，于1966年10月21日被迫害致死，年仅46岁。直到1979年才予以平反。

9.和硕特汗国后裔之二——新疆和硕特旗

当年，土尔扈特部首领和鄂尔勒克率领大部分土尔扈特人以及部分杜尔伯特、和硕特部众迁往伏尔加河。而跟随他的和硕特部便是固实汗二哥昆都仑乌巴什第三子多尔济的部众。这支和硕特人跟随土尔扈特来到伏尔加河，成为土尔扈特汗国的一部分，与土尔扈特人荣辱与共。

而随着土尔扈特汗国一代雄主阿玉奇汗的去世，土尔扈特汗国经过内乱，已经越来越难以维持汗国的独立，被俄罗斯压榨得越来越严重，几乎到了灭亡的边缘。于是，在1771年（清乾隆三十六年），为了民族的生存和自由，土尔扈特汗国的渥巴锡汗与众多首领秘密商议，做出了举族东归回到祖先故地的决定，而在一同举事的首领中，便有和硕特首领根顿诺尔布、恭格、雅兰丕勒等人。

1771年七月，经过半年的艰苦跋涉、浴血奋战，在付出了一多半人口和全部财产损失的巨大代价后，东归终于成功。清朝的乾隆皇帝对东归而来的各部都予以了丰厚的赏赐和抚恤。和硕特的根顿诺尔布在东归后，未及觐见乾隆便病故，其弟弟恭格代替他接受了皇帝的赏赐。按照乾隆皇帝的安排，恭格受封为"巴图色特奇勒图和硕特部土谢图贝勒"，东归的和硕特部"游牧南路土尔扈特部之西"，牧地在喀喇沙尔城北，土尔扈特部西，南至开都河，西滨珠勒都斯

渥巴锡率部东归图

清朝新疆中部地区图（源于《中国历史地图集》）

河，北依察汗通格山（天山分支）。设巴图色特奇勒图盟，恭格为盟长，置四旗，分别为恭格统领的贝勒旗，恭格族叔雅兰丕勒统领的中路中旗，恭格族弟巴雅尔拉瑚统领的中路左旗，以及另一族弟诺海统领的中路右旗。

到1797年（清嘉庆二年），贝勒旗因为绝嗣，所部被拆分入其他三旗，盟长由中路中旗札萨克世袭担任。从此后，这部分和硕特在天山草原继续与东归后的土尔扈特部相依为命，共生共存，一起面对时代的变迁。中旗札萨克一共传了十一代，第一代是雅兰丕勒，其于1790年（清乾隆五十五年）出家为僧，其子布彦楚克袭爵，期间大力整顿旗务，颁布法律，很有作为。布彦楚克无子，去世后由其弟鄂齐尔袭爵，之后的札萨克分别为巴特玛策凌、普尔外、车德恩多尔济、多尔济那木扎勒、棍布札布、桑吉扎布、达理玛、班第。

清咸丰年间，第七代中旗札萨克多尔济那木扎勒与土尔扈特部一起应清政府征调参与平定张格尔之乱，因为功勋被授予双眼花翎。

在民国期间，中路中旗和硕特郡王班第与土尔扈特部汗王满楚克扎布一起统领蒙古骑兵旅，在平定马世明之乱的战斗中立下功勋，骑兵旅被升为骑兵师，满楚克扎布为骑兵师中将师长，而班第为少将旅长。然而，时任新疆督办的盛世才对所有地方实力派和有能力威胁到他统治的人都欲除之而后快，土尔扈特汗王满楚克扎布如此，和硕特郡王班第也是如此。

1937年，盛世才一手制造了"阴谋大暴动案"，逮捕了满楚克扎布、班第以及维吾尔族政治家和加尼牙孜等一大批政治人物。同年底，班第便在狱中死于酷刑之下。右旗札萨克共传八代，诺海为第一代札萨克，去世后由其子桑济袭爵，之后的札萨克为乌尔图纳逊、巴彦济尔嘎勒、棍济克扎布。棍济克扎布无子，由其弟鲁布旺扎勒袭爵，之后由贡嘎那木扎勒、格宁敦都尔先后袭爵。末代札萨克格宁敦都尔在1947年的国民大会上当选第一届国民大会代表。

左旗札萨克共传九代，巴雅尔拉

琥为第一代，之后由齐叶齐、桑吉策凌、济尔噶勒、图鲁蒙库、拉什德勒克先后袭爵。清同治年间，浩罕汗国阿古柏入侵新疆，和硕特左旗第六代札萨克拉什德勒克率和硕特骑兵随同左宗棠进讨，立下汗马功劳，后被任命为副盟长。拉什德勒克去世后，又由车伯克多尔济、阿拉布东贝先后袭爵。1946年，阿拉布东贝因为担任焉耆公署副专员，将札萨克让给其子才仁扎布。但1948年才仁扎布因意外去世，阿拉布东贝又重新管理旗务，直到1949年后札萨克制度被废除。随渥巴锡东归的和硕特部这一部，现在生活在新疆维吾尔自治区的和硕县以及和静县境内。

新疆和硕县蒙古族

10.和硕特汗国后裔之三——阿拉善和硕特旗

阿玉什是固实汗之子，但因为他刚出生时，固实汗的大哥，时任卫拉特汗的拜巴噶斯无子，便将他过继给拜巴噶斯为子。固实汗南征青海后，自己的儿子全都跟随南下，但拜巴噶斯诸子长子鄂齐尔图彻辰汗、次子阿巴赖以及养子阿玉什则留在了故地。

在固实汗走后，鄂齐尔图彻辰汗继任为卫拉特联盟的"卫拉特汗"。但此时，卫拉特联盟已经名存实亡，各部都已经自行发展。鄂齐尔图彻辰汗虽然和准噶尔的巴图尔珲台

阿拉善和硕特始祖阿玉什

吉一起执掌卫拉特，被称为"和约二台吉"，但也只能管辖和硕特部众，以伊犁为中心发展自己的实力。1661年到1672年，鄂齐尔图彻辰汗与弟弟阿巴赖展开了长达十余年的角逐，最终在准噶尔部的帮助下，终于消灭了阿巴赖，成为了留在故地和硕特最大的首领，阿玉什也追随于他。

在相当长的时间里，和硕特与准噶尔和睦相处，互不侵犯。虽然从巴图尔珲台吉开始，准噶尔汗国已经建立，但鄂齐尔图彻辰汗并没有与之发生冲突，专心在自己的统治中心伊犁营造安乐窝。在准噶尔汗国僧格执政

时，鄂齐尔图彻辰汗将自己的孙女阿奴嫁给僧格，继续维持着两家友好。而当僧格在内乱中被杀，其弟弟噶尔丹从西藏返回平定叛乱时，鄂齐尔图彻辰汗对之也甚为照顾，帮助其聚敛部众，消灭叛乱。

但是，当噶尔丹实力激增后，将所有部落和贵族纳入麾下的意图已经十分明显。鄂齐尔图彻辰汗想要继续实际的独立已不可能。为了维持生存，他开始对噶尔丹进行打压，收服被其招抚的部落，并派使者前往青海，与那里的和硕特台吉们商议夹击噶尔丹的计划。但信使在半路上被噶

尔丹属下截获，于是噶尔丹先下手为强，于1675年（清康熙十四年）率大军突袭鄂齐尔图彻辰汗。鄂齐尔图彻辰汗连战连败，部众四散，不得已只能投降噶尔丹。其部众大部被噶尔丹收编，只有少部分由其妻子率领逃亡到伏尔加河一带。

在这场变乱中，阿玉什的部众也遭到牵连，难以自保。此时统领部众的是阿玉什的儿子和罗理，为了躲避战乱，他与兄弟12人率和硕特部众于1677年（清康熙十六年）东迁，先至甘肃沿边一带，不久率部游牧大草滩，后驰牧于额济纳河流域。

虽然暂时躲避了战乱，但这部和硕特人的生存仍存在很大问题，他们既受到西部噶尔丹的威胁，又没能得到清政府接纳的承诺。为了部众的生活，和罗理多方奔走，多次遣使到北京，争取"内附"。清朝的康熙皇帝接受了他的请求，将之安顿于贺兰山以西、龙首山以北的辽阔地域，并于1697年（清康熙三十六年）正式将阿拉善地方划归和罗理驻牧，和罗理任札萨克多罗贝勒，阿拉善和硕特贝勒府设于夏日布勒都（今阿拉善左旗锡林高勒境内）。阿拉善旗上不设盟，直接隶属清廷理藩院典属清吏司管理。

和罗理为阿拉善和硕特的发展打下了坚实的基础，在他的后半生，一直为部众的发展繁荣尽心尽力，多次

额济纳河

帮助清政府对抗准噶尔，受到清廷的信任和重视。1703年（清康熙四十二年），康熙皇帝将道格欣公主下嫁于和罗理第三子阿宝，阿拉善和硕特成为皇亲国戚，地位更为尊贵。

1707年（清康熙四十六年）七月十七日和罗理去世，1709年（清康熙四十八年）阿宝袭多罗贝勒之爵。阿宝既是和硕特贝勒，又是皇帝额驸，且在与准噶尔的战争中立下功勋，因此比其父亲更得优宠。1704年（清康熙四十三年）被康熙皇帝在北京赐第，修建阿拉善王府（现北京市地安门外三座桥府头道1号）。府内古式

阿拉善和硕特旗首任札萨克和罗理

四合院、新式楼房和后花园组成200余间房屋，成为阿拉善王驻京办事衙门。

在1718年（清康熙五十七年），和硕特汗国被准噶尔灭亡，清朝康熙皇帝准备派大军前去征剿，阿宝率军参赞军务，一同入藏。1720年（清康熙五十九年），清军占领西藏，阿宝与喀尔喀王公策妄诺尔布、敦多卜多尔吉、原拉藏汗大将隆布鼐、阿尔布巴和罗卜藏丹津一起组成了一个"临

时政府"，处理西藏战后事宜。1721年（清康熙六十年），随着西藏局势稳定，临时政府改组，阿宝率所部回到阿拉善。1724年（清雍正二年）一月，阿宝因军前效力及护送达赖喇嘛入藏等功，受封多罗郡王，赐银万两。1726年（清雍正四年）春，皇帝下诏给札萨克印，阿宝为阿拉善旗札萨克，从此时起，和罗理家族正式成为了阿拉善旗札萨克王爷。1731年（清雍正九年），清朝雍正皇帝因阿

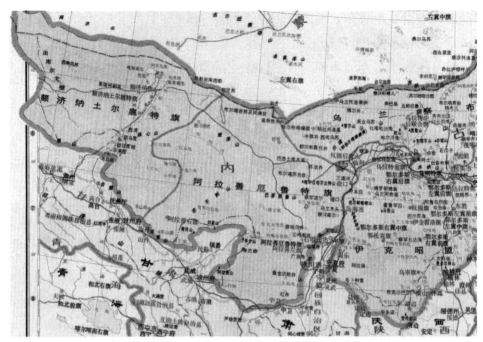

清朝阿拉善地区图（源于《中国历史地图集》）

宝协助抵御准噶尔东侵，赐筑定远营，这便是今天的巴彦浩特，从此这里便是阿拉善亲王世代居住的王廷。

1739年（清乾隆四年）七月，阿拉善旗札萨克多罗郡王阿宝因病去世，因为长子衮布早逝，次子罗卜藏多尔济袭爵，为多罗贝勒。罗卜藏多尔济也是一位很有作为的王爷，1750年（清乾隆十五年）娶清朝皇室格格娥掌郡主为妻，与清皇室亲上加亲。1755年（清乾隆二十年），准噶尔汗国内乱，汗王达瓦齐暴虐无能，清朝乾隆皇帝趁机派兵一举征服准噶尔。但是，原本是准噶尔贵族后投奔清朝参加平乱的阿睦尔撒纳借机扩充本部势力，希望成为新的准噶尔汗，于

1755年八月至1756年间，在新疆塔尔巴哈台和伊犁起兵，与清廷抗衡。1756年二月，清廷兵分两路平息战乱，罗卜藏多尔济令阿拉善旗二等台吉达瓦车凌带兵参战。在新疆博罗齐遭遇伏击，阿拉善兵将奋勇作战，达瓦车凌战死，受到清廷嘉奖抚恤。1757年腊月十三日，罗卜藏多尔济亲自率领阿拉善旗骑兵从阿拉善旗西南营盘水、三眼井进军哈密巴里坤参战。阿拉善旗参战部队入疆后，罗卜藏多尔济身先士卒，击败辉特部首领巴雅尔，将之生擒，并协助清军追击阿睦尔撒纳，迫使其逃亡俄国客死他乡。因为一系列战功，罗卜藏多尔济因功晋爵多罗郡王，授参赞大臣。

在此之后的1757年（清乾隆二十二年）、1758年，罗卜藏多尔济又率领阿拉善骑兵先后协助清军平定哈萨克部落西拉尔、布库察罕之乱和南疆大小和卓之乱，作战百次之多，屡立功勋。1765年（清乾隆三十年），罗卜藏多尔济因平疆战功而晋爵和硕亲王，赏元狐裘及黄辔，荣获清廷的最高封爵。1782年（清乾隆四十七年），乾隆又下诏，将"和硕亲王"爵位定为世代承袭，并兼管额济纳旧土尔扈特旗务，享受了清朝对外藩蒙古王公的最高封赐和荣誉。

除了戎马生涯，罗卜藏多尔济在位的40多年间，鼓励文化，保护宗教，发展生产，繁荣商业，开河渠，修堤堰，开采矿产，阿拉善的盐业、矿业发展迅速，积累了大量财富，王府所在地定远营成为西北地区的商业和金融中心。同时，宗教也得到极大发展，阿拉善地区的21座佛教寺院有8座是在罗卜藏多尔济时代修建的。尤为难得的是，笃信佛教的罗卜藏多尔济并不排斥其他宗教，伊斯兰教徒在他的治下也得以安居乐业。

1783年（清乾隆四十八年）农历七月，罗卜藏多尔济因病在定远营去世，享年50岁，清廷给予极高评价，派御前侍卫前往致祭，并赏赐银两治丧。其长子旺沁班巴尔袭爵。旺沁班

阿拉善兵将奋勇作战图

阿拉善王府

巴尔在位期间，清朝已经由盛转衰，西北地区动荡不安，旺沁班巴尔继承父祖遗志，也一直战斗在维护地方安定的第一线。

1784年（清乾隆四十九年），回族、撒拉族教民在甘肃伏羌县等处聚众反清攻城略地，一时西北动摇，朝廷震惊。是年七月二十二日，阿拉善和硕亲王旺沁班巴尔受清廷诏谕，率蒙古兵丁到达甘肃前线。旺沁班巴尔率阿拉善兵和宁夏满兵2000人大败起义军。旺沁班巴尔因指挥有方，八月正式就任宁夏副都统。起义平定后，因为旺沁班巴尔亲王之爵已无可加封，御赐一公爵职位，并在其诸弟中选拔任用。1788年（清乾隆五十三

年）一月十八日，旺沁班巴尔晋升为宁夏将军，并监管额济纳旗务，成为阿拉善历代札萨克中军职最高的王爷。然而，旺沁班巴尔性格刚强，直言无忌，极易招怨，1791年（清乾隆五十六年）清廷以旺沁班巴尔凡事不遵清制、任意违例的罪名，撤销其宁夏将军职务，退出御前，在乾清门效力行走。

旺沁班巴尔青年时代承袭王爵，素有大志，多建军功，虽在仕途方面不尽如意，但在他执掌旗政期间，阿拉善旗进入盐业发展的黄金时期，全旗每年平均收入池租1.5万两白银，20年累计收入白银30万两以上。这一时期，阿拉善旗王府库银充实，百姓安

居乐业。

1804年（清嘉庆九年），旺沁班巴尔病故，终年不到50岁，去世后尊封谥号布尔罕诺颜，意即神圣英明的首领。旺沁班巴尔之后，又有马哈巴拉、襄多不苏隆、共桑珠尔默、多罗特色楞继承为阿拉善亲王，前后共96年。到1910年，塔旺布里甲拉承袭阿拉善旗札萨克和硕亲王，此时已经是清朝风雨飘摇、中华民国呼之欲出的时代了。

塔旺布里甲拉，字云桥（樵），是第八任旗王多罗特色楞的长子，成为亲王仅一年，便遭遇了时局大动荡。1911年10月，武昌起义爆发，清朝已经摇摇欲坠。1912年，中华民国成立，清帝逊位，塔旺布里甲拉顺应历史发展潮流，做出了拥护共和的正确抉择。赞成共和制度的蒙古王公在阿拉善地方集会，形成决定事项11条，表示内外蒙古均应悬挂五色国旗，拥护共和制度。

民国时期，继续保留了蒙古王公制度，塔王以阿拉善旗札萨克和硕亲王身份长期供职于中华民国北洋政府和国民政府，先后担任重要职务。民国之初，塔王首任袁世凯总统府的京都翎卫使，为总统咨询蒙旗事务；1914年8月任西蒙宣抚使，代表北京政府慰问蒙旗民众，羁縻蒙古，安慰边民；1916年至1922年，先后当选中华民国首届和第三届国会参议院议员。1922年4月21日，中华民国政府任命塔王为蒙藏院代理总裁。1924年，

阿拉善王府迎恩殿

20世纪30年代内蒙古部分王公合影

他又出任北洋政府曹锟政权的蒙藏院总裁，1925年因贿选总统曹锟政权的倒台而辞职。此后他曾任国民政府蒙藏委员会委员等职，是阿拉善历代旗王中行政职务最高的王爷。在积极参与国家政务的同时，塔旺布里甲拉也积极在旗内进行改革，率先在阿拉善旗筹备警政、建立商会、设立邮电局并发展新式教育。

在风云变幻的时代大潮面前，塔王紧跟形势的发展并顺应历史发展潮流。1925年，冯玉祥率部进入阿拉善、宁夏、甘肃，塔王支持冯玉祥在阿拉善的磴口设立兵站。1926年，冯玉祥接受孙中山联俄、联共、扶助农工的主张，国民革命军在五原誓师。

塔王在这种形势下，拿出大量物资支持冯玉祥的国民革命军，为此极大地加重了旗民的负担，致使旗民一度生计处于极端困难的境地。

1928年4月22日，在宁夏省驻阿拉善旗代表赵景文和姚连榜的支持下，阿拉善旗革新派人物德毅忱（小三爷）等人发动政变，指挥满、蒙、汉士兵占领旗政府，夺取札萨克印，枪杀管旗章京陈莽哈来，成立"国民革命军第二集团军蒙兵第二路司令部"，发布《善后缴枪及宣慰蒙民办法》，这便是著名的"小三爷事变"。动乱中，变军将王府多年积存的珍宝等贵重物品尽数洗劫，后经统计，王府损失200万银元、各类枪支

900多支、子弹30多万发。此时塔王身居北京，面对变局，他迅速传谕在旗官员集结牧区军队攻城，抓捕政变人员，恢复旗政。经过塔王和宁夏行政长官邵遇芝的精心部署，围城蒙兵于7月攻入定远营，事变蒙兵退入宁夏。但此次事变直到1929年10月才最终平息。经过此事变，塔王心力交瘁，身体每况愈下，后来其次子夫妇又死于非命，终于承受不住打击，于1931年7月病逝于北京，享年61岁，谥号"乌如希叶勒图诺颜"，意即"仁慈善良保佑旗民的首领"，其子达理札雅袭爵，这便是末代阿拉善和硕特亲王。

达理札雅是塔王次子（因长子早逝，故为长子），自幼跟随塔王夫妇居住在北平，先后就读于求实中学和北京大学，学习蒙、汉、英、法、满文，受到了良好的教育，是历任阿拉善亲王中文化水平最高的一位，也是最系统接收新文化的一位。1925年，达理札雅19岁时在北平与载涛贝勒的女儿，末代皇帝溥仪的堂妹金允诚（满名：爱新觉罗·韫慧）结为伉俪。金允诚才貌双全，诗文、绘画、音乐样样精通，有《爱吾庐诗草》传世，两人婚后育有六女一子。

1932年12月12日，达理札雅在北平王府举行了就职典礼，成为阿拉善旗第九代第十位亲王。之后，便携家眷返回阿拉善举行正式的袭位大典。但他正式亲政，则是在1934年。

亲政后的达理札雅，对旗内政治、经济、军事、文化进行了一系列

阿拉善旗末代札萨克达理札雅和夫人金允诚

阿拉善定远营老城墙

变革。他运用民国政府赋予蒙旗的自治权利，改革王府机构，撤销印房，成立阿拉善旗政府，旗政府下设政务、财政、秘书、教育四处，管理行政事务；将司法机构听差处改为理事官厅（法院）；设稽查局办理警务，维持治安，负责地方税收工作；以36个巴格为基层行政机关，管理牧区行政事务，加强了磴口四坝等3个总管公署的管理职权。同时，他劝退一批思想保守和年龄较大的官吏，选拔任命一批接受过新式教育的中青年人士担任旗政府各级官佐。他还废除前清的跪拜大礼，实行鞠躬礼节；革除封建属民制度，使旗民身份平等；发布禁烟、禁赌、禁娼令，严查盗匪等不法行为，保障全旗各界人士安居乐业。在经济上，达王收回磴口等地全部土地所有权，征收土地租粮，充实

府库；扩大地方财源，设立盐务所，加强盐业管理；整顿贺兰山煤炭开采业，将河拐子（乌达）煤矿收回自办开采，古拉本等小矿则出租开采；对定远营城内近百家商号作坊加强管理，制定收税办法，征收税金；裁减府衙差役，缩减王府开支。在夫人金允诚的协助下，达王在阿拉善旗定远营、磴口先后兴办了定远营旗立完全小学、初级女子小学、蒙文小学、磴口初级小学等，招收王公官吏子弟、旗民子女和牧区儿童入学，让他们学习现代文化知识。同时兴办简易师范班，培养师资，保送本旗高小毕业生到外地中学和师范深造。同时，为了应付日益西侵的日本侵略军，达王于1936年成立阿拉善旗区防司令部，亲任少将司令。以阿拉善旗亲王兵马队为基础，1937年成立旗保安总队，通

过与张学良、关麟征将军的私交关系，充实了武器装备。同时举办军事训练班，培养军事骨干人才，增强了部队战斗力。

然而，阿拉善的欣欣向荣和实力日增必然遭到周边军阀势力的警觉。宁夏和阿拉善旗地界相临，素有矛盾，宁夏军阀马鸿逵久有吞并该旗之心。1938年2月24日，马鸿逵派军队包围定远营城，将王府守军全部缴械，把达理札雅挟持，先后在银川、兰州软禁长达8年之久，直到1944年8月，达理札雅才获准回旗。在被软禁期间，马鸿逵的势力进入阿拉善旗，

于1939年在定远营设立"宁夏省驻定远营办事处"，在城外汉民区强制推行保甲制度，清查户口，征兵征税，欺压旗民。1942年，设置"宁夏省军警联合督察处驻定远营督察分处"，严厉稽查粮油进出，实行粮食封锁政策，设立"富宁公司"控制商业贸易，牟取暴利，残酷掠夺剥削牧民。当地中小商贩纷纷破产倒闭，百姓处于饥寒交迫的境地。这一切使回旗后的达理札雅甚为愤怒，对国民政府甚为不满。

达理札雅获得自由时，抗战结束，紧接着内战爆发，国民党军队屡

马鸿逵派军队包围定远营城

战屡败，逐渐失去了对西北地区的控制。1949年1月，傅作义率部起义。4月，国共和谈代表、达理札雅的老朋友张治中脱离国民党政府，使他认识到只有和平起义才是最好的出路。达理札雅主持召开秘密会议，商讨和平起义。之后，又召开第二次秘密会议，会上宣读了张治中规劝达理札雅起义的信函，并成立阿旗和平解放指挥部，先后向兰州、银川等地派出代表，表明阿旗和平起义的政治态度。

1949年8月，达理札雅派起义代表到兰州欢迎西北野战军，向中国人民解放军副总司令、西北野战军司令员彭德怀递交亲笔信，表明了起义的态度。9月21日，又派人赴蒙古人民共和国南戈壁省，让蒙方将和平起义之事转告中共。9月23日，达理札雅代表全旗，向毛泽东主席发去致敬电，宣布脱离国民政府，接受中国共产党的领导。同日，在定远营召开群众大会，宣布和平起义。1950年5月，宁夏省阿拉善旗自治区人民政府成立，达理札雅担任政府主席，建立了苏木巴格基层政权，将阿拉善旗骑兵保安总队改编为中国人民解放军阿旗人民保安总队，隶属宁夏军区领导，这标志着末代封建札萨克王爷转变成人民公仆。

从1949年9月至1952年，达理札雅先后被任命为宁夏省人民政府委员、西北军政委员会委员和西北民族事务委员会副主任等职，夫人金允诚

20世纪60年代，达理札雅在北京家中

担任了阿拉善旗妇联主任和宁夏省妇联副主任。在争取德王、李守信残部投诚、农业合作化、工商业社会主义改造等工作中发挥了重要作用。1953年，达理札雅当选为宁夏省人民政府副主席，1954至1956年先后担任宁夏省蒙古自治区（州）主席、甘肃省巴音浩特蒙古自治州州长和甘肃省人民政府副主席。1956年，巴音浩特蒙古自治州和额济纳旗划归内蒙古自治区，达理札雅被任命为内蒙古自治区人民政府副主席兼巴彦淖尔盟盟长和阿拉善旗旗长。

然而，在"文革"开始后，达理札雅及其家庭受到残酷迫害。1968年11月8日，达理札雅在三盛公批斗会现场去世，夫人金允诚也在次年去世。直到1979年夫妇二人才获得平反，并在内蒙古自治区首府呼和浩特举行了追悼大会。

11.和硕特汗国后裔之四——肃北和硕特部落

甘肃省肃北蒙古族自治县及周边地区的蒙古族，大部分是清朝中后期由青海蒙古中的和硕特部北左翼右旗及北右翼末旗迁徙而来，还有少数是来自新疆土尔扈特部和原喀尔喀部蒙古人。如前文所述，青海盟旗制度建立以后，蒙古各旗饱受摧残，大量牧民外逃，肃北色尔腾、乌呼图、盐场、盐池湾等部便是在逃亡、流动中逐渐形成的。各部落形成后，均归和硕特北左右旗管辖，直到1940年后才与青海蒙古脱离关系。

色尔腾是指今天阿克塞哈萨克族自治县境内的海子草原，从1766到1810的44年中，色尔腾部落逐渐形成。但是在1810年，清朝嘉庆皇帝才在该地进行了户籍普查，并让和硕特北左翼右旗札萨克旺沁丹津派人管辖，当时部落名称为"陶海"，头人被称作"陶海扎克勒克其"，民国时被称为"和硕章京"。清末，色尔腾部落的头人是宗都，但在1941年被土匪所杀，其协理伍子尔掌政。1949年，伍子尔率所部民众欢迎解放军，色尔腾部落解放。

乌呼图部落是在1895年由色尔腾部落分离出来的，来到党河南山南麓的乌呼图游牧，伯克切布里为头人，称号为"北京和硕章京"，1917年去世后，其子龚吉布继承其位。龚吉布在1948年领导肃北蒙民自卫队，任中校副总指挥，后一度与国民党残军一起对抗共产党。1951年投诚，参加了肃北自治区的建政工作。

马场部落也是从色尔腾部落分离出来的，在1870年来到党城、噶受独山子一带游牧，因为该地曾是养马地，故称马场部落。最后一任头人是班子尔。

盐池湾部落则是由青海左翼右

肃北蒙古族

旗以及马海、柴达木等地迁徙而来的牧民组成的，游牧于盐池湾一带，故称盐池湾部落，又称"夏拉噶勒金部落"。1876年开始由吉里木德为头人，后来又有干九尔、马席为头人。1940年时部落头人为尕布曾，其人曾任肃北设治局蒙民自卫队队长，率部民往返于祁连山、马鬃山一代，以躲避土匪的侵扰，使得部落在匪患中很少受到损失。1950年7月，盐池湾部落被解放军占领，尕布曾率部投诚，1951年当选为肃北蒙古族自治区副主席。

四、最后的游牧帝国——准噶尔汗国

准噶尔部在卫拉特联盟解体后，演绎了最为辉煌的历史，建立了雄霸中亚长达一个多世纪的准噶尔汗国。为了卫拉特蒙古人的生存和利益，与俄罗斯、清朝两个大帝国顽强抗争百年而不落下风，使这两个大帝国头疼不已，被西方史学家称之为"最后的游牧帝国"。但是，它的汗国建立时间则有很多争议之处，其历史细节也不为世人所熟知。

《蒙古民族通史》中，把准噶尔汗国的建立时间定在1678年（清康熙十七年），是以噶尔丹打败自己岳祖父鄂齐尔图彻辰汗为标志。法国蒙古史学家勒内·格鲁塞在《草原帝国》中，把其建立时间推前到1634年（明崇祯七年），建立者被认为是噶尔丹的父亲——巴图尔珲台吉。日本学者若松宽在《清代蒙古的历史与宗教》中，与勒内·格鲁塞的说法相同，认为巴图尔珲台吉继承父亲哈喇忽刺的事业，在1634或者1635年建立了准噶尔汗国。苏联学者伊·亚·兹拉特金在《准噶尔汗国史》中，也将汗国的建立时间定在1635年。日本学者宫胁淳子虽然在《最后的游牧帝国》中压根就不承认有"准噶尔汗国"的存在，只认为是"部"或者"珲台吉国"，但也认为其崛起应该从巴图尔珲台吉开始。

我们看来，准噶尔汗国建立的时间，不应该以是否称汗来计算，而是应以准噶尔是否开始脱离卫拉特联盟自成一体来计算。当土尔扈特部迁往伏尔加河，和硕特大部迁往青海之后，原本的"四卫拉特"联盟已经解体，各部都开始走上了独立发展的历史。在此之前，卫拉特联盟一直由盟

威武的准噶尔汗国军队

主和硕特部统领，虽然关系较为松散，但也是一个整体。而在此之后，和硕特部在天山草原已经失去了独尊地位，留在故地的和硕特鄂齐尔图彻辰汗虽然与准噶尔的巴图尔珲台吉以"合约二台吉"为名一起治理卫拉特，但只能算是盟友，不再有盟主和盟员的区别了。

所以，准噶尔汗国建立的时间应在1636至1637年之间，也就是巴图尔珲台吉帮助固实汗南征青海成功返回卫拉特后。

1.在内忧外患中的发展——巴图尔珲台吉、僧格珲台吉

准噶尔部崛起的奠基人，是巴图尔珲台吉的父亲哈喇忽刺，其人统领准噶尔部期间，注重发展实力，并积极参与卫拉特诸部反抗喀尔喀、哈萨克以及俄罗斯入侵的行动，为卫拉特最终摆脱喀尔喀的控制立下很大功勋，史称"始终站在卫拉特诸侯的最前线，是宁愿粉身碎骨的人物，是卫拉特独立的承担者"。准噶尔实力在他的时代与日俱增，隐隐已经威胁到了和硕特的盟主地位。

1634年（明崇祯七年、后金天聪八年），哈喇忽刺去世，传位于长子和多和沁，达赖喇嘛赐封号为"额尔德尼巴图尔珲台吉"，从此便以巴图尔珲台吉之名出现在中亚历史上。

巴图尔珲台吉继续父亲的统一政策，甚至与固实汗产生了激烈冲突乃至兵戎相见。幸亏和硕特部的固实汗不带随从前往巴图尔珲台吉的大帐相见，提出和解，双方才偃旗息鼓。但是，一个要建立统一的汗国，一个是联盟的盟主，最后的决战，在当时的情况下可以说是不可避免的。

而历史终究没有创造机会让这两位英雄人物对峙疆场，睿智的两位汗王聪明地选择了各自独立发展的道路。也就是在这个时候，卫拉特蒙古人共同信奉的藏传佛教格鲁派遭到了灭顶之灾，统治西藏的藏巴汗噶玛政权对格鲁派步步紧逼，甚至组织了"反黄教联盟"，准备彻底铲除藏传佛教格鲁派。五世达赖和四世班禅派遣使者携密信来到卫拉特面见固实

汗，希望他能负起"持教法王"的重任，前去援救。

是留下来等待与巴图尔珲台吉举行未知胜败的决战，还是借机去保卫格鲁派并独立发展开辟一片新天地，两者之间固实汗做出了明智的选择。他向巴图尔珲台吉征求意见。巴图尔珲台吉也想尽快摆脱这个绊脚石，便欣然同意，并亲自协助。

于是，1636年（明崇祯九年、清崇德元年），固实汗和巴图尔珲台吉以及几乎所有的卫拉特贵族率领军队南征青海，击败了"反黄教联盟"的主要成员

巴图尔珲台吉（？～1653）

喀尔喀绰克图台吉。固实汗率部留在了青海，继续完成护教大业，而巴图尔珲台吉则在得到大量珍贵的礼物并迎娶固实汗的女儿之后，返回了卫拉特。

卫拉特联盟至此瓦解，准噶尔汗国从此建立。不过，虽然《准噶尔汗国史》中说巴图尔珲台吉从此时开始"成了所有卫拉特领地的专制执政者"，却并非事实，此时他只能控制准噶尔，其他各部如和硕特、杜尔伯特、土尔扈特还能够各自独立存

卫拉特蒙古铁骑征战图

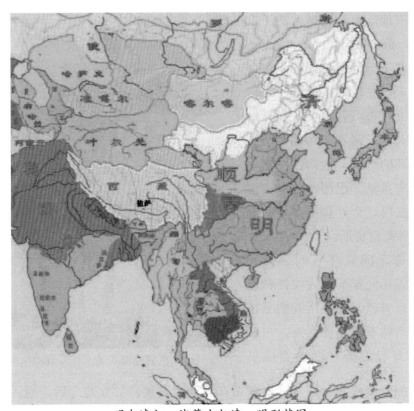

明末清初，诸蒙古与清、明形势图

在。

巴图尔珲台吉建立了准噶尔汗国，实现了父亲未竟的理想，但摆在他面前的，是中亚草原群雄逐鹿的局面。西面，是卫拉特人的宿敌哈萨克汗国，此时正是骁勇的也斯木汗统治时期。西北，沙俄帝国灭亡了西伯利亚汗国后稳步推进，已经将势力扩展到亚梅什湖地区，原本臣服于准噶尔的吉尔吉斯人开始向俄国纳贡，而且沙皇频频派出使者说服巴图尔珲台吉加入俄国国籍。东面，虽然喀尔喀阿拉坦汗王朝已经衰落，喀尔喀三部汗

王不再有西进的意图，但后金帝国的迅速崛起让人炫目。北元蒙古末代大汗林丹汗败于皇太极手下，死于青海大草滩，漠南蒙古全境被纳入后金帝国版图，皇太极在1636年（清崇德元年）接受了"博格达·彻辰汗"尊号，并改国号为"大清"，即皇帝位。对于还未臣服的蒙古各部和独立汗国，清帝国皇帝的野心绝不亚于俄国沙皇。南面，天山南麓的叶儿羌汗国在经过多年混乱之后，产生了一位中兴之主阿卜杜拉哈汗，一时间君臣同心，国势强盛。虽然不会北犯，但

也是不可忽略的威胁。这是货真价实的强敌环伺，巴图尔珲台吉必须谨慎而果决地面对周边各方的严峻威胁。首先，他团结蒙古各部，发起会盟，应对清朝的威胁。

巴图尔珲台吉所处时代，在清帝国边界上蒙古人的汗国鳞次栉比：漠北，是喀尔喀三部，其实也应该叫作"喀尔喀汗国"，包括土谢图、札萨克图、车臣三汗属地；青藏高原，是固实汗建立起来的和硕特汗国；唐努兀良海和科布多一带，是"阿拉坦汗王朝"的托辉特部；新疆地区，北部是卫拉特，南部是叶尔羌；土尔扈特汗国虽然在伏尔加河流域已经建立汗国，但与故地的乡亲们仍然联系十分紧密；清朝对比明朝，对蒙古的战略大不相同，并不满足于羁縻，而是想着兼并蒙古各部，继而把蒙古作为入主中原的北方根据地。北元林丹汗在清朝的压力下拼死挣扎时，其他汗国都在看热闹。如今北元灭亡，漠南尽属清土，人们才感到唇亡齿寒的危机。

所以，当在1640年（明崇祯十三年、清崇德五年），巴图尔珲台吉与喀尔喀的札萨克图汗素巴第，向所有蒙古部落和汗国发出倡议，要求举行会盟，共同应对当前危机的局面，立即得到了几乎所有人的响应。是年九月，大会如期在塔尔巴哈台地方的乌兰伯勒奇尔召开。这可算是蒙古部落

博尔塔拉古城遗址

的"联合国"大会，喀尔喀三部汗王除了车臣汗硕垒因为年老派儿子参加外，札萨克图汗素巴第、土谢图汗衮布均亲自到来。阿拉坦汗王朝二世汗鄂木布额尔德尼，和硕特汗国的固实汗，土尔扈特汗国的和鄂尔勒克也都亲自与会，再加上有实力的首领，有威望的活佛和大喇嘛，共有27位首脑参加，只有信仰伊斯兰教的叶尔羌汗国（察合台汗国后裔）没有与会。

大会上，众人均认为吞并了漠南蒙古的清帝国是最危险的敌人，为了生存，只有团结一致，共同对敌。可众多的汗国和部落如何才能团结？

除了定制法典，别无办法。于是，经过反复磋商，诞生了《蒙古——卫拉特法典》。这是一部既确定了国与国关系，又确定了人与人关系的《法典》。其中规定，喀尔喀各部与卫拉特是彼此关照、互相负责的整体，不得互相侵略和掠夺，原有的战俘、移民和逃散人员问题，都要按法律解决，不得诉诸武力。一旦大敌来犯，要互相通报，一致对敌。有见死不救、怯阵脱逃的，要处于重罚。在确定了这些大方向之后，《法典》还明确规定了，贵族之间、贵族与平民之间、贵族与奴隶之间的权利和义务，并有对宗教人士的专门条款。《法典》的颁布，使得蒙古各部维持了相当长时间的和睦相处，也客观上遏制了清朝对各部的吞并，而这部法典对日后卫拉特各部乃至准噶尔汗国的发展也起到了重要的作用。

与此同时，巴图尔珲台吉也积极抵御步步蚕食自己领土的沙俄帝国。1643年（明崇祯十六年、清崇德八年），他亲自率领2000人的军队驻扎在亚梅什湖，打击俄国的"探险队"，并围困塔拉城堡，威胁到原西伯利亚汗国首都秋明城的安全，"以火和剑威胁西伯利亚诸边境城市"。这样的强

中国蒙古学文库

古代蒙古法制史

奇格 著

辽宁民族出版社

介绍《蒙古——卫拉特法典》的书籍

准噶尔与哈萨克的战争

硬，使得在西伯利亚力量还较为薄弱的俄国暂时停下了扩张脚步，承认吉尔吉斯人对俄、准两方都有纳贡的义务，并开放秋明城作为对准噶尔的贸易站。

而对准噶尔汗国日后发展最为重要的，是对哈萨克汗国的征讨。早在1635年，巴图尔珲台吉便打败了也斯木汗的军队，俘虏了王子杨吉尔。但看到杨吉尔人才难得，巴图尔珲台吉不忍杀害，任其逃走。岂料，杨吉尔并不念不杀之恩，而是图谋复仇，频频袭击边境上的准噶尔人。

为了复仇，也为了扩展土地牧场，从1643年开始，巴图尔珲台吉多次联合和硕特的鄂齐尔图彻辰汗对哈萨克用兵，虽然曾败在哈萨克英雄杨吉尔的手下，但经过多次战争，最终还是在1652年（清顺治九年）彻底击败哈萨克，使得哈萨克人"在所有事情上都仰望着巴图尔珲台吉，并服从他"，此后便成为了准噶尔汗国的藩属.准噶尔经过此战获得大量的财物、土地，实力空前增强。

统治准噶尔汗国的17年中，巴图尔珲台吉对内繁衍部众，团结蒙古各部，对外抵抗侵略，扩展领土，是非常杰出的首领。而在进行一系列政治、军事活动的同时，他在文化上也有突出的贡献，那便是支持咱雅班第达创立了"托忒文"。

"托忒"系蒙古语音译，意为"清楚"，"托忒文"即"清楚的文字"。外国学者又称之为卡尔梅克文。该文字直到目前在新疆的卫拉特蒙古族中仍在继续使用，又称"卫拉特蒙古文"。

回鹘蒙古文是13世纪初成吉思汗命回鹘人塔塔统阿以回鹘文字母为基础而创制的。但至17世纪时，由于蒙古语发生了很大变化，而原来的回鹘式蒙古文常常无法准确地表达蒙古语的全部语音，给语音记录带来了诸多不便，更使佛经翻译工作障碍重重。

鉴于这种情况，1648到1649年间，在巴图尔珲台吉的支持下，卫拉特的大学者咱雅班第达在回鹘式蒙古文的基础上创制了托忒蒙文。有了托忒蒙文之后，佛经的翻译、文书的撰写等都更为清楚简洁，为蒙古，尤其是卫拉特的文化传承起到了重大作用。仅咱雅班第达及其弟子用托忒文翻译的藏文经典与著作就达152部之多，除了著名的《金刚经》、《涅槃经》、《金光明经》、《贤劫经》、《文殊所说最胜名义经》、《无量寿经》等佛典之外，还有很多科学、历史、文学、医学等方面的著作。这些著作不仅在当时为广大僧众提供了印藏佛学的重要材料，而且为后世留下了宝贵的宗教历史资料。而因为托忒文的创立和普及，使很多珍贵史料得以保存和传承，为卫拉特蒙古史学、文学、佛学的传播起到了关键的作用。

1653年（清顺治十年），巴图尔珲台吉去世，其第五子僧格继承其位。此时的准噶尔汗国已经是北及额尔齐斯河流域和鄂毕河中游，西至巴尔喀什湖以东，南至天山北路的大国了。而相对的，留在故地的和硕特部内讧不断，杜尔伯特部在杰出的领袖

托忒蒙古文的创造者——咱雅班第达

达赖台什去世后也陷入诸子争产的混乱局面，日益衰落。这本是准噶尔借机统一卫拉特、实现一元化统治的良机，但可惜，因为巴图尔珲台吉安排遗产时的偏心，使僧格珲台吉几乎一生都陷入内讧的漩涡难以自拔。但作为汗国的第二任领袖，僧格在内

僧格珲台吉

讧中也有所作为，维持了准噶尔的实力，为日后雄霸中亚的伟业打下了基础。

巴图尔珲台吉临终前除了将珲台吉之位传给僧格，还将自己的财产分成两分，一份给僧格，另一份则给其他八个儿子。这并不公平，父亲对于儿子们总会有偏爱和疏远。但这样的不公平必然会导致兄弟相残。巴图尔珲台吉尸骨未寒，以僧格的异母兄弟车臣、卓特巴巴图尔为首的儿子们便起兵叛乱，对僧格展开了进攻。兄弟阋墙，而卫拉特的其他势力也分成了两派，分别支持双方，借以捞取自己的政治利益。

僧格的岳祖父，和硕特部的鄂齐尔图彻辰汗，僧格的叔叔楚琥尔乌巴什支持僧格，形成了南阵营；而鄂齐尔图的弟弟阿巴赖台吉则支持车臣和卓特巴巴图尔，形成了北阵营。

双方的混战时断时续，延续了近10年之久.由于在卫拉特人中具有崇高威望的咱雅班第达的斡旋，全面的内战没有爆发。但在这大战未发、小战不断的进程中，僧格逐渐取得了优势。在优势之下，他腾出手来，开始应付外在的敌人。

因为汗国内乱，一些原本臣服的属民纷纷脱离汗国的控制，而俄罗斯帝国也重新开启了南下的脚步，将准噶尔的贡民吉尔吉斯人扣留在托木斯克。僧格多次派使者交涉，始终得不到回复。1666年（清康熙五年）冬，俄国派使者库尔文斯基来到卫拉特，携带了沙皇的书信和大批礼物，但要求僧格、楚琥尔乌巴什等人用臣属的礼节迎接、问候沙皇健康、起立接受书信和礼物。僧格等人不禁大怒："难道我是沙皇的臣属？为什么我要这样恭顺地接受他的国书和礼物？我作为台吉，无法忍受这样的屈

准噶尔军队包围了克拉斯诺亚尔斯克城

辱！……"而对于归还吉尔吉斯人的问题，僧格拒绝给予让步。库尔文斯基没有完成使命，只得返回。僧格为了继续交涉属民问题，派使者随他一起回去。岂料，在托木斯克，准噶尔的使者被俄国扣押。

僧格忍无可忍，1667年（清康熙六年）五月派出4000人的军队包围了俄国在准噶尔边境的卡拉斯诺亚尔斯克城，洗劫了城郊，杀死并俘虏大量俄国士兵，并向城里宣布："把所有的吉尔吉斯人交还我们，并放出人质，我们就停战。不然，我们不拿下卡拉斯诺亚尔斯克决不罢休。"看到准噶尔人不惜诉诸武力，沙皇再次派以伯林为首的使团前往卫拉特前去交涉。而在伯林使团到达之前，有一个惊人的消息传到了沙皇宫廷：僧格彻底摧毁了"阿拉坦汗王朝"——托辉特部。

此时的阿拉坦汗王朝的执政者，是阿拉坦汗三世额磷沁罗卜藏，他与历任阿拉坦汗一样，是一个坚定的抗俄派，在面对俄国要求其臣服的时候也表示"即使给予金银礼物，也不能接受臣属的名声。即使在这个世界上

一切事务都消失了，名誉却是在死后也永存"。横挡在侵夺喀尔喀草原道路上的障碍消失了，俄国无疑感到高兴。

同样对俄国深恶痛绝的僧格，为什么要攻打阿拉坦汗王朝呢？原来，额磷沁罗卜藏作为札萨克图汗的表兄弟，插手亲戚的家族事务，于1662年（清康熙元年）公然违反《蒙古—卫拉特法典》，攻杀新任札萨克图汗旺舒克，拥立绰默尔根继任札萨克图汗。按照传统，阿拉坦汗王朝原本是札萨克图汗的属国，这既违反《法

典》又以下犯上的行为完全可以说是冒天下之大不韪。几乎所有的汗国和部落都起兵攻打额磷沁罗卜藏。土谢图汗察珲多尔济与其他贵族由东向西，僧格领兵由西向东，对其进行两路夹击。额磷沁罗卜藏首先被土谢图汗击败，逃到叶尼塞河上游。不等站稳脚跟，便又受到僧格的截击，于1667年被彻底打败，本人也被僧格俘虏。为了表示严厉的惩罚，僧格将额磷沁罗卜藏的右手砍下，并将狗肉塞进他的嘴里，进行了极大的侮辱。这位阿拉坦汗从此便被僧格囚禁，后虽然脱逃，但那个曾

出征图

经强大的"阿拉坦汗王朝"烟消云散了。这场事变，不但使得阿拉坦汗王朝崩溃，更使得喀尔喀蒙古从此动荡不安，《法典》威严无存，各汗国会盟之时那种精诚合作、患难与共的氛围一去不返。从此，蒙古世界的联合再也没有出现过。

但经过此役，僧格的实力获得了壮大，牧场、属民增多，在准噶尔内斗中优势更为明显，他的异母兄弟们不得不放弃了对他的公开对抗。南北阵营暂时取消，汗国得到统一。对于武力，更加自信的僧格在接待伯林使团的时候语气强硬地说："我已经派出六个使者向沙皇陛下谈有关我的惕列乌特人（吉尔吉斯人）问题，如果沙皇还不交出他们，我就要攻打托木斯克和库兹涅茨克城，就不能怪我了。"

当伯林返回时，僧格派使者携带自己致沙皇的亲笔信随行。在托木斯克，僧格的使者再次向俄国的维尔亚米诺夫宣称："如果沙皇不放迁来托木斯克的吉尔吉斯人回去，僧格台吉就要攻打托木斯克和库兹涅茨克城，要在托木斯克城驻扎三年。"一再的

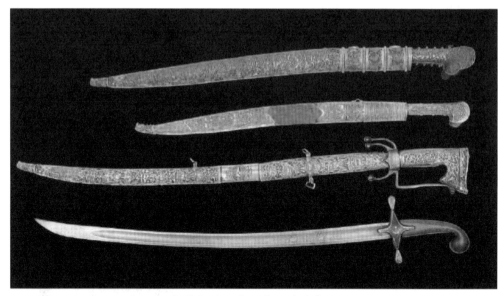

准噶尔军队曾经使用过的战刀

战争威胁，使俄国紧张起来，他们开始增加边境驻军，并随时关注准噶尔的动向，但提到归还属民，仍是坚决不予回复。

僧格积极进行战争准备，但由于南方邻居的内乱，中断了他的其他计划。

准噶尔汗国南方便是察合台汗国的继承者叶尔羌汗国，他们早已经皈依了伊斯兰教。此时，"中兴之主"阿卜杜拉哈汗已经被儿子逼迫逃亡国外，其子尤勒巴尔斯汗和他的叔叔伊斯玛依勒在争夺统治权也到了白热化阶段，尤勒巴尔斯汗屡战屡败，无奈之下只得向准噶尔求援。

从祖父哈拉忽剌到父亲巴图尔珲台吉，都在设法征服叶尔羌汗国而未

能如愿，如今来了这么好的机会，僧格自然不愿放弃，将对俄国的战争准备暂时停顿，1668年（清康熙七年）派兵进入叶尔羌。在准噶尔军的协助下，尤勒巴尔斯汗稳定住了局势。但准噶尔军并没有撤走，却和一些反对他的贵族合谋，发动政变将尤勒巴尔斯汗杀死，立其子阿卜杜·拉提夫为傀儡大汗。僧格控制叶尔羌的目的眼看便要达到，可尤勒巴尔斯汗的叔叔伊斯玛依勒听闻汗廷有变，迅速组织军队包围了首都，并在反对准噶尔人贵族的支持下废黜了傀儡大汗，自任叶尔羌汗。准噶尔军无法立足，只好撤回了本土。

想用宫廷政变的方法消灭敌国的计划失败之后，僧格只好等待下一次

机会。而与俄国的战争又重新提到了议事日程上。然而，人算不如天算，刚策划他国宫廷政变的僧格，根本没有想到，自己竟然很快也成为一场宫廷政变的牺牲品。1670年（清康熙九年）的一个深夜，正在自己宫帐里熟睡的僧格，被一阵嘈杂声吵醒，蒙眬的睡眼里出现了数把寒光逼人的马刀，随着刀光起落，这个执掌准噶尔汗国17年的珲台吉倒在了血泊之中。

僧格之死使得准噶尔一片混乱，而一直在警惕僧格前来骚扰的俄国却消息闭塞，直到一年后，俄国西伯利亚当局才得知：僧格的异母兄弟车臣和

准噶尔的宫廷政变

卓特巴巴图尔发动政变，在深夜将僧格袭杀在自己的宫帐里。而让俄国当局感到奇怪的是，政变的发动者车臣很快便被诛杀，卓特巴巴图尔逃亡去了青海，都没有成为新的珲台吉，而继承珲台吉之位的，是僧格的另一个弟弟——一个有着"呼图克图"称号的活佛。这个人是谁？他掌管准噶尔汗国之后，会做些什么？

2.帝国时代——噶尔丹博硕克图汗的成功与失败

在世界最后一批游牧汗国中，准噶尔被称为"最后的游牧帝国"，其

鼎盛期间疆土广大，兵力强盛，在中亚、北亚有着极强的势力，让俄国和清朝两个泱泱大国都头疼不已。但勒内·格鲁塞在《草原帝国》中，把巴图尔珲台吉和僧格统治时期称为"准噶尔王国"，而在这之后，才命名为"准噶尔帝国"，这说明在巴图尔珲台吉、僧格珲台吉时代的准噶尔还没能达到"帝国"的辉煌。

那么，继承僧格事业的人，无疑至关重要。当1670年（清康熙九年），僧格在宫廷政变中殒命、准噶尔一片大乱的时候，这个帝国时代的

开创者还在遥远的拉萨，追随五世达赖喇嘛学习佛法。他是巴图尔珲台吉的第六子噶尔丹，格鲁派温萨活佛系统的第四世活佛，这一年他26岁。

在葛尔丹还在母亲腹中的时候，拉萨的三世温萨活佛罗卜藏丹津纳木措在卫拉特传教，受到所有贵族的尊重和崇敬，尤其是巴图尔珲台吉更是将其待为上宾。

温萨活佛在藏传佛教格鲁派中极为尊贵，原被称为"温萨噶举"。温萨活佛在传到第七世罗桑却吉坚赞时，被和硕特首领固实汗封为"班禅额尔德尼"。这是继1578年（明万历六年）藏传佛教格鲁派索南嘉措喇嘛被土默特首领阿拉坦汗封为"达赖喇嘛"之后，成为又一个藏传佛教格鲁派中的班禅转世系统，继而形成了达赖和班禅两大藏传佛教领袖。而温萨系统则由三世班禅的徒弟，四世班禅的师傅桑杰伊西承袭，再传到罗卜藏丹津纳木措，是为温萨三世。

温萨三世在卫拉特多年，广布佛法，信徒众多，并且在卫拉特很多政治事件上发挥了重要作用。前文所说的塔尔巴哈台大会上，他便是首席大喇嘛，可见藏传佛教已经在蒙古的政治中影响极大。当温萨三世准备离开卫拉特返回拉萨的时候，巴图尔珲台吉的妻子尤姆哈噶斯抓住他的马镫恳求道："我现在只有一子，请活佛

噶尔丹（1644～1697）

班禅唐卡

再赐我一子。"温萨三世回答："我是出家人，不能赐予儿子。"尤姆哈噶斯道："您作为僧人不曾赐予我儿子，但您年事已高，转世可以做我的儿子吗？"温萨三世见她态度诚恳，便答应了。这并不是随口地答应，而是应允将自己转世于巴图尔珲台吉家。温萨三世回到拉萨后不久便圆寂了，而在次年，尤姆哈噶斯果然产下一子，众人均说是温萨活佛转世，这时，是1644年（清顺治元年）。这个孩子，便是僧格的同母弟，俗名噶尔丹。在葛尔丹不到10岁的时候，西藏教廷派出高僧正式指认噶尔丹为四世温萨活佛，并迎回拉萨学习佛法。

既是巴图尔珲台吉的儿子，又是温萨活佛转世，小噶尔丹一到拉萨，便受到高规格待遇，受教于五世达赖和四世班禅两位教主门下。在这里，他结识了好友，日后成为和硕特汗国重臣的桑杰嘉措。在浓厚的宗教氛围中长大的噶尔丹，并没能洗去他草原人固有的豪气，学习经书远不如武枪弄棒的兴趣大，"不甚爱梵书，唯取短枪摩弄"，但若不是哥哥的突然遇害，他注定只是终身面对青灯黄卷的活佛。命运总是让人猝不及防，对于家乡所发生的一切还懵然不知的噶尔丹，于1670年（清康熙九年）的一天在拉萨见到了自己的母亲尤姆哈

噶尔丹"不甚爱梵书，唯取短枪摩弄"

噶斯。尤姆哈噶斯在僧格死后，日夜兼程赶到拉萨，面见了五世达赖和自己的儿子，通告了准噶尔的情形，并希望儿子能够还俗返乡，统领准噶尔。

五世达赖在西藏历史上被称为"伟大的五世"，并不仅仅因为他精研佛法，道行高深，更重要的是他有着敏锐而长远的政治眼光。此时，和硕特汗国已经是第三任汗王达赖汗进行统治，经过多年努力，五世达赖已经从汗廷收回了诸多权力，但若是没有一个可靠外援，

完全实现政教合一总是遥遥无期。因此，五世达赖毫不犹豫地同意噶尔丹还俗返乡，并在临行前"多秘语，膜拜别"。

但是，教廷的支持只是精神上的，噶尔丹虽在准噶尔有牧场属民，但实力太过弱小。如果政变的发动者车臣、卓特巴巴图尔有一个能稳定准噶尔的话，他是没有任何机会的。可当噶尔丹风餐露宿，以最快的速度赶回准噶尔，踏上故乡土地的时候，乱局还在继续。忠于僧格的部众散落四方，没有臣服于政变者。而其他大贵族则在冷眼旁观，并没有聚集在车臣麾下。在僧格旧部以及鄂齐尔图彻辰汗的支持下，噶尔丹很快便聚集了千余骑兵。这样的兵力相对于车臣、卓特巴巴图尔来说，可谓微不足道，众人都认为应该先整顿兵马，静观待变。噶尔丹力排众议，命令立即向反叛的两个哥哥发动进攻。

车臣和卓特巴巴图尔集结了万余骑兵迎战，人数是噶尔丹的十倍。为了鼓舞士气，战斗开始后噶尔丹跃马挺枪，高喊着："汝等视吾枪所向！"身先士卒，突入阵中，斩杀百余人。见到主将如此，部下们也人人奋勇。仓促应战的车臣和卓特巴巴图尔军无法抵挡而溃散，只好退守险峻的金岭口。噶尔丹率军紧追而至，但面对高山和守军的"石如雨下"，无人敢上。噶尔丹率领20名骑兵率先登山，部下士气大振，呼声震天，跟随前进。击溃守军后，噶尔丹亲手将车臣擒拿，卓特巴巴图尔再无斗志，率残部逃往青海。

一场漂亮的开场白后，噶尔丹成为准噶尔汗国的第三任领导者，从僧格被杀，到他从西藏返回平定叛乱，前后不到一年时间。俄国史

噶尔丹返回卫拉特

中国蒙古族系列丛书○之四

卫拉特三大汗国及其后人

家形容这是"异常迅速的，几乎是闪电般的对付方法"。继承珲台吉之位的同时，噶尔丹按照传统迎娶了僧格的妻子阿奴，她是鄂齐尔图彻辰汗的孙女，"慧而美，深爱噶尔丹"，成为噶尔丹的终身伴侣和得力将领。事业、爱情双丰收的噶尔丹志得意满，开始了自己为帝国时代所进行的准备工作。

一个新兴强者要在国家内掌握最高权力，往往首先面对的是自己关系最为亲密的人，这些人可能是自己的父亲、自己的兄弟，或者是其他亲人。噶尔丹所面对的第一个人，是自己的叔叔楚琥尔乌巴什。有人说楚琥尔乌巴什是僧格之死的幕后主使人，还有人说是楚琥尔乌巴什的儿子哈巴班第曾经与僧格有隙，所以才遭到噶尔丹的进攻。这些可能都有，但最重要的原因，是僧格死后。楚琥尔乌巴什成为绰罗斯家族实力最为强大的贵族，是噶尔丹集权的障碍。但楚琥尔乌巴什老谋深算，绝不是车臣等人所能比，羽翼未丰的噶尔丹仓促发动的进攻遭到了失败。为了积蓄力量，他放弃了父亲建造的都城博克塞里，将牙帐迁到喀喇额尔奇斯。

在近两年的韬光养晦中，俄国对这个新人"频送秋波"，多次遣使沟通。噶尔丹对俄国也表示出了相应的友好，不再坚持哥哥僧格的强硬态度，避免边境不稳。但当俄国得寸进尺，于1672年（清康熙十一年）派人侵入准噶尔境内进行掳掠时，噶尔丹立即派丹津和硕齐以及阿巴哈率领五千军队驻扎到边境的克穆齐克河岸边，对克拉斯诺亚尔斯克实施压力，要求卡钦、阿里、卡马辛等部落向自己纳贡，迫使俄国惩办了肇事者。1673年（清康熙十二

对俄罗斯进行威慑

年），汗国大多数部落已经归附，反攻的时刻已到，噶尔丹起兵再次攻打楚琥尔乌巴什，大获全胜。楚琥尔乌巴什和儿子哈巴班第逃到鄂齐尔图彻辰汗处避难。

双驼嘴酒壶

婿之情，开始了打压。1674年（清康熙十三年），鄂齐尔图彻辰汗亲率大军将已经归附噶尔丹的杜尔伯特部阿拉达尔台什、和硕特部丹津洪台吉和土尔扈特部衮布台吉收降，将他们迁往塔尔巴哈台。并派使者前往青海，欲与那里的和硕特台吉们商议夹击噶尔丹的计划。但信使在半路上被噶尔丹属下截获。得知岳祖父如此大的动作，噶尔丹开始全面备战，率领人马自喀喇额尔奇斯移动至博克塞里过冬。

见到孙女婿不战先退，鄂齐尔图彻辰汗麻痹大意。不料，1675年（清

鄂齐尔图彻辰汗是固实汗大哥拜巴嘎斯之子，当年固实汗远征青藏，让他留守故地。在僧格执政时，鄂齐尔图彻辰汗将自己的孙女嫁给僧格，继续维持着两家友好。而对噶尔丹这个新任孙女婿，鄂齐尔图彻辰汗原本也甚为照顾，帮助其聚敛部众。对于准噶尔来说，他一直是个忠实的朋友和一个忠厚的长者。但是，当噶尔丹实力激增，打败楚琥尔乌巴什后，将所有部落和贵族纳入麾下的意图已经十分明显。鄂齐尔图彻辰汗想继续独立下去已不可能，为了自保，他逐渐抛弃了翁

康熙十四年），噶尔丹派大将马罕为先锋，越过齐尔山的骆驼脖子岭，向叶密立草原挺进。正在喀喇布和里克过冬的鄂齐尔图彻辰汗猝不及防，部众溃散，只得越过阿拉套山脉，退往塔拉齐。马罕率军紧追，在塔拉齐与鄂齐尔图彻辰汗的部队遭遇。双方交战，鄂齐尔图彻辰汗再次战败，逃往裕勒杜斯河，妻子儿子均四处逃散。1676年（清康熙十五年），噶尔丹向鄂齐尔图彻辰汗派出使者，希望他归降，并保证不加以伤害。鄂齐尔图彻辰汗走投无路，于是年十月在赛里木湖以南向噶尔丹投降。噶尔丹履行诺

言，将古鲁克辛一带鄂托克人畜赏给他，使其安度晚年。但将楚琥尔乌巴什永远囚禁，处死其子哈巴班第。也就在这时，他将牙帐迁到伊犁，这里从此成为准噶尔汗国近百年的统治中心。

从此，留在故地的和硕特部消亡，并入准噶尔汗国，鄂齐尔图彻辰汗在噶尔丹的监管下居住在博尔塔拉，直到1680年（清康熙十九年）去世。而一直努力维持部落独立性的杜尔伯特部也因为和硕特的败亡而再无倚仗，也归附准噶尔汗国，成为其属民。噶尔丹完成了天山草原卫拉特诸部的统一。

弓箭和箭囊

1678年（清康熙十七年），五世达赖喇嘛派遣使者赐封噶尔丹为"丹津博硕克图汗"，他成为继也先之后，绰罗斯家族第一个拥有"汗"号的统治者。

成为大汗后，噶尔丹确立"宰桑"制度，规定汗国最高权力属于汗廷，大汗身边设立宰桑数名，宰桑帮助处理日常事务，凡大事均要禀明大汗。汗廷以下设立兀鲁斯、鄂托克、爱马克、四十户、二十户等单位，分别由诺颜、珲台吉、宰桑、爱马克之长、德木其、舒楞额、主管人等大小官员管理。百姓诉讼由扎尔固沁负责，重大案件则由汗国大扎尔固

身着铠甲的准噶尔箭手

沁裁断。

为了增强军队战斗力，噶尔丹更新了装备和战术。他命工匠打造大量锁子甲，致密程度必须要求弓箭无法射穿，如做不到，便要处死工匠。这样的战甲所有战士人手一件。同时，制造和购买大量火枪。每当与敌交战，先用火枪射击，然后弓箭射击，最后再近身肉搏，同时用骆驼运载大炮，组成随军炮队。为保证军需，更是规定：每次出征富裕家庭准备10匹马、3峰骆驼和10只羊，而贫困家庭则准备5匹马、1峰骆驼和5只羊。同时，噶尔丹颁布一系列敕令，命令招抚部众，奖励畜牧和耕种，并命令各鄂托克之长救济赤贫部众。同时开办银矿、铜矿，铸造货币，发展手工业。

1679年（清康熙十八年），为了实现自己"促夏执金，混为一尊"的理想，噶尔丹开始了对外扩张，准噶尔汗国的"帝国时代"开始了。

1679年，噶尔丹收到了老师五世达赖的亲笔信，而送信者是一个伊斯兰教长——叶尔羌汗国白山派的和卓伊达耶提拉。"和卓"是指在伊斯兰教中有威望的教长。老师在信中要求噶尔丹帮助这位和卓回国，并确立其在那里的统治。叶尔羌汗国常年因伊斯兰教黑山、白山派的争端而内讧不已，虽然白山派式微，但仍有着大量的信仰者。伊达耶提拉的投效，是给

了噶尔丹打开一统天山南北大门的钥匙。

但叶尔羌汗国毕竟已经立国160余年，该汗国是当年察合台汗国的后续国家，其大汗是成吉思汗次子察合台后裔，只是他的前辈皈依了伊斯兰教，以后都成了虔诚的伊斯兰教徒。

对于五世达赖在信中要求噶尔丹帮助和卓回国，能不能一举征服叶尔羌汗国还是未知数。噶尔丹先做了试探，派大将阿拉达尔和硕齐率兵3万攻入叶尔羌汗国东部，连下哈密、吐鲁番、察力失等城。各城总督纷纷投降，叶尔羌一半的领土卷席而入囊中。

看到对方不堪一击，噶尔丹信心大增，1680年（清康熙十九年），亲率12万大军以伊达耶提拉为前导，兵分3路攻向叶尔羌。由于有白山派教徒的策应，除了在喀什噶尔和首都叶尔羌城受到激烈抵抗外，其余各地均是不战而降。噶尔丹俘虏了叶尔羌汗伊斯玛依勒和所有汗室成员，将他们囚禁在伊犁，把阿卜杜·里什特推上傀儡汗位，封伊达耶提拉为"阿巴克"（首领），作为自己在南疆的代理人。察合台汗国的继承者叶尔羌汗国至此灭亡，成为每年向准噶尔缴纳10万两白银、24万斤小麦以及其它贡赋的后勤基地。

统一了天山南北的噶尔丹，更增

强了信心，下一步是向西方开疆扩土。

1681年（清康熙二十年），噶尔丹出征哈萨克。此时统治哈萨克的是杨吉尔汗之子头克汗。见噶尔丹来势汹汹，头克汗采取缓兵之计，亲自带少量随从面见噶尔丹，表示服从，并邀请其进入自己的首都塞里木城宴饮。屡胜而骄的噶尔丹没有

准噶尔军队进入叶尔羌汗国

产生任何怀疑，率军进入塞里木城与头克汗饮酒言欢。岂料，到了夜间，准噶尔的士兵大部分都喝得大醉，疏于防范。从各地赶来的哈萨克骑兵立即将准噶尔军包围，不由分说，四面突击。而头克汗也指挥城中人马内外夹攻。准噶尔军猝不及防，火枪来不及装填，马匹也大多陷入雪坑，只得

在被动中进行肉搏。战斗持续到天亮，噶尔丹大军落败，损兵折将过半，只得率败军撤回本土。西征之初，就先栽了个跟头，噶尔丹愤恨不已，但他"未尝挫锐气，益征兵训练如初"，继续进行自己的军事改革和粮草准备，以待再战。

经过一年的备战，兵强马壮的准

噶尔丹率领准噶尔军与哈萨克再战

噶尔军队在噶尔丹率领下于次年再次进攻哈萨克汗国，一举大败头克汗的军队，连下塔什干、塞里木等城，并俘虏其子，报了"一箭之仇"。哈萨克人流离失所，惨不堪言。

在这之后，噶尔丹的西方攻略再未遭败绩，一路凯歌，势如破竹：1683年，征服黑海沿岸诺盖人的"美人国"；同年，进兵费尔干，击败乌兹别克人；1684年，派侄子策妄阿拉布坦第三次征伐哈萨克汗国，迫使其臣服；1685年，完全占领费尔干那……其中诺盖、乌兹别克、哈萨克三个汗国都是成吉思汗长子术赤所建金帐汗国的后续国家。

到1686年（清康熙二十五年），噶尔丹统治下的准噶尔汗国，不但包括了今天新疆全境，且占有今天中亚五国的大量土地，边境竟达里海沿岸。中亚重要的贸易城市，如撒马尔罕、布哈拉、乌尔根奇均在其掌控之下。

西面的威胁已经完全打碎，噶尔丹开始向汗国的东邻投去了充满欲望的眼光。

此时的喀尔喀蒙古三部，内部仍然内讧不断。在1662至1667年的阿拉坦汗之乱中，原札萨克图汗的众多部众逃难到土谢图汗处。土谢图汗从此拒不归还。两部由此纷争不断，至今

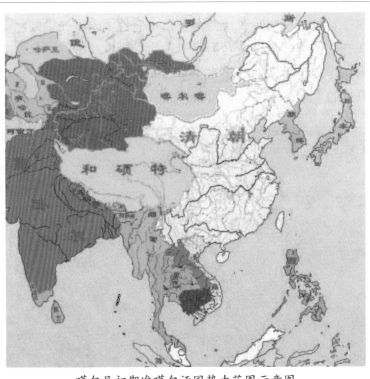

噶尔丹初期准噶尔汗国势力范围示意图

尚未解决。西藏的教廷和北京的清廷都准备派人进行调解，噶尔丹也准备介入其中。

1686年八月十六日，喀尔喀所有贵族聚集于库伦伯勒奇尔举行大会，清廷代表理藩院尚书阿尔尼、西藏教廷的代表噶尔亶席勒图与会。这原本是一场旨在调解纠纷、恢复和平的大会，但在与会各方的权力争夺下，成为了一场改变中北亚格局大战的导火索。

库伦伯勒奇尔会盟大会还未正式开始，便先在会议主持上出现分歧——喀尔喀最高大喇嘛哲布尊丹巴一世活佛受康熙皇帝委托欲主持大会，土谢图汗察珲多尔济也大为支持。而作为西藏教廷代表的噶尔亶席勒图则被扎萨克图汗沙喇等人认为是主持大会的不二人选。

哲布尊丹巴活佛是喀尔喀最高活佛，管辖一切宗教事务。这样的身份地位，由他来主持大会看似理所当然。然而，噶尔亶席勒图是达赖喇嘛坐下大弟子，在藏传佛教中地位高于哲布尊丹巴活佛，又是受最高教主达赖喇嘛之命前来，按照传统和宗教秩序应该由他主持大会。两方各持己见，相持不下。

清廷全权代表理藩院尚书阿尔尼秉承皇帝旨意，意图控制大会，便强行让噶尔亶席勒图与哲布尊丹巴活佛并列，同坐一席，会议才勉强召开。哲布尊丹巴活佛是土谢图汗察珲多尔济的弟弟，他作为主持，明显缺乏公

库伦伯勒奇尔会盟大会旧地

正。阿尔尼并不知道，自己的作为给了日后噶尔丹动兵最好的借口。

经过四天的讨价还价，土谢图汗察珲多尔济与札萨克图汗沙喇终于在压力下缔结盟约，在佛像前宣誓，互不侵害，永世友好。

但是，没有强制力约束的盟约，只是废纸。会盟后，土谢图汗只归还了札萨克图汗一半的属民和牲畜，其余的全部免谈。而面对札萨克图汗的屡次要求，土谢图汗察珲多尔济干脆厉兵秣马，准备给予武力打击了。清廷偏向土谢图汗一方，作为札萨克图汗的沙喇无处申诉，实力又不济，正

在走投无路间，噶尔丹恰到好处地出现了，向处于劣势的札萨克图汗沙喇发出邀请，希望与他结盟。

需要外援的沙喇对于噶尔丹的帮助完全看作是雪中送炭，毫不犹豫地答应。就在清廷主持的会盟不到一年时间，1687年（清康熙二十六年），噶尔丹和沙喇等札萨克图汗部贵族在三赫格尔进行会盟，矛头直指土谢图汗察珲多尔济。

为了协助盟友，噶尔丹派侄子杜噶尔阿拉布坦率军与沙喇一起游牧，谨防土谢图汗的进攻，同时为了下一步的行动，1000多名喇嘛以礼佛为

库伦的寺庙

名进入喀尔喀各地，为噶尔丹收集情报。

1687年在平静之中迎来了结尾。冬季来临，牧群需要迁移到过冬的草场，噶尔丹前往额尔齐斯河过冬，与札萨克图汗一起游牧的部队也随之撤走。几乎与此同时，得知情报的土谢图汗察珲多尔济向康熙皇帝上书，告知自己打算出兵攻打札萨克图汗。康熙皇帝命他"守前约，勿复兴兵端"。可认为胜券在握的察珲多尔济根本听不进康熙的劝告。1688年（清康熙二十七年）正月，察珲多尔济率骑兵1万突然杀入札萨克图汗部，将毫无准备的札萨克图汗沙喇俘杀，归并了他的部众。

因为路途遥远，噶尔丹并不知道自己的盟友已经败亡，还派自己的胞弟多尔吉扎布率400骑兵前去和沙喇联系。这只小部队刚进入扎萨克图汗部便遭遇变乱，被察珲多尔济的人马包围，屠戮殆尽。

盟友被杀，胞弟遇害，噶尔丹勃然大怒，将牙帐迁往科布多，着手准备全面进攻。而北京的康熙皇帝得知察珲多尔济起兵之后，知道必然会导致准噶尔汗国的报复，连忙派人晓谕噶尔丹和察珲多尔济等人，提出"厄鲁特、喀尔喀均系本朝职贡之国"，之间的纠纷应由作为宗主国大皇帝的

他来调解，要求"敕书到日，即为息争修好"。然而，一个并不公正的裁判，想用一纸敕书解决争端，无疑是徒劳的。

1688年（清康熙二十七年）五月，噶尔丹命侄子策妄阿拉布坦留守科布多，亲率3万军队兵分两路征伐土谢图汗察珲多尔济和哲布尊丹巴活佛。察珲多尔济也知战争决不会因为康熙的调解而平息，一面集结所有军队准备迎战，一面要求哲布尊丹巴活佛派兵支援。哲布

喀尔喀内部发生了争斗

尊丹巴活佛调集察珲多尔济长子噶尔旦台吉和巴额尔克戴青的1万军队与察珲多尔济会合，准备迎战。

噶尔丹起兵后，一路由他亲自率领，首先在杭爱山后掠取了右翼喀尔喀部众，然后攻入左翼，打败了噶尔旦台吉的军队。噶尔旦台吉仅率8人逃脱。另一路由他的3个侄子丹津鄂木布、丹吉拉、杜噶尔阿拉布坦率领直取额尔德尼召，将召庙烧毁，占领土谢图汗居地后继续推进。哲布尊丹巴活佛带着土谢图汗的家眷遁至车臣汗部境内的额古穆台。噶尔丹在与侄子的军队会合后，再次分兵越过土拉河，追击到克鲁伦河，进入车臣汗部境内。车臣汗乌默克的军队一触即溃，纷纷向南部清朝边境的苏尼特部牧地逃奔。

土谢图汗察珲多尔济此时已经将所有能征调的部队全部集中起来，面对着来势汹汹的博硕克图汗噶尔丹，在鄂罗多诺尔摆开了阵势。八月二十八日，双方大军展开决战。准噶尔军装备精良，训练有素，而察珲多尔济的部队占有主场优势且人数众多，双方激战三日未分胜负。第三日夜，噶尔丹派奇兵夜袭巴额尔克戴青的营地，一举破之。喀尔喀军阵形大乱，部队失去控制，纷纷四散逃遁。察珲多尔济见大势已去，无奈率残部退至与清朝相邻的苏尼特地区，与哲布尊丹巴活佛会合后向清朝寻求保护。

数月之间，噶尔丹席卷喀尔喀全境，兵锋抵达清朝控制的漠南蒙古。再往前走，就要和清军遭遇了。为表示礼节，噶尔丹致信北京："倘哲布尊丹巴往投皇上，或拒而不纳，或擒之送我。"而清朝的康熙皇帝另有打算，在准、喀交战时，已经敕命国舅佟国纲、内大臣明珠、尚书阿尔尼等，调派"八旗骁骑营兵丁，及下五旗护军先锋"到张家口一带"以听调遣"，并征调内蒙古各旗兵丁7000余人随时备战。

准噶尔骑士

噶尔丹起兵掠取了右翼喀尔喀部众

面对着毫不退让的清廷，噶尔丹还没有做好决战的准备，再加上后方出现动乱，原叶尔羌汗国的两个贵族在拘禁地伊犁发动暴乱，抢劫寺庙，他必须回师前去平定，于是只得退兵。

然而，回到大本营的噶尔丹，很快就被疑心、谣言和诽谤所包围。僧格的长子策妄阿拉布坦、次子索诺布阿拉布坦已经成年，并且有了相当的实力，僧格的很多旧部都倒向他们，汗国内部已经出现了裂痕。为了剪除乱源，噶尔丹开始对两个侄子进行打压，毒死了索诺布阿拉布坦。弟弟的死让策妄阿拉布坦感到了威胁，为了自保，在1689年春，做好准备的策妄阿拉布坦与7位僧格旧臣一起，率领5000部众离开科布多西走，明白地表明与噶尔丹分庭抗礼。

从此，策妄阿拉布坦逐渐扩展势力，招兵买马，控制了阿尔泰以西的准噶尔地区，在西部对噶尔丹形成了巨大威胁。

噶尔丹并非不想解决这个侄子，但他知道，自己进一步控制喀尔喀的战略必须迅速地继续推

清廷理藩院尚书阿尔尼

行，否则，已经势穷力竭的喀尔喀完全会倒向清帝国，这可以说是必然的结果，他不得不把精力全部专注于东面。

在策妄阿拉布坦出走后不久，清廷以理藩院尚书阿尔尼为首的使臣团到达科布多，传达康熙皇帝希望准噶尔与喀尔喀和好的建议。噶尔丹坚持要康熙皇帝交出土谢图汗和哲布尊丹巴活佛，因此拒绝议和。而在阿尔尼使团出发时，康熙皇帝已经料到噶尔丹决不会答应议和，便同时派总管京城喇嘛班第、札萨克大喇嘛伊拉古克三活佛到西藏，希望获得西藏教廷的支持，说服噶尔丹。

康熙皇帝哪里知道，现在的五世达赖喇嘛早已经不在人世，真正掌握教权的是其弟子，噶尔丹的同窗好友桑杰嘉措。而伊拉古克三活佛也是桑杰嘉措的好友，关系密切，且是噶尔丹统一蒙古的热情支持者。因此，伊拉古克三活佛在西藏不但不传达康熙的谕旨，反而与桑杰嘉措商定了如何支持噶尔丹的计划，并随即启程赶往科布多，全力协助噶尔丹。另派人返回北京，告知康熙皇帝，达

赖喇嘛希望他将土谢图汗和哲布尊丹巴活佛交给噶尔丹，教廷将保证他们的安全。

精明的康熙皇帝感到了不对，觉得"未必为喇嘛之言"，于是开始全力进行战争准备，除了征调蒙古各部兵丁以及八旗官兵备战外，还加快了与俄罗斯边境谈判的进程。1689年（清康熙二十八年）八月二十七日，康熙皇帝派议政大臣、领侍卫内大臣索额图，国舅佟国纲，旗管章京郎坦等在尼布楚与俄国代表签订了《尼布楚条约》，划定了中俄东部边界，清朝放弃了以尼布楚为边界，而以额尔古纳河为边界，牺牲了大量土地。在战胜的前提下做出如此让步，绝不是康熙皇帝不知道土地的宝贵，而是以此换取俄国在日后的清准战争中倒向自己一边，最坏也要保持中立的立

《尼布楚条约》签字现场蜡像

场。这样，放弃了尼布楚地区24万平方公里土地，但却可以不受干扰地去获得外蒙古和新疆300余万平方公里的土地。对于清廷来说，这是非常划算的。康熙皇帝的目的圆满地达到了。

俄国虽然从噶尔丹继位之日起便频频希望从噶尔丹手中获得从其父兄那里得不到的东西。噶尔丹也一改父兄的对俄政策，颇为和善，但对于俄国的种种许诺都是暂时应付俄国的权宜之计，在属民和领土问题上始终不肯让步。而面对俄国提出要他臣服的过分要求时，噶尔丹只是同意以平等的地位与俄国交涉，拒绝归顺。对于噶尔丹的这一严正表态，沙皇告知"全权大使及沙皇陛下所属各城堡"，"只有在这种条件（臣服沙皇）下"，"才愿意援助"。两相比较，最讲究实际的俄国很容易便选择出自己该偏向哪方。边境各关卡也接到了沙皇禁止向噶尔丹输出军火的命令，一直主张联合噶尔丹的俄国西伯利亚总督戈洛文被调离。

时局已经严重不利于噶尔丹，但他已经没有退路。首先，1689年（清康熙二十八年）十二月，伊拉古克三活佛和另一位教廷代表济隆活佛到达科布多，向噶尔丹传达"达赖喇嘛"

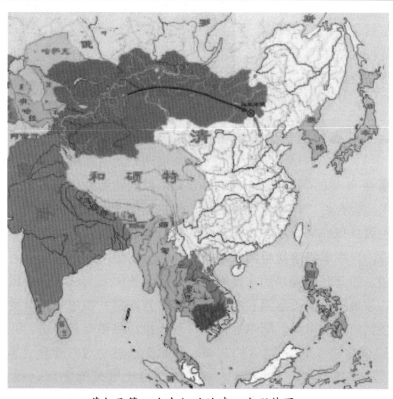

噶尔丹第一次东征时的清、准形势图

之谕，要他立即东征，逼迫清廷交出土谢图汗和哲布尊丹巴活佛，完全控制喀尔喀。教主和老师的旨意，噶尔丹不能拒绝。何况，此时科布多正值大旱，噶尔丹也需要用战争获得物资的补充。于是，噶尔丹命丹津鄂木布留守科布多，自己率两万军队开始了第二次东征。

1690年（清康熙二十九年）三月，噶尔丹率军到达克鲁伦河并顺流而下，逼近清朝边境。康熙皇帝在得知噶尔丹的动向后，命理藩院尚书阿尔尼、兵部尚书纪尔塔布率蒙古各部军两万为左翼，理藩院侍郎文达、都统额赫纳率军6000余为右翼，

清军与准噶尔军作战图

向土拉河、克鲁伦河前进夹击噶尔丹。

按康熙皇帝的预先谋划，应该是两路军马会合后，一举全歼准噶尔军。但左翼总指挥阿尔尼贪攻冒进，六月六日，自率军沿哈拉哈河东岸直奔贝尔湖。而此时准噶尔的东征军已经渡过乌尔逊河，沿贝尔湖和哈拉哈河东岸绕到阿尔尼南面。阿尔尼闻讯后，立即调转马头，直取索约尔济山。

六月二十一日，长途跋涉甚为疲惫的清军与准噶尔军终于在乌尔逊河遭遇。此时准噶尔军已经将营寨扎好，以逸待劳地等候多时了。急躁的阿尔尼不考虑军队的体力，一见到敌人立即组织进攻。清准双方第一次交锋的乌尔逊河大战开始。阿尔尼便派部队从正面发起进攻，并派偏师袭击其后营辎重。但进攻部队受到准噶尔军火枪、弓箭交替射击，死伤惨重，根本无法撼动对方营盘。等清军已经被打得士气颓靡之际，噶尔丹命主力从山上绕到清军侧后，发动突然袭

击。清军腹背受敌，死伤无数，全面溃败，阿尔尼和纪尔塔布率残部勉强突围逃走。准噶尔军大获全胜，"缴获大车五百多辆以及全部辎重"。

这一仗，使得噶尔丹信心大增，率部长驱直入，抵达克什克腾旗的乌兰布通。这里距北京仅700里，北京城里一片慌乱，"京师戒严……城内外典廨尽闭，米价至三两余"。

面对不利局势，康熙皇帝一方面派人晓谕噶尔丹，"阿尔尼不请旨而击汝，非本朝意也"，另一方面动用全力积极调兵遣将。八月五日，康熙皇帝命皇兄和硕裕亲王福全为抚远大将军，皇长子胤禔副之，组成一路大军出古北口；命皇弟和硕恭亲王常宁为安北大将军，和硕简亲王雅布等副之，二路大军出喜峰口。内大臣佟国纲、佟国维、索额图、明珠等参赞军务。两路大军共10万之众。

而噶尔丹则言道："今虽临十万众，亦何惧之有！"率军倚险结营，诵经祭旗，准备在乌兰布通迎战。

九月三日，两军正式交战。准噶尔军"缚驼结阵以待"，将大量骆驼横卧于地，上盖以湿毡，背上加箱架，作为工事，从中施放火枪、弓箭。而清军起初并未吸取乌尔逊之战的教训，用密集的骑兵阵形向准噶尔军阵地发起进攻，这正撞在噶尔丹的战法上。在"排枪的强大火力"下，骑兵死伤惨重，国舅佟国纲被火枪击

乌兰布通之战

中战死，清军被迫退出战斗。随后清军运用大炮猛轰准噶尔的驼阵，准噶尔军随军携带的火炮较少，威力也相差很多。结果，驼阵被轰出缺口，清军蜂拥而入，进行贴身肉搏。双方战士混战一天，各自均有损失。清军始终不能摧毁准噶尔军的抵抗，时至傍晚，双方罢兵。

经过一天鏖战，噶尔丹明白，在人数的劣势下陷入消耗战，对准噶尔军极为不利。自己无法战胜清军，只能在尚未受到重创时尽快退出战斗。于是先后派伊拉古克三活佛和济隆活佛到清军大营，面见抚远大将军福全，提出休战，表示愿意撤退到有水草之地等待议和，希望福全能下令清军各部停止攻击。福全也感到准噶尔军骁勇，难以一战而胜，打算等待由盛京、乌喇、科尔沁等地前来的援军到来之后再进行决战，便同意暂时休战，准备议和。噶尔丹争取到休整时间后，于当天夜里便率部迅速撤离乌兰布通，自什拉磨楞河载水横渡大碛山，连夜遁走刚阿脑儿，成功撤离。等到福全发现上当派军追击时，准噶尔军早已不见踪影。乌兰布通之战落下帷幕。

很多史书都说清军在乌兰布通重

清军所使用的大炮

喀尔喀归附清朝之初时的形势图

创噶尔丹使其一蹶不振。实际上，参看众多当时在中国传教士的笔记和日后清朝的记载，噶尔丹并未受到严重损失，可说是全身而退。而致使他的兵马损伤殆尽的原因，却是在回军科布多途中军中传播严重瘟疫，致使军丁染病致死，回到大本营时所部仅剩数千人。

1691年（清康熙三十年），带着一路的风尘和损失惨重的沮丧心情回到科布多时，噶尔丹发现更大的打击在等着他。在他与清军血战的时候，策妄阿拉布坦偷袭了科布多，不但将财物、牛羊抢掠一空，还将他的妻子阿奴、丹津鄂木布等人全部俘虏带走。双重打击之下，噶尔丹完全陷入困境。

所幸，西藏的第巴桑杰嘉措在得知噶尔丹的境遇后，立即开始了援助行动，以达赖喇嘛的名誉命令青海的和硕特诸台吉对噶尔丹进行援助。青海的博硕克图济农为首的台吉们，通过阿拉善的巴图尔额尔克济农将粮食、牲畜和其它物资源源不断送到科布多，同时，派遣使者为噶尔丹和策妄阿拉布坦调解。有教廷作为调人，原本可以进一步趁火打劫的策妄阿拉布坦也不得不坐到谈判桌上。叔侄二

清军向前线运送作战物资

人约定各守其地，不再起争端，策妄阿拉布坦归还了噶尔丹的妻子阿奴以及部分人畜。

获得了援助的噶尔丹为了重整旗鼓，命令各鄂托克的宰桑率领部分民众，到乌兰固木、空奎、扎布干、察罕色浑、扎布罕哈萨克图等地从事农牧业生产。在以后的三年中，他一直在休养生息，准备东山再起。而康熙皇帝也没有忘记这个曾经震动京师的大敌。于1692年五月在多伦诺尔会盟喀尔喀诸部，正式将喀尔喀蒙古纳入统治范围，设32旗，分左中右三路。成吉思汗的直系子孙，至此全部归顺

满清王朝，而清帝国的边界也扩张到与噶尔丹近在咫尺，规模不等的卡伦、哨所开始大规模建设。

1695年（清康熙三十四年），恢复了元气的噶尔丹决定再次东进。这一次，他不再寻求和清军的决战，而是积极煽动喀尔喀和漠南蒙古各部反清。并决定发挥游牧骑兵的优势，进行运动战，敌少则歼，敌众则退，以此来疲惫清军，迫使其退出喀尔喀。是年二月，噶尔丹将所有人马召集在空奎、扎布干一带，计有两万余众。五月，从科布多出发，途经塔密尔，进入喀尔喀。为了争取喀尔喀民心，

噶尔丹命令不得抢掠喀尔喀各地台吉，但因为先前的战争，仍造成喀尔喀各地的恐慌。九月，噶尔丹大军驻扎在克鲁伦河源头的巴彦乌兰。可这时的清廷也早已做好了迎战的准备。经过侦察，于九月破获了噶尔丹在内蒙古地区的间谍网，伊拉古克三活佛的徒弟卫征喇嘛及罗布藏端罗卜、尼尔巴格隆、尼克塔鄂木布等众多喇嘛被清政府逮捕处决，从此，噶尔丹对于清廷的动作完全失去了掌握。十二月，康熙皇帝做出兵分三路突袭至土拉、克鲁伦河歼灭噶尔丹所部的决策，命费扬古为"抚远大将军"，率

领5万人为西路军，由宁夏和归化城（今呼和浩特）出发，在翁金河会合后向土拉河推进；康熙皇帝亲自率中路军3万人从北京出发压向克鲁伦河；东路大军1.5万人由萨布素率领在克鲁伦河下游阻截噶尔丹。清廷在全国进行了战争动员，征发军用大车5000余辆、牲畜2万余头。

1696年（清康熙三十五年）四月一日，康熙皇帝率部从北京出发，噶尔丹料定清军三路前来，主动撤离土拉河，并下令烧毁土拉河的布尔察克10里之内的草原，以阻挡西路军。自己率军驻扎到达尔罕敖拉一带。四月

清军炮击准噶尔军

末，康熙皇帝的中路大军到达离达尔罕敖拉仅50里之处，为稳住噶尔丹等待西路军会合，将长史多禅公主及大量礼物送至噶尔丹军营，表明并无剿灭之心，妄图施行美人计。噶尔丹照单全收，但仍在五月七日西走巴彦乌兰，准备迎击西路军。

西路军本是三路清军中实力最为雄厚的，但因为行军路线长，且要穿越沙漠，所以也最为疲敝。五月三日到达土拉河时，仅有先锋部队1.4万人，正好符合噶尔丹敌少则歼的战略。五月十三日，在肯特山南、土拉河北、汉山之东的昭默多，噶尔丹率军与费扬古决战。这一回，准噶尔军在噶尔丹指挥下首先发起攻击，主动围攻清军阵地。而吸收了前两次大战经验的清军此时配备了大量火器，数十门大炮轮番轰击，噶尔丹军尸横遍野，伤亡惨重。见众军畏缩不前，噶尔丹的大妃阿奴为鼓舞士气，"披铜甲，配弓矢"，冲锋在前，被清军火炮击中阵亡。这个女人与噶尔丹相濡以沫20年，无论丈夫是顺境还是逆境都忠实追随。可以想见，她的死对噶尔丹的打击何其巨大，对这场决战的前景也蒙上了不祥的预兆。

大妃战死，准噶尔军更加同仇敌忾，奋勇搏杀，可战争的胜负绝不是勇气所能决定的。噶尔丹麾下宿将戴巴图尔宰桑、博罗特和硕等相继战死。两军战至傍晚，仍然未分胜负。

清军统帅费扬古深知，自己的后续部队最早第二天早上才能赶到，在人数上处于劣势的清军如果再这样消耗下去，很难固守阵地。为了扭转劣势，费扬古趁两军胶着之时，派一支奇兵偷袭了噶尔丹后营。执着于前方苦战的准噶尔军猝不及防，后营被清军轻易攻破。妇女

噶尔丹突围到杭爱山一带打游击

儿童哭喊之声震天动地，战士无心恋战，全军大乱。清军趁势掩杀，获得完胜。曾经横扫中亚的准噶尔军被彻底击溃，战死2000余人，被俘3000余人，损失牛羊6万余头只。

噶尔丹在50名护卫的保护下突围撤走，后与丹济拉、丹津阿拉布坦、丹津鄂木布、伊拉古克三呼活佛会合，收拢5000余人马，到塔密尔一带休整。这时的博硕克图汗噶尔丹，几乎拼光了全部实力，运动战也无法进行，因而决定在杭爱山一带打游击。丹津鄂木布、杜噶尔阿拉布坦等人对前途丧失希望，率部叛走，噶尔丹仅剩不到3000人马。

卫拉特一代枭雄噶尔丹博硕克图汗

八月，康熙命清军把守住各处前往青海的必经之路后，派理藩院官员二郎保到青海各部传达"不得对噶尔丹进行援助，否则将视为敌人"的诏书。原本对噶尔丹持同情态度的青海诸部首领们全部奉诏。九月，噶尔丹在南疆最后一块根据地哈密的伯克贝都拉达尔罕遣使进北京表示归顺，并积极协助清军捉拿噶尔丹。而策妄阿拉布坦也派兵封锁了边境，严防噶尔丹返回准噶尔本土。在确保了噶尔丹一切外援都已经断绝后，康熙皇帝在十月派卫拉特人曼济、阿旺丹津对其招降，被噶尔丹严词拒绝。

劝降遭拒，清军的围剿更为严密，噶尔丹的部众四处转移，不但缺乏粮食、马匹，连火药也将用完，全军靠打猎维持生计，而离开大部队狩猎的人往往成为敌人捕杀的目标。其独子塞卜腾巴珠尔奉父命在巴尔库尔山打猎时被额贝都拉达尔罕的哨探发现行踪，被捕后送往北京。这对于噶尔丹来说，无疑又是沉重的打击。

妻子儿子都已不在身边，四处转移的行军生活又极为艰苦，年老的噶尔丹在内外夹攻下病倒了，人终归是人，无论什么样的强者在命运接二连三的打击下都是无法一直傲然挺立

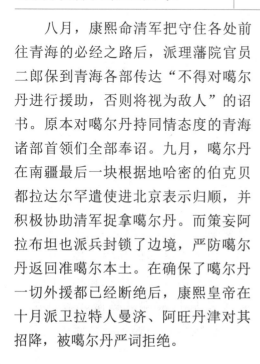

蒙古族贵族所使用的银质骨灰盒

的。在最后的岁月中，只有女儿钟察海的照料能给这个老人不多的安慰。而疾病和穷困却没有摧毁他的意志。十一月，康熙皇帝再派员外郎博什希、笔帖式闫寿劝降，噶尔丹的回答仍是拒绝。

1697年（清康熙三十六年）二月二十六日，对劝降丧失希望的康熙皇帝亲自到达宁夏，组织对噶尔丹的合围。清军这次调动声势浩大，毫无掩饰。

得知消息的噶尔丹离开过冬之地撒克萨图库里克，准备前往额黑阿拉尔。然而，当噶尔丹率部于四月四日

转移到达科布多地区布彦图河畔的阿察阿穆塔台时，一代雄杰在数日"饮食俱废"后，走完了自己的人生，享年53岁。

当晚，丹济拉、丹津阿拉布丹等遗臣火化了噶尔丹的遗体，将骨灰交给了策妄阿拉布坦，带着噶尔丹的女儿钟察海以及所剩部众归降清朝。

1698年（清康熙三十七年）秋，策妄阿拉布坦将噶尔丹遗骨送往清廷。康熙皇帝在城外练兵场上集合军旅，当着诸大臣、将军和兵丁的面，将噶尔丹骨灰迎风扬撒，以此来宣布，这场自己与噶尔丹之间的战争自

己是最终的胜利者。

可是，准噶尔和大清朝这两个帝国之间的战争，还远远没有结束。曾在自己叔叔背后捅过一刀的策妄阿拉布坦还将以准噶尔汗国统治者的身份，与清廷继续战斗下去。

3.重建帝国——策妄阿拉布坦的努力

独立门户的策妄阿拉布坦虽然从1689年起便与噶尔丹完全对立，逐

策妄阿拉布坦（1665～1727）

渐控制了准噶尔汗国大部分领土和属国，但始终是没有被周边各种势力正式承认的正统统治者。直到噶尔丹在昭默多彻底战败，西藏黄教教廷的实际控制者桑杰嘉措才不得不派人到准噶尔，册封他为"珲台吉"。

1697年（清康熙三十六年），策妄阿拉布坦成为准噶尔汗国第四任汗王，他最终从叔叔的阴影中走了出来。

可噶尔丹时代的大好局面已经不复存在，出现的是丧城失地、内忧外患。东面，由于对清战争的失败，汗国不但没能占领喀尔喀，而且连阿尔泰山东坡、科布多河谷、乌梁海的广大牧场以及重要城市哈密全部丢失。

西面，原本臣服的哈萨克汗国重新宣布不再缴纳贡赋，并开始收复被准噶尔人占据的牧场。北面，俄罗斯帝国又开始南下，甚至决定派军队进驻原叶尔羌汗国地区建立要塞，开掘金矿。而由于战争损失的人口、牲畜、财物对于脆弱的游牧经济来说，更是不能承受的灾难。

策妄阿拉布坦针对这种严峻的内外形势，初期采取了韬光养晦的政策，认为收敛锋芒、自我发展才能再现辉煌。他将噶尔丹的骨灰送往清朝，并派出贡使，表示恭顺，避免清军趁得胜之势向准噶尔进军。对于俄罗斯，他也派出使者表示友好，只求各守边界不发生争端。他先后迎娶和

策妄阿拉布坦连年出兵进攻哈萨克

准噶尔的台吉

硕特汗国达赖汗、土尔扈特汗国阿玉奇汗之女为妻，增强卫拉特各国之间的联系。甚至对一向处于弱势的哈萨克汗国，他都将噶尔丹曾经俘虏的头克汗之子送回，以示和好诚意。各国在策妄阿拉布坦的外交之下，都做了相当的回应，各方的压力暂时缓解。

然而哈萨克汗国可能是因为被准噶尔人欺压得太久，现在见其衰弱根本不愿讲和。头克汗将策妄阿拉布坦派去护送其子回国的500人全部杀死，并派兵袭击阿玉奇汗送女儿到准噶尔完婚的队伍，险些将新娘抢走。

头克汗的态度给了策妄阿拉布坦充分的用兵借口，于是，从登上"珲台吉"之位的后一年，也就是1698年

（清康熙三十七年）开始，策妄阿拉布坦便连年出兵进攻哈萨克，1698至1699年将额尔齐斯河西岸、哈萨克草原全部收归囊中；1710至1711屡败头克汗，缴获大量人畜；1716年（清康熙五十五年），更是联合土尔扈特汗国东西呼应，经过两年战争，将哈萨克人全部赶出阿亚古斯河以西。头克汗当初的傲慢，给自己和所有的属民带来深重灾难。

1718年（清康熙五十七年），头克汗病死，完整的哈萨克汗国不复存在，出现了大、中、小三个玉兹（意为"地方"、"国土"）分裂割据的局面。

而准噶尔通过这一系列的战争，

牧场扩大，缴获丰富，尤其是锻炼了军队，国势日益增强。既然有了实力，对于一些原本不得不忍的事，便会改变态度了。

首先是对俄国。1716年（清康熙五十五年），策妄阿拉布坦派自己的堂弟大策零顿多布率军1万包围了俄国亚梅什湖地区的亚梅舍渥要塞，并将俄国所派的援军全歼，强令俄国拆除要塞，撤出自己的领土。俄军3000余人被围困，苦苦支撑，最后撤走时仅剩700余人。俄国见状连忙派使者切列多夫到准噶尔谈判，可策妄阿拉布坦"对俄国使者的事连听都不想听，而把这位使者扣押了整整五年"。俄国惊讶于这位珲台吉突然的强硬，向叶尔羌地区渗透的步伐只好先慢了下来。

其次便是把手伸向昔日的卫拉特兄弟和硕特汗国。几乎在噶尔丹走向败亡的同时，噶尔丹当年的同窗好友和硕特汗国第巴桑杰嘉措隐匿五世达赖圆寂的秘密被戳穿，引起教廷动荡。到和硕特汗国第四任汗王拉藏汗继位后，对于教廷的控制逐渐加强。1705年（清康熙四十四年），拉藏汗杀死桑杰嘉措，废黜其拥立的六世达赖仓央嘉措，重新选定阿旺伊西嘉措为六世达赖。原本独立的教权如今已经完全掌握在和硕特汗廷手中。青海诸和硕特台吉不满拉藏汗擅自废黜达赖喇嘛，在青海找到格桑嘉措宣布为六世达赖，便与拉藏汗对立。对于策妄阿拉布坦来说，这是绝好的机会。如果策划和操作得当，可以控制黄教教廷，进而号令蒙古各部，达到与清朝分庭抗礼的目的。

1716年（清康熙五十五年）底，

进入西藏的准噶尔铁骑

经过缜密策划，策妄阿拉布坦命大策零顿多布率军6000以护送拉藏汗长子噶登丹衷及其妻子回藏的名义向西藏进军，同时另派300人的队伍前往青海塔尔寺，准备劫持被青海诸台吉拥立的格桑嘉措一起前往西藏。拉藏汗虽然接到麾下将领的警报，但对于准噶尔军会袭击自己根本未做准备，大策零顿多布一路上宣传自己拥立格桑嘉措重回西藏，恢复达赖喇嘛称号，获取了西藏僧俗各界人心并顺利进藏，沿途关隘无不望风而降。

已失先机的拉藏汗想在当雄草原迎战准噶尔军，但又接受了属下错误的建议，全军回师拉萨固守待援，完全放弃了战略主动。1717年（清康熙五十六年）十一月，准噶尔军兵临城下，将拉萨城围得水泄不通。拉藏汗众叛亲离，各大寺的喇嘛以及下属官员纷纷投降准噶尔军。月底，大策零顿多布指挥全军攻城，不费吹灰之力便攻陷拉萨。拉藏汗战死，长子被杀，次子被俘，和硕特汗国覆亡。

可在战场上指挥若定的大策零顿多布却是个政治上的低能儿，进入拉萨后，纵兵抢掠，甚至连布达拉宫都进行洗劫。原本人心所向的局面，顿时成为人心离散。再加上劫持格桑嘉措的计划失败，"护送格桑嘉措回藏"也成了谎言，藏人对于准噶尔更是深恶痛绝。

黄教是清廷赖以安定众蒙古的重要保障，黄教圣地被准噶尔控制无论如何是不能容忍的，康熙皇帝迅速做出了反应。1718年（清康熙五十七年）三月，西安将军总督额伦特率军

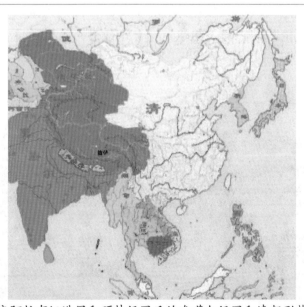

策妄阿拉布坦进军和硕特汗国后的准噶尔汗国和清朝形势图

7000与四川提督康泰所率1000偏师分别从青海的库库赛、拜图和四川打箭炉进入西藏，欲图驱逐准噶尔军。

大策零顿多布再次发挥了他的军事天才，先派轻骑引诱青海一路清军主力，后又派人诈降，带着清军一步步进入自己精心布置的包围圈。额伦特为了速战速决，沿途之上不设兵站，一路急行军，使得人困马乏，后援也完全无法保障。七月十七日，额伦特所部主力6000人到达那曲才发现上当，但大策零顿多布已派部队切断清军归路，将其包围。额伦特无奈，只得命军士用大石砌成临时工事坚守待援。可由内大臣策旺诺尔布率领的1000后续部队被准噶尔军挡住，根本无法前进。四川方面的清军则更是窝囊，提督康泰入藏不久便被当地黑帽喇嘛诱杀，所率清军除500人被俘外其余全军覆没。额伦特彻底陷入绝境，

大策零顿多布不着急进攻，只是一味包围。一月过后清军粮尽，所有的马匹都被宰杀，士兵饿得连刀枪都拿不动。大策零顿多布这才发起总攻，轻而易举地将所有清军斩杀殆尽。

两路人马几乎无人生还，清廷大为震惊。多数大臣都认为"藏地远且险"，不宜动兵，打算就此作罢。而康熙皇帝虽然已进入暮年，但壮心不已。认为若西藏控制在准噶尔汗国之手，不但青海、云南边境不宁，蒙古诸部也难以相安，于是力排众议，决定第二次对藏用兵。

是年十月，康熙皇帝命自己十四子固山贝子胤禵为"抚远大将军"坐镇西宁，调集兵马2万余人护送格桑嘉措入藏。同时，命四川护军统领噶尔弼为定西将军，岳钟琪为副将军，率军7000由四川入藏以为策应。为了配合这次进军，康熙皇帝还充实了驻扎

清军出兵并全面占领西藏

在清准边境的傅尔丹驻军，并命富宁安率军袭击吐鲁番。

与康熙相比，策妄阿拉布坦棋输一招。也许是看到堂弟在西藏全歼清军感到欣慰，竟一直没有再派援军。当得知清军很快便又组织新的攻势，准备派援军时，又面对着清军在边境增兵的状况，为了确保本土，只得按兵不动。而西藏本地藏人为了反抗准噶尔军，也先后有拉藏汗部将康济鼐、颇罗鼐分别在阿里和日喀则起兵，进军拉萨，阿里布巴在工布地区起兵袭扰。大策零顿多布除了本部准噶尔军外，再无法调动其他军事力量。

1720年（清康熙五十九年），清军兵分三路进入西藏，孤立无援的大策零顿多布寡不敌众，只得率军撤回准噶尔。策妄阿拉布坦经营3年的西藏被清军夺得，控制教廷计划最终成为泡影。非但如此，清军乘战胜之威屡屡骚扰准噶尔边境，一度占领吐鲁番，俘虏驻守在边境的杜尔伯特台吉垂木伯尔以下2000余人，掳掠大量牲畜、物资，甚至践踏了乌兰呼济尔的军屯区，践踏毁坏大量庄稼。准噶尔军前去迎击，清军却又迅速撤走远遁，并不接战。

更让策妄阿拉布坦恼火的是，得知自己在西藏失败消息的俄国，竟

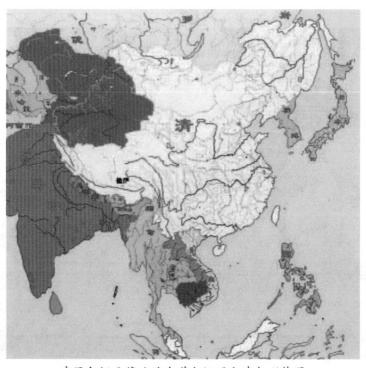

清军占领西藏后的准噶尔汗国和清朝形势图

然又开始蠢蠢欲动，派利哈列夫率领450名装备有新式枪支和火炮的"考察队"进入斋桑湖准备建立要塞。策妄阿拉布坦把在西藏失败的怨气全部撒在俄国人头上，命长子噶尔丹策零率军与俄军激战3天，最终将其击退。

1722年（清康熙六十一年）十二月二十日，清帝国"圣祖"康熙皇帝病逝于北京。健康状况业已不佳的策妄阿拉布坦也没有过多的精力与清军纠缠，双方边境一带持续不断的摩擦终于停止下来。为了缓和关系，策妄阿拉布坦派垂纳木喀为使臣前往北京。继承康熙皇位的雍正皇帝仍然坚持康熙的强硬政策，并没有召见垂纳木喀，只是派理藩院尚书特古忒传谕道："若尔台吉即遣亲信之人，诚恳陈词，朕即宽宥，以宁尔土宇；若冥顽不灵，仍构兵端，亦可名言其意。"表示只要准噶尔方面不主动挑衅，自己也不会再兴兵动武。

东线已经无事，策妄阿拉布坦本想休整兵马，治愈战争创伤。岂料，1723年（清雍正元年），他得到消息，哈萨克大玉兹和中玉兹的统治者准备联合俄国进攻准噶尔。策妄阿拉布坦派自己的次子罗卜藏索诺率军进攻哈萨克。分裂的哈萨克哪里是准噶尔军的对手，罗卜藏索诺轻而易举地占领了土尔克斯坦和塔什干，一举击败哈萨克军队，并缴获大量人口和财物。这次战争收获颇丰，多少弥补了

策妄阿拉布坦派自己的次子罗卜藏索诺率军进攻哈萨克

争夺西藏失败的损失，但从政治角度来看，却是得不偿失。

原来，在清军进兵西藏的过程中，康熙皇帝向青海诸和硕特首领许诺，平定西藏后从他们当中选贤者继承和硕特汗国汗位，诸部首领于是积极配合清军对准噶尔的攻势。但在大局安定之后，康熙皇帝及其继任者雍正皇帝都没有履行这一诺言。汗国恢复无望，诸部首领对清廷日益不满，最终酿成了1723年罗卜藏丹津领导的以"恢复先人霸业"为口号的反清大起义。这次起义有各族僧俗20余万人参加，声势浩大。如果准噶尔能够派军予以协助，控制青海并非难事。可就是由于对哈萨克的远征，只能坐视其在清军的镇压下归于失败。青藏都为清军所控制，东线边境的压力更为沉重。

尤其是经过这次远征，原本并不显山露水的次子罗卜藏索诺获得了政治资本，起了觊觎汗位的野心，与长子噶尔丹策零处处相争，汗国宫廷内部又开始了明争暗斗。从1723年以后，策妄阿拉布坦的健康便每况愈下，逐渐不太过问汗国事务，大部分由其长子噶尔丹策零代行职权。噶尔丹策零的母亲贡嘎拉布丹是和硕特汗国拉藏汗的妹妹，是策妄阿拉布坦的大妃，虽然母国被丈夫所灭，但也三从四德，没有对丈夫离心，一直受到信任。再加上噶尔丹策零自己智勇双全，储君的地位本是无可动摇的。可在1723年，贡嘎拉布丹去世，土尔扈特汗国公主出身的侧妃色特尔扎卜便在后宫中地位显赫起来，其所生的罗卜藏索诺在攻打哈萨克立下战功后，母子二人便开始积极运作夺取储位。

准噶尔的贵族

噶尔丹策零有着汗国大多数贵族的支持，而罗卜藏索诺除了有外祖父家土尔扈特汗国的支持，也有部分贵族，如罗布藏丹津、罗布藏车凌等把宝押在他一方。兄弟二人明争暗斗，除了公开翻脸，几乎无所不用其极。但所幸策妄阿拉布坦虽然身体衰弱，神志还很清晰，始终没有让两个儿子火并起来。可汗位只有一个，做父亲的再想公平，在这个问题上也终究会彻底偏向一方。

噶尔丹策零颇负人望，但外祖父家无所依仗，罗卜藏索诺虽然才能不如兄长，但却有着强大的外援。要把一碗水端平，实在是太难了。

1725年（清雍正三年），兄弟相争的结局似乎揭晓了。罗卜藏索诺一系列夺权活动让策妄阿拉布坦最终下了决心，对次子的势力进行打击，甚至想将其处死，罗卜藏索诺仓皇出逃。按照噶尔丹策零的意思，应该兴起大狱，彻底铲除弟弟和后母的势力，但策妄阿拉布坦年事已高，不愿把事情做绝，没有听从。罗卜藏索诺虽然出逃，他的支持者们仍然留在汗廷。这个优柔寡断的决定很快便引发了准噶尔历史上一个重大疑案的爆发，而案件的受害者，便是策妄阿拉布坦自己。

1727年（清雍正五年），一支土尔扈特汗国使团来到了伊犁，他们的任务是代表土尔扈特汗国阿玉奇汗，前来商议两国和亲之事。可是，使团到达没有多久，准噶尔帝国的统治者，在中亚舞台上叱咤风云38年的策妄阿拉布坦便突然去世，毫无征兆地暴死在宫帐之中，享年62岁。大多数史书倾向于是侧妃色特尔扎卜从来自

噶尔丹策零(1695～1745)

娘家的使团手中获得了毒药，毒死了策妄阿拉布坦，并命自己的党羽准备发动政变，处死噶尔丹策零，让自己的儿子罗卜藏索诺夺取汗位。

噶尔丹策零利用自己的威望，获得了大多数贵族的支持，平定了叛乱，处死了后母和她的三个女儿，并将土尔扈特汗国使团成员逮捕，处死了大半。原本属于罗卜藏索诺一党的罗布藏丹津、罗布藏车凌等人也遭到了审判。

但这种说法的来源，都是噶尔丹策零在登上汗位后对父亲的去世和自己的继位所做的

解释，虽不能说完全不可信，但胜利者的诉说总是让人有些怀疑。

另一种说法是，色特尔扎卜原本是想毒死噶尔丹策零，却误毒死了策妄阿拉布坦，这也看起来有些离奇。

没有更多的史料让我们了解过程的细节，但结果却是实实在在的——那便是，噶尔丹策零成为这场惨剧的最大获益者，铲除了弟弟和后母的势力，成为了准噶尔汗国第五代汗王，而准噶尔汗国也进入了强盛的噶尔丹策零时代。

4.最后的雄主——噶尔丹策零

策妄阿拉布坦在位时，汗国在与清朝的战争中虽然有胜有负，但失去的总是比获得的多。而继承康熙皇位的雍正皇帝在针对准噶尔的策略上也继承了其父亲的强硬政策。噶尔丹策零要想维持汗国的生存和发展，就必须比父亲的治国才能更强一筹，才能使汗国中兴。

为此，他进行了一系列改革。策妄阿拉布坦时代，准噶尔汗国的属民分为12个鄂托克，由汗王册封的台吉掌管。当噶尔丹策零继位时，由于人口的增加，掌管各鄂托克的台吉们变得位高权重，隐隐对汗权产生了威胁。噶尔丹策零于是另设12个鄂托

准噶尔游牧图

克，从旧鄂托克中分出属民，规定各鄂托克属民都在6000左右，以分散各台吉的势力。同时，困扰准噶尔几代汗王的吉尔吉斯人，噶尔丹策零也对其妥善处理，在其中设立3鄂托克，并给予一定的自治权，保证他们留在汗国内而不再生事。

噶尔丹策零的改革，在策妄阿拉布坦留下的基础之上让准噶尔汗国发展史上跃上了最繁荣阶段。史书记载，在他的治理下，当时出现"控弦近百万人，驼马牛羊遍山谷"的局面。首都伊犁"人民殷庶，物产饶裕，西陲一大都会"，并且在中亚一片伊斯兰教的海洋中，成为佛教中心。从策妄阿拉布坦开始，准噶尔人便在伊犁河北建有扎尔固寺，河南建有海努克寺，均是"绕垣一里许"的大寺庙。到噶尔丹策零时，由于国势强盛，更是将之修建地"高刹摩霄，金幡耀日，栋瓦宏敞，象设庄严"，"每逢岁首、盛夏，其膜拜顶礼者远近咸集，往往施珍宝、捐金银，以事庄严"。

为了应付对外作战，噶尔丹策零还设立了独立的军事组织"昂吉"，整个汗国设有21昂吉。昂吉不是传统的军民合一组织，而是完全的常备

噶尔丹策零还设立了独立的军事组织"昂吉"

军，不从事生产，所有军需均由锡尔河、阿姆河、撒马尔罕、塔什干、布哈拉等地的城镇供应，平日里便是进行军事训练，随时准备搏杀疆场。

另外，噶尔丹策零还继承和发扬了叔祖噶尔丹的战术，请瑞典人列纳特教自己的人民铸造火炮，并让他组建了1000人的专门炮兵部队，名曰"包沁"。

这个列纳特是俄瑞战争中被俄国俘虏的战俘，后在俄军中服役，1720年（清康熙五十九年）斋尔湖之战中又被准噶尔军俘虏。噶尔丹策零使他成为汗国的科技顾问，在他的指导下，准噶尔人掌握了制造轻型火炮的技术，结束了火炮进口的历史。

从巴图尔珲台吉至今，准噶尔的汗王中除了噶尔丹，最有治国才能的便是噶尔丹策零，这一系列改革竟然在他继位后一年中便完成了。汗国不但没有因为策妄阿拉布坦的暴死而发生内乱，反而更加团结和强大。

而与此同时，远在北京的雍正皇帝对这一切懵然不知，以为噶尔丹策零年少可欺。当噶尔丹策零派使者通知他自己继位时，雍正皇帝提出必须将青海反清起义的领导者罗卜藏丹津绑送北京，才能"始建友好之谊"。同时，以宗主国皇帝的身份册封噶尔丹策零为"珲台吉"。

1728年（清雍正六年）夏，噶尔丹策零接见清朝使臣，明确地表示，

驿站通行令牌

罗卜藏丹津是自己父亲在世时前来投奔的，自己将他出卖是背叛父亲，因此不能满足清朝的要求。同时，准噶尔并不是清朝的臣属，不能接受册封，雍正皇帝的谕旨不开封便被退回。被扫了面子的雍正皇帝自然不会将这口气生咽下去，立即开始调兵遣将，准备征伐准噶尔。

1729年（清雍正七年）三月，清廷命令侍卫内大臣、三等公傅尔丹为靖边大将军，沿额尔齐斯河进军，川陕总督、三等公岳钟琪为宁远大将军，进驻巴尔库尔，分北、西两路大军向准噶尔进军。

清朝的反映如此之快，来势如此之猛，出乎了噶尔丹策零的意料。为了争取时间，他派使臣前往清军大营，谎称自己已经打算将罗卜藏丹津送往北京，但没想到清军来犯，只好又将其送回伊犁。西路军总指挥岳钟琪信以为真，将使臣送往北京，攻势停了下来。1730年（清雍正八年）三月，使臣到达北京，雍正皇帝也被蒙骗，认为噶尔丹策零已经服软，便将"进兵之期，暂缓一年"，噶尔丹策零赢得了暂时的喘息机会。

获得了准备时间的噶尔丹策零在汗国进行了总动员，命令大将马木特和堂侄策凌纳姆扎尔率军2.6万驻扎木鲁河，防备西路清军；堂叔大策零顿多布和堂弟小策零顿多布率军3万驻守额尔齐斯、乌龙古、博克塞里一带，防备北路清军，并命令只频频骚扰，暂时不与之决战。

准噶尔派兵前往科布多诱敌

由瑞典人列纳特指挥的炮兵对清军狂轰乱炸

原本占尽先机的清军顿时陷入全面的被动挨打状态。个个边境卡伦屡屡遭袭，兵员、牲畜、物资损失严重，西路军的岳钟琪左支右绌，狼狈不堪。为了扭转被动局面，北路清军总指挥傅尔丹奏请在科布多筑城，作为进攻准噶尔的桥头堡。雍正皇帝认为可行，予以准奏。1731年（清雍正九年）五月，傅尔丹率军2万进驻科布多，开始修筑城堡。

这对于准噶尔来说，清军在科布多筑城等于是卡住了自己在阿尔泰地区的咽喉。为了阻止清军，骚扰作战已不能解决问题，只能用一场决战来迫使清军退却。于是，大小策零顿多布这对叔侄于六月率军3万前进至从阿尔泰山博克托岭到科布多的必经之地和通淖尔一线。这对叔侄都是智勇双全的将领，为了能够一举摧毁清军主力，两人将主力埋伏，只派2000轻骑前往科布多诱敌。傅尔丹毕竟是清军方面大员，并没有马上被诱骗出城，仍然坚守营盘加紧筑城。一计不成，策零顿多布叔侄又派出一名探子故意被清军抓住，忍受严刑拷打后，"勉强"供出准噶尔军人马不足的"机密"。

这一次，一直希望能够重创准噶尔军挽回颓势的傅尔丹终于坠入彀中，九日亲率主力1万余人出城寻敌，十八日与准噶尔军诱敌的2000人遭遇。准噶尔军且战且退，将清军引诱至博克托岭。二十日，当一路劳顿的清军还在"乘胜追击"的感觉中扬扬自得时，早已经枕戈待旦的准噶尔军在大小策零顿多布率领下对清军发动了总攻。

由瑞典人列纳特指挥的炮兵对清军狂轰乱炸，待炮火停止后，准噶尔骑兵从四面八方包抄而来。已经被火炮轰击得晕头转向的清军顿时大乱，无法保持队形。傅尔丹连忙指挥全军后撤，可已经队形混乱的撤退队伍很快演变成了溃逃，自相践踏死伤无数。准噶尔军乘胜追击，在和通淖尔追上清军，将之分割包围。清军的指挥系统完全混乱，将领们只能各自领兵拼死抵抗。很快，清军的抵抗被粉碎。散佚大臣达福，将军常禄，副将巴塞、查弼纳、马尔萨等战死；前锋统领丁寿、参赞苏图、副都统戴豪、印务侍郎永图、觉罗海兰、将军马尔齐等突围无望而自尽，士卒战死4000余人，被俘5000余人，北路军主力荡然无存。只有主将靖边大将军傅尔丹在亲兵的保护下突围，率残军逃回科布多。和通淖尔一战，使得雍正皇帝不得不停止在科布多筑城，命傅尔丹撤退至察罕叟尔。西路军被牵制无所作为，北路军惨败，雍正皇帝的战略全然破产。

而挟得胜之势的噶尔丹策零则开始了自己的战略——进军喀尔喀蒙古。1732年（清雍正十年）六月，小策零顿多布奉命率3万军队向喀尔喀腹地挺进。噶尔丹策零给他的任务是占领额尔德尼召，劫持哲布尊丹巴活佛，以便号召喀尔喀蒙古各部共同反

喀尔喀额尔德尼召

清。

一路之上，小策零顿多布屡战屡胜，先后击溃从察罕叟尔派出的3000清军和额驸策凌、将军马尔岱率领的万余人马，直抵额尔德尼召。但哲布尊丹巴活佛已经被清军转移到内蒙古，此一次毫无所得。小策零顿多布只得驻扎下来等候下一步命令。

屡战得志的小策零顿多布放松了警惕，人马牛羊散置四处，也没有派出哨骑侦察清军动向。而屡屡战败的清朝额驸策凌为了血洗前耻，不待清朝当局命令，秘密调集了2万人马，

向准噶尔军迂回逼近。八月五日，毫无准备的准噶尔军遭到额驸策凌的偷袭，准噶尔军仓促应战，人不及弓，马不及鞍，被打得大败，损失近万人。所幸小策零顿多布临危不乱，命军士将辎重、牲畜丢弃在山谷中堵塞道路，才摆脱了追兵，避免了全军覆没。

额尔德尼召之战，准噶尔汗国控制喀尔喀的意图也成了泡影，人员物资损失巨大，不得已转入防守。双方形成对峙，谁也再无力发动进攻。

清准双方战斗了数年，各有损

毫无准备的准噶尔军遭到额驸策零的偷袭

失，而清军常驻塞外，后勤补给困难，耗费的钱粮更为惊人，财政已经不堪重负。无奈之下，雍正皇帝主动提出议和。1734年（清雍正十二年）八月，雍正皇帝派内阁学士阿克敦和都统罗密为谈判代表前往准噶尔，与噶尔丹策零商谈议和。噶尔丹策零派图什墨尔接洽，双方对边界问题进行商谈，但没有达成协议。

1735年（清雍正十三年）一月，准噶尔使臣垂纳木喀前往北京进行再次商谈，提出将整个阿尔泰山岭、哈达青吉尔、布喇青吉尔归还准噶尔，并以阿尔泰之东、科布多之南的哲尔格拉希拉胡鲁苏为喀尔喀西部边界，不得越过。雍正皇帝同意归还哈达青吉尔、布喇青吉尔的土地，但坚持以克木齐克、汗腾格里、上阿尔泰山梁、索尔毕岭、下哈布塔克、拜塔克之中，过乌兰乌苏，直到噶斯口为边界。双方各持己见，谈判无果。

这一年，清帝国第三任皇帝雍正

记载清朝与准噶尔的满文古籍

暴卒于北京，有生之年没有看到边境的晏然无事。继承其位的乾隆皇帝也不愿继续耗钱耗粮，决定将谈判进行下去。马拉松似的谈判继续进行，双方的使臣来往于伊犁和北京长达4年之久。直到1739年（清乾隆四年）冬，双方在谈判桌上也几乎精疲力竭的时候，其实早已决定的谈判底线终于成为最后的结果：清朝归还准噶尔哈达青吉尔、布喇青吉尔土地，准噶尔同意以清的要求划定边界。同时，清朝政府允许准噶尔以俄罗斯为例，每4年到北京和肃州进行一次贸易。另开放准噶尔与

乾隆皇帝戎装大阅图

西藏的边界，准许准噶尔人到西藏熬茶礼佛。两个帝国终于停止了兵戎相见，和平降临中亚，虽然这次和平并不长久。

　　1736年（清乾隆元年），25岁的乾隆登基。这个时候的噶尔丹策零已经40岁，这对于寿命均不长久的游牧民族汗王来说，已经不能算是壮年了，而乾隆皇帝是中国历史上实际执政时间最长、寿命最长的皇帝。在比拼寿命的战场上，准噶尔一方毫无优势。

　　1745年（清乾隆十年），准噶尔汗国爆发大瘟疫，年已50岁的噶尔丹策零虽然到哈萨克地方避痘，但仍然没能逃脱瘟神的加害。九月在回到伊犁后，染病去世。这可算是瘟疫帮了清帝国的大忙，亚洲最后一个可以与清乾隆皇帝一比高低的人物倒下了，给大清帝国留下了灭掉准噶尔的机会。

5.堡垒从内部攻破——准噶尔汗国的灭亡

　　外敌入侵，可以举国同仇敌忾，但是来自于内部的争权夺利，往往会葬送国家，这在准噶尔汗国被体现得

真真切切。准噶尔汗国在最后的雄主噶尔丹策零去世后，也不可避免地陷入内讧的深渊。1745年（清乾隆十年），噶尔丹策零去世后的权力真空由谁来填补原本毫无悬念。他有三子。长子达尔扎19岁，因曾经当过喇嘛，故被称为喇嘛达尔扎，虽然年长，但却是婢女所生，没有继位资格。次子策妄多尔济那木扎勒13岁，年纪小，却是嫡子，合法继承汗位。三子策妄达什只有7岁，自然排不上继位。

策妄多尔济那木扎勒被称为"阿占汗"，继位之初，是一个"人们寄予希望的年轻人"，虽然他没有父亲的勇气、能力和胸襟，但只要做好一个安分守业的君主，准噶尔汗国仍会继续存在。可惜，年少轻狂的他一心玩乐，淫乱不堪，不理政务。而此时汗国的元老宿将如大小策零顿多布等已经相继去世，长辈中无人能规劝这个不懂事的孩子。于是，一个女人在男人们都冷眼旁观的时候站了出来，这便是策妄多尔济那木扎勒的同母姐姐鄂兰巴雅尔。她一面负责起弟弟荒废的政务，一面屡次"善言相劝，禁其淫乱"，可这种规劝起不到任何作用。继位之初的4年中，几乎所有的国事都由鄂兰巴雅尔负责，这个贤惠的女人承担起了父亲留下的重担。

策妄多尔济那木扎勒年纪还小时，虽然听不进姐姐的规劝，但也乐

准噶尔陷入内讧的深渊

得姐姐帮助自己处理国政，但随着年龄的增长，贪玩淫乱的程度与对权力的欲望与日俱增，终于再也不能忍受姐姐的越俎代庖。1749年（清康熙十四年），策妄多尔济那木扎勒以自立为"扣肯汗"（女皇）为罪名将鄂兰巴雅尔逮捕，拘禁到南疆阿克苏城，并将姐姐主政4年中与之有密切联系的大臣贵族全部诛杀，亲手引爆了使汗国大乱的"火药桶"。

多年的胡作非为早已经天怒人怨，这次拘禁姐姐、杀戮大臣更是火上浇油。鄂兰巴雅尔的丈夫萨因伯勒克为给妻子

《准噶尔汗国史》

出气，密谋拥立喇嘛达尔扎；事情败露后，干脆发兵突袭伊犁。在汗国中央集权已达半个多世纪之后，只是一个鄂托克之长的萨因伯勒克，仅用自己的亲兵卫队便要袭击大汗、攻陷首都，无异于自杀。但因为策妄多尔济那木扎勒不得人心，萨因伯勒克组织合谋者中有掌管汗国兵马印记的宰桑鄂勒哲依，因此行动极为顺利。萨因伯勒克顺利进入伊犁，轻松将策妄多尔济那木扎勒擒住，并刺瞎其双眼囚禁到阿克苏。这个荒唐的年轻人为自己的恶行付出了惨重代价，从他囚禁姐姐到自己身陷囹圄仅几个月时间。

喇嘛达尔扎被拥立为汗，并从七世达赖那里得到了"额尔德尼喇嘛巴图尔珲台吉"的封号。虽然有了教廷的承认，可由于他庶子的身份，众多贵族仍是不服。1751年（清乾隆十六年），一些有着显赫身世的实力派贵族密谋拥立噶尔丹策零幼子策妄达什为汗。这些人的首领便有大策零顿多布之孙达瓦齐，小策零顿多布之子达什达瓦以及策妄阿拉布坦的外孙阿睦尔撒纳。但这次密谋很快败露，不等他们采取行动，喇嘛达尔扎便监禁处死了弟弟策妄达什、达什达瓦。策妄达什的死，使准噶尔汗国没有了嫡系

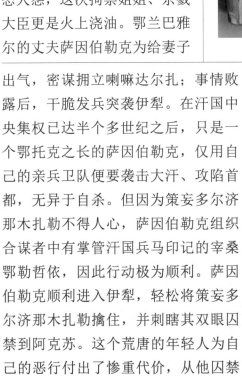

血统的继承人，从而使达瓦齐有了争位念头，因为他是巴图尔珲台吉直系后代、功臣大策零顿多布之孙。喇嘛达尔扎虽然有所作为，但庶子身份使他的政权缺乏凝聚力，内讧并不会因策妄达什、达什达瓦的死而结束。

1751年（清乾隆十六年）九月，喇嘛达尔扎率兵进攻达瓦齐与阿睦尔撒纳。两人抵挡不住，逃往哈萨克投靠了中玉兹的统治者阿布赉苏丹。喇嘛达尔扎不肯罢休，派兵3万进军哈萨克，要求阿布赉苏丹交出达瓦齐和阿睦尔撒纳。阿布赉苏丹顶不住压力，决定将他们交出，二人得到消息连夜出逃，潜回准噶尔。达瓦齐远没有爷爷大策零顿多布的才能，势孤力单之际一筹莫展。而阿睦尔撒纳却是一代枭雄，回到准噶尔后便暗杀了自己的哥哥和岳父，夺得他们的部众后实力大增，并暗中联系喇嘛达尔扎身边的重臣准备举事，把颠覆工作搞得有声有色。1753年（清乾隆十八年），阿睦尔撒纳和达瓦齐率1500骑兵偷袭伊犁。因为有人策应，喇嘛达尔扎在毫无防备中被杀。达瓦齐在阿睦尔撒纳的支持下成为新的准噶尔汗国统治者。

4年当中像走马灯似的换了3个首领，战乱不息，生灵涂炭。而志大才疏的达瓦齐上台后，不是马上恢复安定，而是继续杀戮，对喇嘛达尔扎的重臣进行清洗，处死了杜尔伯特部的达什诺延。

达什诺延德高望重，他的被杀使得杜尔伯特部举部反叛。著名的"三策凌"——策凌、策凌乌巴什、策凌蒙克，拥立小策零顿多布另一孙子讷墨库济尔噶尔为汗，与之分庭抗礼。但很快，讷墨库济尔噶尔被阿睦尔撒纳诱杀，哈萨克的阿布赉苏丹又出兵帮助达瓦

一代枭雄阿睦尔撒纳

齐进攻杜尔伯特部，破坏大量牧场，掳掠3000多妇女儿童。"三策凌"无奈之下，率3177户万余杜尔伯特人投奔清帝国，一同归附的还有杜尔伯特的讷默库、班珠尔所带领的兵卒5000余名，部众2万余口。杜尔伯特部一直是汗国耕种和手工业的主力，这次叛逃让汗国元气大伤。

虽然屡经变乱，但到此为止，汗国内部能与达瓦齐、阿睦尔撒纳抗衡的实力派都已被杀或逃亡，一直动乱的局势原本可以安定下来。可是，达瓦齐和阿睦尔撒纳两人又很快发

杜尔伯特部策凌

生龃龉。一手扶持达瓦齐登上汗位的阿睦尔撒纳提出自己功劳甚大，要求平分汗国。

这个阿睦尔撒纳的母亲是策妄阿拉布坦的女儿博洛托克，原本是和硕特汗国拉藏汗之子葛登丹衷的妻子，两人两小无猜，情意深长。但和硕特汗国被准噶尔汗国灭亡后，葛登丹衷被杀。博洛托克便回到家乡嫁给了辉特部首领韦征，据说举行婚礼时她已经怀有阿睦尔撒纳。传说中，阿睦尔撒纳出生时浑身鲜血，哇哇大叫，犹如复仇天神降世，生来就是要为祖父和父亲报仇的。从他一直策动准噶尔汗国内乱来看，传说俨然确有其事。

达瓦齐的宝座还没有坐热，自然不会答应这种要求，两个昔日的盟友走上了战场。达瓦齐比阿睦尔撒纳无能，但毕竟可以调动整个汗国的力量。阿睦尔撒纳感到兵力不足，向哈萨克的阿布赍苏丹请援。

哈萨克是准噶尔世仇，自然乐得参与其内乱，阿布赍苏丹派大军协助，阿睦尔撒纳趁机进兵。达瓦齐不敌，放弃首都伊犁退往博尔塔拉。哈萨克人在伊犁大肆烧杀，焚毁了金碧辉煌的扎尔固寺和海努克寺，从策妄阿拉布坦时代开始经营的中亚最后一个佛教中心只剩断壁残垣。

1754年（清乾隆十九年）春，从

汗国各地调集了近4万军队的达瓦齐发兵攻打阿睦尔撒纳。阿布赉苏丹没有再派援军，阿睦尔撒纳孤掌难鸣，一路败退。这个枭雄知道，仅凭自己的力量根本无法达成野心，于是制定出疯狂的冒险计划——投奔清朝，借助清朝的力量打垮达瓦齐。是年七月，阿睦尔撒纳率所部2万余人进入清帝国边界，向清军投诚。十一月，到北京接受乾隆皇帝册封，成为清帝国的亲王。

希望能够在武功上赶超祖父的乾隆皇帝一直对准噶尔的内乱极为关注，对准噶尔内战的军队不时侵入帝国边界也倍加注意。但因为事态并不明朗，仍然对臣下表示"近日准夷内乱，堂堂天朝，固不肯乘衅发兵攻取"，但为了留下日后出兵的借口，也认为如果准噶尔"倘恣意妄行"，便要"自当以逸待劳，尽为剿绝"。随着"三策凌"、阿睦尔撒纳等人先后投奔，乾隆皇帝明白了，昔日的强敌已经四分五裂混乱不堪。再加上阿睦尔撒纳一再要求攻灭准噶尔，终于认为"机不可失，明岁拟欲两路进兵，直抵伊犁……了此从前数十年未了之局"。

1755年（清乾隆二十年）二月，乾隆皇帝以阿睦尔撒纳为定边左副将军，科尔沁亲王色布滕巴勒朱尔、郡王青滚扎布、内大臣马木特参赞军务，由乌里雅苏台出兵，为北路军；以永常为定西将军，萨喇尔为定边右副将军，从巴里坤出兵，为右路军。

清军进入伊犁地区与准噶尔军交战

两路各拥兵2.5万人，马7万匹，齐头并进向博尔塔拉进发。

山雨欲来之际，达瓦齐浑然不知，"终日饮酒，事物皆废"。待到清军前锋进入准噶尔国境，众多贵族纷纷不战而降、举国震动的时候，这才仓促向各地征调兵马。但是，早已经人望尽失的他，各鄂托克、昂吉都拒绝往援。众叛亲离之下，只得随少数部队退出伊犁，来到今新疆昭苏县境内的格登山固守。

五月，清军占领伊犁，随后向格登山进发，与达瓦齐的军队对峙。夜里，阿睦尔撒纳仅率十几人偷袭达瓦齐军营，原本就心无斗志的准噶尔军全营大乱，溃退奔逃者十之七八。

一仗下来，达瓦齐主力无存，天山以北又没有了立足之地，只得收拾残部2000余人逃往南疆喀什噶尔。南疆一直是准噶尔汗国的属地，但各城之所以服从统治，仅仅是因为准噶尔强大的武力，如今今非昔比，哪里还是可以凭借的力量？得到清军晓谕的南疆各城伯克（维吾尔地方官吏）都等着用达瓦齐作为给新主子的见面礼，可达瓦齐却全然不知。到达乌什城，达瓦齐将兵马留在城外，只带少量随从进城。乌什城伯克霍集斯早就暗通清军，表面上设宴招待，等到达瓦齐等人喝得大醉，便将他及其子罗布扎等70多人擒获送往清营。

达瓦齐的被擒，标志着称雄中亚

清军受降图

120余年的准噶尔汗国灭亡，甚至没有一次像样的战斗。乾隆皇帝认为"竟先朝数十年未竟之绪"，非常高兴，赏阿睦尔撒纳亲王双奉，将两路大军撤回，只留定边将军班第、副将军萨喇勒、参赞大臣鄂容安率500兵丁镇守伊犁。然而，阿睦尔撒纳作为准噶尔一代枭雄，从归附清朝开始便一直做着成为准噶尔汗的美梦。乾隆皇帝的大意，很快便酿成了苦果。

作为清帝国亲王、定边左副将军的阿睦尔撒纳从作为前锋进入准噶尔开始，便着手进行自己的计划。进兵过程中，他不穿戴清朝官服，不用清朝印信，也从不对准噶尔人声称自己已经投降清朝，而是做出借兵平乱的姿态，仿佛跟在身后的清军并不是征服者，而是来帮忙的志愿军。谎言起到了预想的效果，原本对达瓦齐不满的贵族和百姓纷纷投效，"无不携酒牵羊以降，兵行数千里，无一人敢抗者"。清军的其他将领只以为是人们向慕王化，陷入到"箪食壶浆迎王师"的迷梦中，真拿自己当成了救世主，根本没有深究其中的根源。随着达瓦齐的迅速败亡，阿睦尔撒纳于是以"珲台吉菊形篆印"向各部发号施令，集结兵马，准备武力驱逐清军。因为他出身高贵，又有推翻达瓦齐的声望，准噶尔人都把他看作了新的珲台吉，无不顺从。

1755年（清乾隆二十年）八月，阿睦尔撒纳正式宣布自己为准噶尔汗，发兵包围清朝驻军。原本被乾隆加封为绰罗斯汗的噶勒藏多尔济、封为辉特汗的巴雅尔等大贵族也群起响应。伊犁的清军孤立无援，班第、鄂容安自杀，萨喇勒被俘。不到3个月，清军在准噶尔获得的胜利全部付诸流水，乾隆皇帝引以为傲的武功成了天大的笑话。上至乾隆皇帝，下至前方将领，都恼怒不已，立即发兵进剿。

1756年春（清乾隆二十一年），清军兵抵伊犁，阿睦尔撒纳抵挡不住进攻，于三月退出伊犁。十月，再次被清军击败，退往尼雅斯山。秋末，在哈萨克地区休整后，阿睦尔撒纳返回准噶尔，准备策应喀尔喀青衮扎布领导的"撤驿之变"，但因为事变迅速失败而作罢，再次返回哈萨克。

1757年（清乾隆二十二年），清军再次大举进剿，原本与阿睦尔撒纳结盟的哈萨克阿布赉苏丹也背盟投清，而准噶尔军中内部分裂，自相残杀，未战先乱，七月被清军彻底击溃。阿睦尔撒纳仅率20人逃亡哈萨克，后因阿布赉苏丹决定将其出卖，便又与8个随从逃亡到俄罗斯。是年九月二十一日，阿睦尔撒纳因天花病死在俄罗斯托尔斯克。

长达百余年的对抗，归附后又如此齐心地反正，使乾隆皇帝再也没有

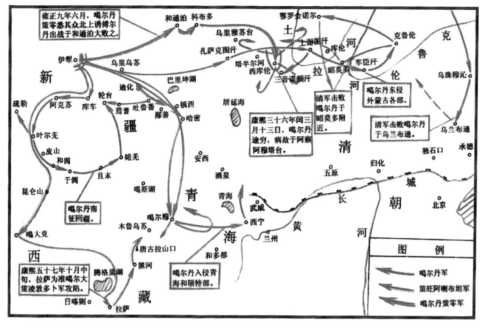

了"柔远"的雅量，他认为"实因伊等叛服无常，不得不除恶务尽也"，于是下令"必使无遗育逸种于故地而后已"，对准噶尔人进行了残酷的大屠杀。一时间，天山草原到处是"呼壮丁出，以次斩戮……妇孺悉驱入内地赏军"的景象。在空旷之地屠杀一个人口本就不多的游牧民族，很难如"扬州十日"之类惨案一样出现尸体枕藉、血流成河的景象，但最后效果却相当显著。准噶尔人无论是"计数十万户中，先痘死者十之四，继窜入俄罗斯、哈萨克者十之二，卒歼于大兵者十之三"，还是"犯病死者十之三，逃入俄罗斯、哈萨克者十之三，

为我兵杀者十之五"，最后的结果都是"厄鲁特种类尽矣"。

直至数十年后，在一代文豪龚自珍笔下，仍然是"准噶尔故壤，若库尔喀喇乌苏，若塔尔巴哈台，若巴尔库勒，若乌鲁木齐，若伊犁，东路西路，无一庐一帐是阿鲁台（即厄鲁特）故种也"。准噶尔人与他们的汗国一起消失，唯一把"准噶尔"留作了中国第二大盆地的名称，即现在新疆准噶尔盆地。不过，虽然经过残酷屠杀，但仍有少部分准噶尔人生存了下来，只是不再以"准噶尔"为名而已。这些准噶尔人一部分分布在中国境内，另一部分则分布在蒙古国、俄

罗斯图瓦共和国、俄罗斯阿尔泰共和国、哈萨克斯坦共和国。

6.准噶尔汗国后裔之——厄鲁特营

准噶尔汗国后裔较为集中的，是清朝在新疆设立的的厄鲁特营。准噶尔汗国灭亡以后，劫后余生的准噶尔牧民成为清帝国辖下的属民，编为厄鲁特营。其名称取自于清朝对准噶尔的称呼，该营的设立使准噶尔这一曾经辉煌响亮的部落名不复存在，由"厄鲁特"一词取而代之。其部众大体上由三部分人组成。

一是投附内地的准噶尔人，其中大多数是原准噶尔21昂吉的达什达瓦部属，1764年（清乾隆二十九年）

春，500名携眷属的厄鲁特达什达瓦官兵奉命来到伊犁，被安置于特克斯河、察林河及塔玛哈一带（今昭苏县境内）。1765年（清乾隆三十年）达什达瓦部众被编为一昂吉，为厄鲁特营左翼。

二是清朝出兵准噶尔汗国时逃入哈萨克、布鲁特部游牧地后又陆续返回的准噶尔人，以及被清廷赎回的曾给维吾尔族当奴隶的准噶尔人。1760年（清乾隆二十五年）后，少部分劫后余生的准噶尔人逃入哈萨克、布鲁特游牧区等地，他们不堪为奴陆续投靠清朝，对此，清廷实行了招抚和安置政策。1762年（清乾隆二十七年）有6个佐领，次年置一昂吉，设置了

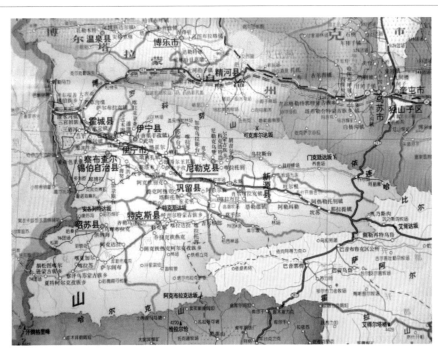

厄鲁特营所在的新疆伊犁地区

守卫卡伦的清兵蜡像

总管、副总管、佐领、骁骑校等官，并颁发了关防印记。1765年（清乾隆三十年）此6个佐领编入厄鲁特营右翼。直到1772年（清乾隆三十七年）投清的准噶尔人有1408人，其游牧区为崆吉斯河、哈什河及大小霍诺海等地，现尼勒克县、特克斯县及新源县境内。

第三部分为1771年（清乾隆三十六年）随土尔扈特部东返的大喇嘛罗卜藏丹增属下的沙比纳尔（徒众）。据清代满文档案载，其沙比纳尔有1200余户，1817年（清嘉庆二十二年）被编为4个佐领，归厄鲁特营右翼硕通管辖，其牧地为特克斯河下游（今特克斯县境内）。

厄鲁特营上三旗有6个苏木，因上三旗都是准噶尔达什达瓦的家族，因此，苏木名称大都以氏族长名字命名。下五旗原有10个苏木，后经变迁，清末只剩8个苏木了。由于这8个苏木都是原准噶尔24鄂托克的残裔，原有氏族组织被打乱，无法以氏族长命名，因此是以八旗色命名的。还有附入下五旗的沙比纳尔4个苏木，也以军旗色命名。如左翼被编为三旗，即镶黄、正黄、正蓝，称"上三旗"，置6个佐领；右翼置五个旗，即镶白、正红、正蓝、镶红、镶蓝，称"下五旗"，置8个佐领，1770年又扩编为10

个佐领，加上沙比纳的4个佐领，共有十四个佐领。上三旗在特克斯河流域游牧，下五旗在诺海（即霍诺海）空吉斯（即崆吉斯）一带地方游牧。

营属于清朝在新疆驻防军的一部分，负责镇守伊犁地区的卡伦，也就是边防哨卡。史载："东北则有察哈尔，西北则有索伦，西南则有锡伯，自西南至东南则有额鲁特（即厄鲁特），四营环处，各有分地。"厄鲁特营最初驻守着格根、哈尔奇喇、特克斯色沁、根格色沁、都图岭等处卡伦，这些卡伦均设在伊犁通往天山以南的要道及与俄国接壤的边界线上。1788年（清乾隆五十三年）又添设了察林河渡口等处卡伦。于是，厄鲁特营所辖卡伦便有32处，其中常设卡伦4处：特克斯色沁、敦达哈布哈克、伊克哈布哈克、察察；移设卡伦4处：特

穆尔里克、乌弩古特、鄂博图渡口、昌曼；添撤卡伦24处：特穆尔里克渡口、雅巴尔布拉克、鄂博图、额尔格图、札拉图、库图勒、格根、鄂尔果珠勒、哈尔干图、齐齐罕图、埃尔巴特、拜布拉克、博托木、绰罗图、那喇特、博尔克阿满、巴噶塔木、察林河渡口、察林河察罕鄂博、格根西哩克、铜厂外、沙里雅斯、那林哈勒噶、哈尔奇喇。

厄鲁特营除了驻守以上卡伦外，还派兵5～17名不等协助巴彦岱（惠宁）、锡伯、索伦、察哈尔等营领队大臣驻守24座卡伦。同时，又有派驻喀什噶尔、塔尔巴哈台换防，巡查哈萨克、布鲁特边界，驻守哨卡、向乌鲁木齐及内地运送军马等项差事。

作为清朝的边防军，厄鲁特营在众多历史事件，如平定大小和卓之乱、张格尔之乱中发挥了应有的作用，其建制一直延续到民国时期。

1914年，新疆都督杨增新下令将伊犁镇边使（伊犁将军所辖）改为镇守使，归隶新疆都督管辖，厄鲁特营领队大臣改为领队官，只是下属正副总管、协领、佐领等官制取消，领队官的权力有所限制，被取消了军权。厄鲁特营内部仍然沿用总管、副总管等旧制。

1938年，盛世才成为新疆督办后，伊犁屯垦使建制撤销，各军府营划设县局。厄鲁

厄鲁特蒙古族

特营所在地设立了昭苏、特克斯、尼勒克等县。两蒙古营的军事编制撤销，均被纳入地方行政编制。两营的社会政治制度——总管旗制寿终正寝。

时至今日，厄鲁特营的蒙古人主要分布在今伊犁州昭苏、尼勒克、特克斯三县，以及塔城额敏县一带。全伊犁州厄鲁特人共有3万余人，其中昭苏县有1.6万多人，聚居于察汗乌苏蒙古自治乡和哈喇乌苏蒙古自治乡。尼勒克县有8000多人，聚居于可克浩特胡尔蒙古自治乡。特克斯县有6000多人，聚居于呼吉尔图蒙古民族乡。塔城地区额敏县的厄鲁特蒙古则有4000多人，聚居在两个蒙古自治乡之内。

7.准噶尔汗国后裔之二——达什达瓦部

前文提过，在准噶尔汗国内乱当中，准噶尔汗国名将小策零顿多布之子达什达瓦与众多贵族合谋，一起反对喇嘛达尔扎，但事败被杀。随后，其子图鲁巴图也在逃亡中遇害。达什达瓦父子二人相继死于非命，整个汗国又混乱不堪，达什达瓦的属民也陷入到分崩溃灭的危险当中。所幸混乱的局面没有持续多久，清朝的大军便在阿睦尔撒纳的引领下攻入准噶尔。达瓦齐昏庸无能，很快战败被俘，准噶尔汗国灭亡。而在清朝平灭准噶尔的战争中，达什达瓦部在达什达瓦遗孀的率领下，主动归附清军，立下功勋，受到清朝乾隆皇帝的表彰。

然而，清军刚刚撤走，阿睦尔撒纳便召集各部起兵反清，天山草原又陷入到战乱当中。在众多贵族都与阿睦尔撒纳合流的时局下，达什达瓦的遗孀却审时度势，看出其人难成大事，坚决与之对

达什达瓦的遗孀"车臣默尔根哈敦"

立，拒绝了阿睦尔撒纳迎娶自己女儿的要求，率部与之决裂。在阿睦尔撒纳包围清朝驻军之时，还派出部队援助清军。但是，相对于控制了准噶尔各部的阿睦尔撒纳，达什达瓦部力量太过弱小，无法与之正面对抗，为了保住家族部众的生存，达什达瓦的遗孀率领部族，离开世代居住的故乡伊犁，迁移至清军西北大营巴里坤，投附清军。一路之上，这位女英雄率领部众突破重重阻截，越山涉河，历经艰险才到达目的地。

达什达瓦部的作为，让正在为准噶尔局势头疼不已的乾隆皇帝甚为欣喜。为了表彰其功劳，也为了收揽准噶尔贵族之心，乾隆皇帝封赐达什达瓦妻子为"车臣默尔根哈敦"尊号，意为"聪明智慧的夫人"。之后，乾隆皇帝采纳军机大臣的建议，又将达什达瓦部再迁往外蒙古的鄂尔坤驻牧，达什达瓦部族暂时安定下来。

1744年（清乾隆八年），清朝在承德兴建的第一座皇家庙宇普宁寺即将落成，需要大批喇嘛住持。这时车臣默尔根哈敦已经病故，在总管布林的请求下，乾隆决定调该部的喇嘛100余名及家人、奴仆近700人迁往热河。这批喇嘛分两批由鄂尔坤起程，于当年九、十月份抵达热河，因路上病故、逃亡等原因，实到喇嘛104人，家眷等近500人。

1759年（清乾隆二十四年），乾

承德市蒙古族集聚地区示意图

承德普宁寺

隆皇帝下令，将留在鄂尔坤的达什达瓦部众全部迁往热河。第二年的农历正月十五，达什达瓦部众在理藩院郎中三宝和总管布林的带领下，行程万余里，用时4个月，于农历五月初五抵达承德。据清代热河副都统富当阿在乾隆二十四年的奏折中称："查两次移来热河安插之达什达瓦人及前往军营人等，男妇大小共二千一百三十六口。"达什达瓦人原为准噶尔部一大族人，从伊犁迁出时，达什达瓦的部属有6000多人，其弟弟伯格里的部众1000多人，两部共有8000之众，如今仅余四分之一，除了人口的自然减少之外，也可看出从伊犁到巴里坤再到鄂尔坤最后到承德的迁徙过程中，达

什达瓦部所遭受的苦难。

定居承德的达什达瓦人，按规定仅能编5个牛录，乾隆命他们编成31个牛录，全部入蒙古正黄、镶黄、正白上三旗，设三品总管1员，四品副总管1员，四品参领1员，五品佐领2员，六品骁骑校2员，所有人员按等级领有终生的俸银禄米。为方便食用牛羊和骑射习俗，并为其划出北起五道梁、南止罗汉山、西至狮子园、东到磬锤峰的广阔牧场。

1765年（清乾隆三十年），为加强西北边防，乾隆从承德达什达瓦部中选调官兵500人并携家眷1000余人，与东北锡伯族人一同迁往伊犁，成为厄鲁特营的重要组成部分。

留在承德的达什达瓦官兵200余人及家属近1000人。随着时光流逝，都已逐渐汉化，以自己蒙文名字的头一个音节为姓，主要有寇、徐、赵、吉、杜、白、那、于、武九大姓，如今他们还生活在承德市。

8.准噶尔汗国后裔之三——呼伦贝尔厄鲁特

在内蒙古自治区呼伦贝尔市，也生活着一批准噶尔汗国的后裔，这就是如今居住在鄂温克旗伊敏苏木及周边的厄鲁特蒙古族。他们是怎么从遥遥的西域来到东方的呼伦贝尔呢？这还要从准噶尔汗国大汗噶尔丹兵败后病逝说起。

1696年（清康熙三十五年），噶尔丹兵败于喀尔喀昭默多，其妻阿奴以及著名宰桑戴巴图尔等被杀，噶尔丹带5000余众退到塔密尔河流域。1697年（清康熙三十六年）四月四日，当噶尔丹率部转移到达科布多地区布彦图河畔的阿察阿穆塔时，一代雄杰在数日"饮食俱废"后抱病而死，享年53岁。

噶尔丹去世后，他最信任的部下丹济拉、丹津阿拉布丹等官员于1697年（清康熙三十六年）率所部700余众，离开科布多地区的阿察阿穆塔台。当丹津阿拉布丹率众迁徙到浩必图地方时，途中经布延图河时，遭清军截击而损伤惨重。在这种情况下，欲回兵准噶尔，但又恐策妄阿拉布坦记前之仇而加害于他们；欲投靠土尔扈特部，但又考虑到阿玉奇汗之女已嫁给策妄阿拉布坦；欲逃往俄罗斯，却又要经过遥远艰难的路程，途中还

丹津阿拉布丹在布延图河遭清军截击而损伤惨重

清朝呼伦贝尔五翼十七旗示意图（摄于呼伦贝尔民族博物院）

有他们的仇敌；欲去青海、西藏投和硕特部，可是自阿尔泰前往的交通要道又有清朝重兵把守。何去何从？在这样走投无路、日暮途穷的情况下，他们准备带领余众归顺清朝。

1702年（清康熙四十一年）秋天，丹津阿拉布丹派出使臣联系归降之事，几经磋商朝廷欣然接受归附。根据《清朝圣祖皇帝实录》记载，康熙帝"赐予丹津阿拉布丹御冠、衣及枪一支；赐予诸使臣各缎袍一件，银五十两"。1703年（清康熙四十二年），厄鲁特郡王丹津阿拉布丹去世，其长子策楞旺布继爵位。清将归顺而来的其他厄鲁特部众编为11个苏木，归察哈尔八旗管辖。策楞旺布和策布登旺布兄弟二人各分几个苏木为自己的属民。

1718年（清康熙五十七年），清帝国公主下嫁其次子策布登旺布。策布登旺布以额驸（驸马）名显内外，1723年（清雍正元年），又晋升为贝勒。

1731年（清雍正九年）秋，准噶尔汗国噶尔丹策零汗在科布多的和通淖尔大败傅尔丹统领的2万清军，取得和通淖尔大捷。丹津阿拉布丹长子策楞旺布率所部500余兵马及部众反清，回归准噶尔汗国。其弟策布登旺布和手下14个宰桑、100名兵丁和460户部众却选择留在清帝国。

入冬，策布登旺布惧怕哥哥来袭，向清政府请求新的牧地。此举正与雍正皇帝分散准噶尔降民、远离噶尔丹策零的计划不谋而合。1732年（清雍正十年）元月，策布登旺布率部移牧哈拉哈河。二月，雍正皇帝又以"东方呼伦贝尔海拉尔河流域，水草美，林茂，兽、鱼多，益于尔等生存的好去处"为由，派使者带银两到策布登旺布处，协助迁往呼伦贝尔。

六月，策布登旺布会见统领博迪，总管达巴罕、博尔本察。双方确定了策布登旺布部众的地界，以策布登旺布为厄鲁特部总管，游牧于今锡尼河南、伊敏河东的辽阔牧场上。这一部分厄鲁特人因先期迁来，又称为陈厄鲁特。因策布登旺布是皇室额驸（驸马），其部众享受全俸。

1755年（清乾隆二十年），准噶尔帝国发生内讧。失势的阿睦尔撒纳假降清帝国，与乾隆皇帝所派军队攻入准噶尔帝国，打败对手达瓦齐汗。后来，阿睦尔撒纳又举起反清大旗，两年后被清军击败，退入俄罗斯，染病故去。至此，准噶尔人再建蒙古帝

国的努力渐渐隐入历史深处。

在与准噶尔的三年征战中，又有一大批准噶尔人被俘。清政府将他们远迁黑龙江等地。其中，杜尔伯特部台吉布特胡、布林、白勒嘎孙，嘎拉珠得部台吉达西增伯，明嘎德部台吉迪木其、布珠来等三个部落，经清帝国乌里雅苏台副将军成衮扎布奏请，被清政府允许移牧呼伦贝尔。

1790年（清乾隆五十五年），这三部准噶尔人平分给陈厄鲁特两个苏木，并任用布特胡、布林为佐领，迪木其、白勒嘎孙、达西增伯、布珠来等为领催，给半俸。这一部分厄鲁特又称新厄鲁特。

当时先后两次迁入的厄鲁特蒙古人共590户（以户均5口人计，应有2950人）。这在18世纪的呼伦贝尔，是人口数仅次于巴尔虎蒙古族的部落。

呼伦贝尔厄鲁特蒙古人

五、东归英雄——土尔扈特汗国

土尔扈特部是四卫拉特之一。但其出身并非史书上所说13世纪的"林木中百姓"，也非黄金家族，而是曾经与蒙古圣祖成吉思汗争雄北亚草原的前蒙古高原最大部落——克烈部。

对于克烈部族属有多种说法，有的学者认为是9世纪中叶随突厥黠戛斯南下谦河地区的部落，也有的学者认为是回鹘汗国灭亡后留居本土的回鹘遗民，还有学者认为是唐朝中期西迁的

13世纪初成吉思汗与王汗曾配合征战蒙古高原
（《蒙古历史油画长卷》王延青等创作）

九姓鞑靼后裔。

无论族属如何，这个部落与蒙古有着千丝万缕的联系。在成吉思汗父亲也速该任蒙古部首领时，该部首领脱斡邻勒汗曾先后被其叔叔和弟弟逼迫逃亡，后在也速该的帮助下恢复了汗位，因为这样的交情，脱斡邻勒与也速该结为安达，也曾被成吉思汗尊为义父。

当成吉思汗崛起的初期，便是托庇于克烈部，在其帮助下，成吉思汗击溃塔塔儿于斡里札河，败札木合于阔亦田。可以说，在成吉思汗前期的创业中，几乎每一个成就都有着克烈部的鼎力相助。而克烈部在蒙古部的帮助下也成为蒙古高原最强大的部落，其大汗脱斡邻勒先是被金朝皇帝册封为"王"，后又被各部落尊奉为"也客汗"（大汗之意），也就是史书上屡屡出现的"王汗"，他几乎统一整个蒙古高原。

但就像历史上无数次出现过的故事一样，再牢固的盟友也总有分离的时候，因为利益总是不愿与他人分享。随着蒙古部的日益壮大，克烈部最终与蒙古部发生了争夺北亚草原的战争。成吉思汗先败于合阑真沙陀之战，后经谋划，一举偷袭成功，强大的克烈部骤然而亡。

克烈部灭亡以后，王汗的弟弟扎合敢不率属部投靠了成吉思汗，成为蒙古帝国的一部分，并与成吉思汗黄金家族建立了密切的联姻关系。扎合敢不有四个女儿，长女名叫亦必合别吉儿，嫁给成吉思汗为妃，次女名叫必克秃忒迷失旭真，嫁给成吉思汗的长子术赤，三女名叫唆儿忽塔尼别吉，嫁给成吉思汗的幼子拖雷，生下蒙元帝国著名的蒙哥汗、忽必烈汗、旭列兀汗和阿里不哥。

"土尔扈特"名称的来源是这样的。因为克烈部的官制中，大汗的护卫军名为"土尔扈特"，因此克烈部的后裔均以"土尔扈特"为名。后来该部久经波折，辗转成为卫拉特蒙古的重要组成部分。从元末到明末，土尔扈特部一直作为西部蒙古卫拉特联盟的主要部落。土尔扈特部在卫拉特显赫于北元时期，曾经纵横于天山南北草原，在卫拉特历史中发挥着极其重要的作用。在17世纪中期，在其首领和鄂尔勒克的带领下独立发展，并引领土尔扈特部在13世纪蒙古西征欧洲400年以后，再度来到欧洲大地，建立了"土尔扈特汗国"，驰骋东欧、开拓伏尔加河周边草原近百年时间。但时过境迁，当年被蒙古统治达200多年的俄罗斯已经强盛起来，反过来欺辱土尔扈特蒙古，使不甘受辱的土尔扈特蒙古人在渥巴锡汗的率领下东归故土，重新回到祖先曾经生活的土地上。

"东归的土尔扈特"浮雕

1.为寻找安乐的牧场而西迁——土尔扈特汗国的建立

俗话说，"合则强，分则弱"，但卫拉特蒙古的历史却是反其道而行之。四部卫拉特合在一起的时候，虽然也有也先获得北元蒙古帝国汗位的辉煌，却也只是昙花一现。也先死后，卫拉特在东部蒙古正统势力的进逼下，节节败退，重新回到了边缘地位。而在分开各自发展以后，卫拉特各部反倒是取得了骄人的业绩。雄霸青藏高原的和硕特汗国、与清朝争雄的准噶尔汗国，都是在卫拉特联盟崩溃以后先后崛起的。土尔扈特人是在卫拉特人纷纷各奔前程时，独立书写了自己部族的历史篇章。

自17世纪二三十年代，土尔扈特部游牧在塔尔巴哈台（中国新疆塔城地区）和额尔齐斯河中游两岸的草原上。当时，四部卫拉特之间的矛盾日益激化，作为盟主的和硕特部越来越受到准噶尔部的威逼，地位日渐不稳。而地位摇摇欲坠的盟主是无法维持联盟秩序的。准噶尔"恃其强，侮诸卫拉特"的事件频频发生。卫拉特内准噶尔部逐渐强盛，使得准噶尔部与土尔扈特部等其他部落之间在草场、土地方面的矛盾不断扩大，造成卫拉特内部的争斗，他们急需要扩展新的牧场和领地。土尔扈特部既不愿受准噶尔人的欺侮，但又没有力量与之抗衡，最好的办法似乎只有效法祖

17世纪的土尔扈特人

先进行迁徙。可迁徙到哪里？众多的人畜如何统筹？这都是费时费力的。其首领和鄂尔勒克一直在犹豫。

1625年（明天启五年），卫拉特内部发生了一场大的战乱。这一年，准噶尔台吉（哈喇忽剌之子）年仅20岁去世，其无子嗣，属民牲畜无人承嗣。其兄楚琥尔吞其遗产，其弟拜巴吉什不满而发生争吵，兄弟俩兵戎相见发动大战，拜巴吉什战败并损失过半，退至额尔齐斯河北岸。其父哈喇忽剌知悉，率千人来救拜巴吉什，楚琥尔溃逃。这原本只是家族内因为财产分配产生的内讧，但因为准噶尔势力的强大，其他部落包括土尔扈特也被卷入其中，导致了土尔扈特部、楚琥尔集团同杜尔伯特部、准噶尔哈喇忽剌集团之间的大战乱。这样毫无意义的杀戮和内讧，使得和鄂尔勒克厌恶至极。为自己的部族找一块安乐的牧场，远离战争和无意义的内斗已经刻不容缓，使得和鄂尔勒克对于举部迁徙、远离是非之地下定了最后的决心。

早在1618年（明万历四十六年），他派出寻找新的牧场和栖息地的家臣已经回到了卫拉特，向和鄂尔勒克报告说，在远离天山草原的东欧伏尔加河下游一带，也就是在伏尔加河与厄姆巴河之间有一块宽阔的草原，那里水草丰美，人烟稀少，以前虽然是诺盖汗国（成吉思汗长子术赤后裔建立的国家）的领地，但现在诺盖人"离开了伏尔加河中下游的游牧区，迁往亚速夫草原"。当时，沙俄帝国在1552年和1556年先后征服了喀山、阿斯特拉罕两个汗国之后，其政治势力还远远没有到达这里，这里已经是地道的无主之地了。

西方遥远的富饶牧场在向土尔扈特招手，和鄂尔勒克眼前一片光明，开始紧锣密鼓地准备西迁行动。关于西迁的想法与之前召开的卫拉特联盟全体会议的一项决议不谋而合，这就是"由卫拉特人去

楚琥尔与其弟拜巴吉什兵戎相见

重新占领原蒙古帝国失去的领土，以恢复成吉思汗蒙古帝国的计划"。这一崇高的目标，更坚定了土尔扈特部举部迁徙的决心。1628年（明崇祯元年），和鄂尔勒克率领本部落的属民以及部分和硕特、杜尔伯特、辉特等部的卫拉特人，共计5万户19万人，离开故乡塔尔巴哈台（塔城）向西迁徙。这支庞大的迁徙队伍向着心中憧憬的美好安定新家园前进了，但是美好的憧憬并不代表过程是一帆风顺的。在托波尔河上游，他们打败了无端袭击他们的鞑靼人，当拐向西西伯利亚，经过哈萨克草原，越过乌拉尔

河时，又经受了诺盖人的几次突袭。一路上，诺盖人、哈布奇克人、吉普恰克人、吉捷桑人的包围和堵截接连不断，土尔扈特人将他们一一击退。

1630年（明崇祯三年），经过两年多的长途跋涉和浴血奋战，终于土尔扈特举部到达伏尔加河中下游沿岸的草原上。伏尔加河，这条被土尔扈特人称作额吉纳高勒的河流，是一条美丽富饶的河流。她像一位伟大而又慈祥的母亲，辛勤地哺育着她身边生长着的万物，哺育着她身边两侧的广阔富饶的草原。这里，由于气候适宜，还有大批奇禽异兽出没于草莽之

伏尔加河沿岸草原

间，又是个狩猎的好围场。土尔扈特部到达这里，像身入宝山后一路美不胜收，认为这是神佛赐给他们最好的土地和牧场。他们要开发这块处女地，做这块土地的主人。部民们清洗了一路的风尘，开始安置毡包，放牧牛羊。

和鄂尔勒克也开始了政权的建设，他将牙帐设于伏尔加河支流的阿赫图巴河。在这里，他遵循古老蒙古部落组织的组织习惯和观念设置鄂托克，选派宰桑管理部众，按照传统卫拉特的政治制度建立起类似现代议会组织的"札尔固会议"，成员由8名贵族组成，这成为最高的议事、决策和权力机构，以辅助自己处理国政大事。汗国的统治中心建在伏尔加河与乌拉尔河之间的马怒托海地区。汗

土尔扈特汗国大汗和他的子民（郭雨桥摄于俄罗斯卡尔梅克共和国）

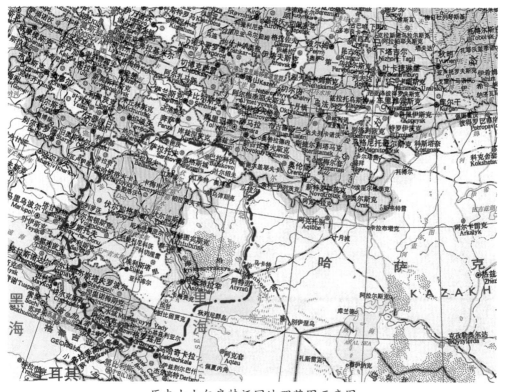

历史上土尔扈特汗国地理范围示意图

国的领土东至乌拉尔河，与哈喇哈尔榜为界；西至顿河，比邻土耳其；南至黑海北岸哈萨克地区；北至萨拉托夫。与俄罗斯帝国为邻的土尔扈特汗国就这样诞生了。

和鄂尔勒克和他的子民们在这里度过了10年安定快乐的时光。10年，无论对于人还是国家来说，都是暂短的，而快乐的时光总是不能长久。很快，强大而富有征服欲望的北方沙俄帝国带着难以承受的压力扑面而来。1640年（明崇祯十三年），俄国罗曼诺夫王朝第一任沙皇米哈伊尔·费多罗维奇开始实行限制土尔扈特人通商

和游牧的政策。作为报复，和鄂尔勒克将牙帐迁往阿斯特拉罕城附近，进行武力威慑，汗国和沙皇俄国的关系急剧恶化。

和鄂尔勒克为了保持自己部族的独立和自由，用武力来对付沙皇俄国的侵略和压迫。在1641年（明崇祯十四年），他率领1万名土尔扈特部战士与沙俄军队作战，一直打到沙俄的萨马拉城下，使这座城陷入包围之中。1642年（明崇祯十五年），沙俄派出克比科夫去准噶尔部，阴谋利用土尔扈特部曾经参与准噶尔部在1625年（明天启五年）内乱之争的旧事，

201

俄罗斯国徽上的双头鹰标志

来挑起土尔扈特部与准噶尔部的矛盾，诱使准噶尔巴图尔珲台吉出兵协助沙俄共同攻打土尔扈特部。但这时的准噶尔部已经由历史上著名的巴图尔珲台吉执掌大权。在这之前，和鄂尔勒克已经主动与巴图尔珲台吉和好，巴图尔珲台吉是一个深明大义的人，在针对同宗卫拉特兄弟部落的大是大非问题上，毅然拒绝了与沙俄合谋攻取土尔扈特的阴谋，沙俄这个企图彻底失败了。

沙皇俄国进行民族压迫的严酷事实，使土尔扈特部人民深切怀念那世世代代劳动、生息的伟大东方故土，怀念那哺育他们成长的祖国河山和富饶的草原，怀念东方故地人民的互相交往和深厚的友谊。和鄂尔勒克开始不顾路途遥远，积极设法与卫拉特蒙古各部改善关系。

在1640年（明崇祯十三年），和鄂尔勒克返回东方参加了由准噶尔部首领巴图尔珲台吉在塔尔巴哈台召开的喀尔喀蒙古与卫拉特蒙古各部首领会议。在会上共同制定了有名的《蒙古—卫拉特法典》，调整了蒙古各部之间的关系。和鄂尔勒克同巴图尔珲台吉原来就有联姻关系，在西去伏尔加河前，和鄂尔勒克的孙子朋楚克娶巴图尔珲台吉之女为妻，生子阿玉奇，养育在巴图尔珲台吉那里。和鄂尔勒克率部西迁后，阿玉奇仍留在巴图尔珲台吉那里抚养，后来才被送往伏尔加河畔的土尔扈特汗国。

这时，因土尔扈特部远去伏尔加河下游，与准噶尔部之间已不存在争夺牧场、牲畜这些矛盾了，又加上和鄂尔勒克采取求大同存小异、克己待人的主动和解态度，所以在塔尔巴哈台首领会议后，两部的关系很快就改

和鄂尔勒克在塔尔巴哈台参加喀尔喀与卫拉特首领会议

善了。1643至1644年间，和鄂尔勒克曾派出土尔扈特部军团协助巴图尔珲台吉指挥下的准噶尔部与哈萨克人的战争。

1644年（明崇祯十七年），也就是中国大明王朝崇祯皇帝自缢的那一年，和鄂尔勒克为了争取更为自由的贸易和自主游牧，又将牙帐迁到了卡巴尔达镇，这里已经离喀山和基辅等俄国腹地很近了，这是将对抗推到了极致。很自然，汗国遭到了以扩张立国的沙皇俄国军队不断的武力袭击。除了战争，已经没有其他的方法解决双方的冲突了。

1645年（清顺治二年），和鄂尔勒克调集了汗国几乎所有的青壮年，对阿斯特拉罕城发动全面进攻，以此来表示自己和自己的汗国"从来不曾有一丝一毫臣服俄国的想法"。然而，这已经不是当年成吉思汗的大将哲别、速不台只率领2万蒙古军就能横扫俄罗斯的时代了。装备精良的俄国军队布下了埋伏，土尔扈特勇士伤亡惨重，几乎所有战士都战死沙场，其中就包括和鄂尔勒克和他的几个儿子。这场战争的失败，标志着汗国已

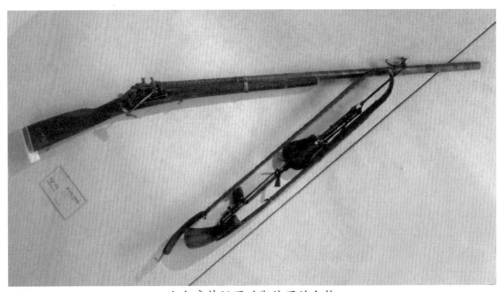

土尔扈特汗国时期使用的火枪

经无法用武力来维护土尔扈特部落迁徙后所获得的一切。要继续生存下去，必须有更灵活的手段来与这个残忍的沙俄帝国周旋。

和鄂尔勒克战死之后，他的儿子书库尔岱青继承了汗位，但却无法完成父亲曾经许诺给予自己部民自由安乐生活的诺言。他必须在俄国这个庞然大物身边小心翼翼处理国事，以维护汗国的独立与自由。在这之后，俄罗斯沙皇和哥萨克大兵的阴影逐渐笼罩在土尔扈特人的头上，汗国的统帅们不得已与这只已经强壮蛮横的北极熊纠缠抗争了140余年，直到他们决心再次迁徙为止。

2.无所不在的枷锁——土尔扈特汗国对沙俄控制的反抗

书库尔岱青接手的是一个遭受重创之后的汗国残局。父亲的战死，武装力量的损失殆尽，使汗国处于风雨飘摇之中。虽然他向俄国表示，土尔扈特人"从没有在任何人那里做过奴隶，除神之外，他们不怕任何人。他们认为自己有权在草原游牧，在河流航行"，但连他自己都知道，这不过是表明一种态度、一种倔强。没有实力，这些豪言都只是镜花水月。

为了生存，他不得不接连五次与沙皇俄国进行谈判，被迫表示臣服，向沙皇宣誓效忠。虽然他的行动从来不受誓言的约束，但这还是给自己的国家套上了枷锁。在藩属国的外衣下，书库尔岱青积极巩固汗权，发展生产，繁衍人口，重建了汗国的军队，使常备军达到8万人，逐渐具备了和俄国讨价还价的资本。1667年（清康熙六年），书库尔岱青去世。其子朋楚克继位，继续父亲的政策，整合了同迁伏尔加河草原的其他卫拉特三部民众，所有非土尔扈特部的卫拉特人都完全归属汗廷管辖，使得汗国政权进一步获得了巩固。

朋楚克在位3年后去世，他的儿子——土尔扈特一代雄杰阿玉奇继位。阿玉奇幼年曾经寄养在东方准噶尔汗国巴图尔珲台吉家中，当他长大成人之后返回到伏尔加河的土尔扈特汗国，巴图尔珲台吉的雄才大略从小就使他耳濡目染并感染了他。阿玉奇继承汗位之后，在他的统治之下，土尔扈特人几乎将自己身上的枷锁摆脱掉。继位伊始，阿玉奇便击溃了和硕特贵族阿巴赖和与自己有隙的堂兄弟杜噶尔，将身边的隐患剪除。之后，他出兵进攻亚速、克里木、希瓦、卡拉卡尔伯克等地，使得汗国在其"两侧的亚洲和高加索高原的伊斯兰教中取得了毋庸置疑的优势"，从而扩大了领土，"东西可行三十日，南北可行二十日"。

在扩充实力的同时，阿玉奇还努力保持与西藏教廷和清朝政府的密切联系，以获得支持。1690年（清康熙二十九年），西藏教廷赐封阿玉奇为汗，从此土尔扈特历任首领都有了汗号。1698年（清康熙三十七年）阿玉奇还曾经派出亲信使臣阿拉布珠尔携500人的队伍前去西藏朝圣拜佛，这部分人后来因故滞留在清朝，成为现在的额济纳土尔扈特人。阿玉奇很向往

阿玉奇像（1640～1724）

康熙皇帝钦命大臣图理琛

东方故土的清朝政府，派遣使臣到北京谒见清朝康熙皇帝，确立朝贡关系。并在1714年（清康熙五十三年）迎来康熙皇帝钦命大臣图理琛率领的使团。清王朝为了加强与土尔扈特部的联系，于1712年（清康熙五十一年）派出了20多人组成的"图理琛使团"，由北京启程，经西伯利亚探寻远在欧洲的土尔扈特部，经过艰难历程，2年后抵达了伏尔加河沿岸的土尔扈特部驻牧地进行慰问。土尔扈特首领阿玉奇汗命各部台吉、喇嘛率所属部众前往迎接，沿途陈设筵宴，热情接待，欢迎仪式十分隆重。图理琛使团向阿玉奇下达康熙谕旨，转达康熙问候。"图理琛使团"这次探访历时3载，往返4万余里，达到了清廷与土尔扈特部联系的目的。

而在面对俄国时，阿玉奇汗一直坚持自己是俄国的"同盟者，而不是他们的臣民"。俄国对这个日益强大的游牧汗国也不得不表示尊重，1722年（清康熙六十一年），俄国大帝彼得一世远征波斯时，在阿斯特拉罕以元首之礼会见阿玉奇汗。正是在这种"联盟"之下，阿玉奇汗派遣土尔扈特骑兵先后参与了1672年俄国与克里木汗国的战争，1674年俄国夺取彼列科普的战役，1678到1679年俄国与奥斯曼土耳其的战争，获得了沙皇丰厚的赏赐。同时，从1705到1708年间，先后帮助沙皇镇压了在阿斯特拉罕火枪兵起义和顿河流域的布拉文起义，不但得到大量财物，还将众多俘虏收为自己的属民。

一些史学家也认为，在阿玉奇时代，土尔扈特汗国与俄国的关系是平等的。但这并不是事实的全部，正处在彼得大帝时代的俄国无论从哪个方面看，对一个游牧汗国来说都具有绝对的优势。不管阿玉奇如何努力，如何不情愿，也必须向俄国宣誓效忠，虽然和爷爷书库尔岱青一样，这种宣誓仍然是"口是心非政策"，但枷锁仍然套在脖子上。

1724年（清雍正二年），执政长达54年的阿玉奇汗以84岁高龄去世，他的一生被评价为"帮助了许多国家和部落，没有让卡尔梅克人衰弱和受欺。比他强大者尊重他，与他相衡者惧怕他。名义上是俄罗斯臣民，可是一切事情均由自己做主，所以，他是伏尔加河卡尔梅克汗王中最有威望的一位"。但是，在他去世前两

俄国彼得大帝（1672～1725）

年，他骁勇善战的汗位继承人，长子沙克都尔扎布先他去世，给这个垂暮的老人以重大打击，也给汗国的未来带来了厚重的阴霾。

沙克都尔扎布临终前希望父亲立自己的儿子达桑格为汗位继承人，阿玉奇汗虽然哀痛于长子的早逝，却不能不拒绝他最后的恳求。按照蒙古人的传统，必须是长者继位，但是只有将汗位传给自己的次子车凌端多布才能保证汗国的稳定。可是事与愿违，阿玉奇汗所做的安

土尔扈特汗国时期的铠甲（渥巴锡献给乾隆皇帝的礼物）

排在他刚刚离开人世不久，便把汗国推上了内乱的漩涡。阿玉奇的次子车凌端多布"才能有限，难负重任"，根本没有能力稳定国家。各方势力纷纷起来角逐汗国最高权力，而一直苦于没有机会完全控制土尔扈特人的俄国也趁机介入其中。一时间风云突变，天下大乱。

争夺汗位的主要有四派实力，第一便是有着阿玉奇汗遗命的车凌端多布；第二是阿玉奇汗的外甥道尔济·纳札洛夫，背后有着俄国的支持；第三便是达桑格；第四是阿玉奇汗的另一个孙子敦罗卜旺布，他有自己的奶奶，也即阿玉奇汗遗孀，汗国"太后"达尔玛巴拉的支持。

道尔济·纳札洛夫虽然是俄国最认可的人选，但他不愿意受俄国人摆布，更不愿意按照俄国人的命令让自己的儿子去做人质，主动放弃了竞争汗位。达桑格年轻气盛，四面树敌，被敦罗卜旺布击败，逃到俄国，也失去了竞争汗位的资格。敦罗卜旺布实力雄厚，颇有威望，但他一贯的反俄立场让俄国极不放心。两害相较取其轻，俄国最后转而支持阿玉奇汗指定的继承人车凌端多布。

懦弱无能的车凌端多布在俄国的支持下成为了新的大汗，汗国的独立地位岌岌可危。非但如此，内部各个贵族之间为了争夺属民和领地的战乱此起彼伏，车凌端多布根本没有力量恢复秩序。敦罗卜旺布趁机起兵，于1731年（清雍正九年）一举击溃车凌端多布的汗廷武装，夺取了最高权力，1735年（清雍正十三年）宣布自

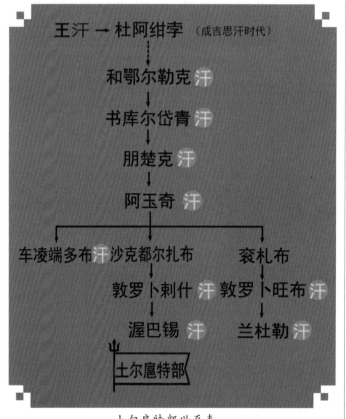

王汗 → 杜阿绀孛 （成吉思汗时代）

和鄂尔勒克 汗

书库尔岱青 汗

朋楚克 汗

阿玉奇 汗

车凌端多布 汗　沙克都尔扎布　　袞札布

敦罗卜刺什 汗　敦罗卜旺布 汗

渥巴锡 汗　　　　兰杜勒 汗

土尔扈特部

土尔扈特部世系表

己为汗。敦罗卜旺布在位的7年中，用铁腕手段压制反对派，"无论对领主、对贵族、对下流人、对僧侣、对任何男人和女人都格杀勿论"，可这并不能将所有的反对派都压服，阿玉奇汗另一个孙子，沙克都尔扎布之子敦罗卜剌什便一直拥兵自重与之对抗。两者的针锋相对贯穿了敦罗卜旺布的执政期。

与兄弟的矛盾还没有解决，敦罗卜旺布又在自己阵营内部制造了分裂：他指定自己爱妃贾恩所生之子兰杜勒为汗位继承人。废长立幼，即使是在并不特别讲究礼法的游牧国家中也是会引起纷争的。他的长子，正妻所生的葛尔丹诺尔莫对父亲发起了进攻，虽然失败，但使得敦罗卜旺布的实力受到很大削弱。

1741年（清乾隆六年），敦罗卜旺布去世，他所指定的儿子，年仅10岁的兰杜勒继位，由母亲贾恩摄政。孤儿寡母本就实力不济，再加上贾恩是信仰伊斯兰教的卡尔巴金人，对于笃信佛教的土尔扈特人来说，根本无法接受她来做自己国母。一直在积蓄力量的敦罗卜剌什趁机而起，在俄国的支持下夺取了汗位，成为土尔扈特汗国第六任大汗。此时，内乱基本上都平息了，但这并不是情况好转的开

现立于俄罗斯卡尔梅克的土尔扈特勇士像

始。

从此俄国对汗国的控制力大大加强，从彼得一世时期就一直想要取得对土尔扈特汗国大汗的任命权，终于在土尔扈特人的内乱中得到了这一权利，其中附加条件之一是必须将大汗的儿子送到俄国作为人质。原本以《蒙古——卫拉特法典》作为根本大法的司法体系，也被沙皇俄国的《俄罗斯帝国法令大全》强行替代，作为众多案件的审理依据。同时，东正教也在俄国的有意识推行下逐渐为一些土尔扈特人所接受，"仅阿

现立于俄罗斯的自由卡尔梅克（土尔扈特）纪念碑

斯特拉罕省的城市就有1446户卡尔梅克家庭加入东正教，计达5282人"。一些贵族也接受了洗礼，如失去了权力的贾恩母子，便成为了东正教徒，改姓敦杜克夫。而更直接的威胁还在于俄国对伏尔加河流域进行移民。1731年至1732年间，俄国鼓励成千上万的顿河两岸哥萨克举家迁徙到伊罗夫河和伏尔加河流域之间居往，并为此建立了伏尔加河的哥萨克军队，自18世纪40年代以后，俄国的居民点也渐渐增多，土尔扈特人的生存空间日益缩小，

生存条件也日益恶化。

敦罗卜剌什面对俄国的步步紧逼，也做了相应的反抗，制定《敦罗卜剌什补充法规》以抵制俄国的司法侵入，用武力禁止贵族和平民接受东正教，同时，对乌发、喀山、萨马拉、萨拉托夫、察里津和阿斯特拉罕等地的俄国定居点不时派兵骚扰，阻止移民潮的进入。然而这一切都已经无济于事了，原本就处于弱势，又被撕开了口子，亡羊补牢已经为时太晚。

1761年（清乾隆二十六年），敦罗卜剌什去世。他执政的20年中，没有能够阻挡俄国越来越严密的控制，

但总算保住了汗国的实际独立，维持了汗国上层的团结。以后的路该怎么走，就看后人的了。继承汗位的，是他年仅19岁的幼子渥巴锡。

3. "土尔扈特的末日来到了"——东归前的土尔扈特局势

19岁，是个可大可小的年纪。若说大，俄国彼得大帝17岁便囚禁了自己的姐姐，成为了帝国的统治者；清朝康熙皇帝16岁便铲除了权臣鳌拜，独揽大权，他们到19岁时已经相当成熟。若说小，不知多少帝王在已经超过这个年纪的时候还只是别人的牵线木偶。而19岁的渥巴锡所面对的，是自己部族的生死存亡。比他成为大汗

晚一年，俄国第二个享有"大帝"称号的沙皇登上了皇位，这就是叶卡捷琳娜二世女皇。土尔扈特人的命运从而悬于一线。作为大汗，是整个汗国的晴雨表，西北方传来了阵阵寒潮，大汗渥巴锡是第一个感觉到的。

第一阵寒潮，是俄国对于汗廷"扎尔固"的改组。"扎尔固"也就是土尔扈特人自己组织的议会。按照传统，扎尔固的

渥巴锡汗（1743～1775）

成员由大汗选定，一般不超过8人，作为辅佐大汗处理政务的机构。"对所有卡尔梅克人的统治都取决于这个扎尔固，在那里起草汗给卡尔梅克（俄国人对西迁土尔扈特的称呼）各领主的有关公众事务的命令，草稿传给大汗核准，然后誊写清楚，盖上汗印。汗印是由最好的和最信任的宰桑保管。"

1762年（清乾隆二十七年）八月十二日，俄国在正式承认渥巴锡为大汗的同时，颁布了改组扎尔固的条例。根据条例规定："扎尔固由代表全体卡尔梅克厄鲁斯的诺颜组成，而不仅仅是一个汗的扎尔固。扎尔固的组成必须经俄国政府批准，扎尔固内的一切事务现在应该按照多数人来表

决，并且当汗自己不同意时，也不能用自己的权力独自取消已经做出的决议，必须提请沙皇撤销或改变它"，而且，"俄国政府还在帮助土尔扈特人处理案件的名义下，指派一名俄国军官参加扎尔固"。看起来，这样的条例倒是很有"民主集中制"风范，只不过，民主要渥巴锡来执行，而集中要靠俄国的沙皇。渥巴锡刚登上汗位，就已经失去了对自己汗国的管理权。

第二阵寒潮，则来自于俄国对敦杜克夫家族的扶持。敦杜克夫家族也就是渥巴锡父亲敦罗卜剌什的政敌敦罗卜旺布的儿子们，他们皈依东正教后，不但改了姓，还成为沙皇忠实的仆人。相对渥巴锡来说，敦杜克夫家

族无疑是更好的代理人，于是俄国便计划"让敦杜克夫重建土尔扈特部政权"。所幸，汗国的贵族们坚决反对异教徒来做大汗，全部站在渥巴锡一边，俄国的计划才未能实施。这两阵寒潮，已经让渥巴锡寒彻骨髓了，不久，普通的土尔扈特人也和自己的大汗一起感到了刻骨的寒冷。

叶卡捷琳娜二世女皇比彼得一世更为热衷于对外扩张，登基不久便频频对外用兵。用兵便要招募兵丁，骑术娴熟而善战的土尔扈特人首当其冲，俄国"屡征土尔扈特兵与邻国作战"。可想而知，以枪炮为主的近代战争，让还是冷兵器时代的土尔扈特人参战会是什么样的场景，而俄国还"拣土尔扈特人众当其前锋"，惊人的伤亡自然不可避免，"损伤土尔扈特人众数万，归来者十之一二"。在渥巴锡初掌汗国的10年中，俄国对土尔扈特征兵达32次，征畜达56次，在战争中死亡的青壮年高达8万余人，征去战死的大牲畜高达40万头。几乎所有的人都在哀叹："土尔扈特人的末

叶卡捷琳娜二世女皇（1729～1796）

俄国"屡征土尔扈特兵与邻国作战"

日来到了！"从和鄂尔勒克时代便套上的枷锁已经越来越紧，眼看便要成为了绞索。这已经不仅仅是亡国，而是要灭种。忍受下去必是死路一条，而面对俄罗斯这个极其残忍的庞然大物，武装反抗只会加速灭亡，不会求得生机。

除了远离俄罗斯远走他乡，渥巴锡和土尔扈特人已经没有选择。走到哪里？渥巴锡的回答是"让我们到太阳升起的地方去"，也就是回到故乡，回到祖先曾经繁衍生息的地方。可那里曾经是土尔扈特人迫切想离开的地方，如今还回得去吗？

沧海桑田，100多年的风雨，故乡已经不再是原来的模样。1755年（清乾隆二十年），清朝大军击败并俘虏了准噶尔汗达瓦齐，1757年（清乾隆二十二年），最后一个敢于反抗大清的准噶尔贵族阿穆尔撒纳败亡。清军对于准噶尔人进行了种族灭绝的屠杀，曾经让土尔扈特人畏惧的准噶尔汗国已经烟消云散。就如当年的伏尔加河河畔一样，已经是人烟稀少的地方了。

土尔扈特汗国一直对清朝皇帝十分恭顺，虽然朝廷对准噶尔人手段残忍，但土尔扈特早已经与清朝朝廷

土尔扈特人做回归前的准备

建立了联系，回到故土成为皇帝的藩属，清朝皇帝是应该接纳的。出于这样的考虑，1767年（清乾隆三十二年），渥巴锡开始积极而秘密地筹备东归事宜。渥巴锡下令，汗国中的青年男女不得婚娶，甚至牲畜都不得交配，这是为了避免弱小的生命过多而耽误迁徙行军的行程。因为他知道，这一次要比祖先的迁徙环境更为险恶。

为了组织迁徙东归，渥巴锡绕开扎尔固，召集了一个包括自己在内的6人集团，进行策划和准备。从渥巴锡招纳的人选，足可看出他的知人善任。仅次于渥巴锡的核心人物是他

的堂侄策伯尔多尔济，他是扎尔固的首席贵族，其人足智多谋，但也野心勃勃，曾经想要依靠俄国的力量取代渥巴锡，失败后决定归顺渥巴锡帮助他完成东归。渥巴锡不计前嫌，对其委以重任。还有舍楞，是和鄂尔勒克汗叔父的后裔，其先祖当年没有随和鄂尔勒克西迁，留在伊犁归附准噶尔汗国。准噶尔灭亡后，他逃到土尔扈特，因为对沿途道路和故乡情况的了解，也被渥巴锡留在身边。其次还有巴木巴尔、洛桑丹增大喇嘛、达什敦多克三人，都是渥巴锡的堂兄，分别负责收集情报、鼓动宣传和物资准备，三人都出色地完成了自己的任务。到1771年（清乾隆三十六年）大迁徙前夕，行军路线计划、对于人民的鼓动宣传都已经组织完成，而储存的粮食、奶酪、肉干，制造的战刀、矛、火枪等已经堆积如山。

在这一切都在紧锣密鼓进行的时候，俄罗斯却被蒙在了鼓里。虽然有不赞成渥巴锡的贵族扎木扬的告密，但阿斯塔拉罕省长别克托夫和负责土尔扈特事务的基申斯科夫之间矛盾重重，互不信任，以至于对这个关系到自己前程命运的情报并未给予重视。而渥巴锡则更表现得恭顺服从，1769至1770年亲自率领2万军队参加俄国对土耳其的战争。这一举动，让沙皇叶卡捷琳娜二世甚为满意，在诏令中说

道："对他们（土尔扈特人）所持的一切猜疑都要归罪于扎木扬领主玩弄的权术。"叶卡捷琳娜根本没想到，这个她从没看在眼里的弱小民族很快就会给自己一记响亮的耳光。

4.死亡之旅——东归路上的血泪

1771年（清乾隆三十六年）1月3日，俄国在土尔扈特驻军的指挥官杜丁大尉接到了顶头上司。帝国掌管土尔扈特事务的基申斯科夫的命令，告知他土尔扈特汗王渥巴锡正在集结军队准备和哈萨克人作战，要他设法劝阻，并要查明土尔扈特人的用意究竟何在。基申斯科夫的命令源于在12月26日渥巴锡写给他的信，告知他自己将要去集结军队，为的是要应对前来袭击土尔扈特人的哈萨克军队。

傲慢的基申斯科夫向来把渥巴锡看作"是一头用链子拴着的熊，赶你到哪里就到哪里，而不能想到哪里就到哪里"，但这一次也不得不有些怀疑，从来没有得到哈萨克人有军事行动的情报，渥巴锡到底要干什么？除了给杜丁大尉下命令之外，基申斯科夫还派百人长纳巴托夫、一名通译及15名哥萨克兵前往协助查询。在基申斯科夫心中，也许还认为这只是土尔扈特人擅自动兵的事件，因此他的处理也是轻描淡写的。但这是一场让他，甚至连他的女皇都五雷轰顶的事件。

杜丁大尉接到命令后仅2天，1月5日，渥巴锡麾下将领桑杰策凌便率军袭击了他的兵营，俄国驻军全部被歼。而前来协助杜丁大尉调解的纳巴托夫等人也被早已等在路上的另一位土尔扈特将军马尔哈什哈截住，糊里糊涂地掉了脑袋。

公元1771年1月15日，面对已经集结完毕的军民，渥巴锡宣

土尔扈特部东归图

渥巴锡率领土尔扈特部众回归东方祖国

布了东返的决定："为了摆脱俄国的压迫，别无他法，只有回归祖国，就可以'生活在古老的国教、国语的中国同胞那里，和决定今世来世幸福的崇拜之地，盛满宗教佛法神水的汪洋大海的中国，以及赐大福于万民的活佛身边'。"人们抛弃了所有不方便携带的物品，而渥巴锡则亲手点燃了自己的宫殿。

土尔扈特人3.3万户近17万人，以巴木巴尔和舍楞率领的精锐部队为先锋，达什敦多克和洛桑丹增大喇嘛率领的其余领主队伍为两翼，渥巴锡和

策伯克多尔济率军殿后，浩浩荡荡地启程了。一月二十九日，队伍到达乌拉尔河沿岸。三十日和三十一日，先锋部队烧毁库拉多斯卡亚、卡尔梅科夫、莫达山区和索罗奇科夫等防线的哥萨克据点。二月一日，全部队伍渡过了乌拉尔河，进入了大雪覆盖的哈萨克草原，向恩巴河挺进。

面对这场突然的变故，俄罗斯帝国虽然震惊，但仍然迅速做出了反应。基申斯科夫遭到叶卡捷琳娜女皇逮捕问罪，他为自己的大意付出了惨痛的代价。在处理责任人的同时，女

土尔扈特在东归途中受到沙俄军队堵截（李方东创作）

皇急令奥伦堡总督莱英斯多尔普和军团指挥达维多夫少将出兵截击，接着又派出特鲁本堡将军率领由哥萨克和巴什基尔人组成的骑兵团紧紧尾追。可由于渥巴锡的行动迅速，俄国军队被远远地抛在了后面，女皇的命令成了一纸空文。

但此时的沙俄帝国的势力范围已经达到了中亚，军队虽然没有追上，但还有藩属可以指挥。女皇的谕旨迅速传达到哈萨克小帐首领努尔阿里汗的手中，命令他堵截土尔扈特人。这离渥巴锡率队进入哈萨克草原，仅相差6天。土尔扈特汗国在阿玉奇汗时代曾经帮助准噶尔汗国征讨过哈萨克，让其丧城失地，两家早有深仇。如今看到土尔扈特人在沙皇大军的追击下扶老携幼举族东迁，正好是报仇的良机。努尔阿里汗立即组织军队向土尔扈特人发动了进攻，土尔扈特人猝不

及防。为了保护老幼妇孺，不等部队集结起来便与敌接战，这是东归路上第一次也是最为惨烈的一次激战，9000余土尔扈特战士倒在了血泊之中。

2月中旬，队伍抵达伊什姆河附近的木哥扎雷山口的奥琴峡谷，这里是东进必经之路，但已经被哥萨克骑兵所扼守。渥巴锡派一支精悍的队伍绕过山涧峡谷，迂回到敌军背后，两下夹击，全歼守军。队伍虽然得以继续前进，但沿途不断受到哈萨克人的袭击骚扰，人员、牲畜不断损

清朝画家笔下的《土尔扈特东归图》

失。当三月间到达巴恩河东岸时，又遭到严寒袭击，冻死饿死的人更是不计其数。英国作家德昆赛在他的《鞑靼人反叛》中写道："往往早晨醒来的时候，几百个围在火堆旁的男人、女人和儿童已经全部冻僵而死去。"虽然这只是作家的描述，但凡是在冬天到过草原的人，都会明白，这种惨状决不会仅仅是想象而已。惨重的伤亡让队伍人心浮动。渥巴锡为了安定人心，让洛桑丹增大喇嘛向部众传达七世达赖的语言"1770年至1771年，是土尔扈特回到佛召唤的中国最好的时机"，在信仰的鼓舞下，所有人最终坚定了决心。

四月中旬，经过休整的队伍继续前进，击溃俄国和哈萨克联军，但在作战中再次损失大量人员，随后继续不断遭到哈萨克人小股部队的偷袭，倒下的人越来越多。为了躲避袭击，土尔扈特人进入了沙腊乌孙大草滩，这里缺乏洁净的饮用水，人和牲畜都不得不饮用草滩里的积水，结果，人、畜均染上痢疾，死者颇多。这里的经历成为土尔扈特人心中永远的痛，直到现在，土尔扈特人之间除了"您好""家人可好"之外，还有"肚子怎么样"的问候语。

灾难仍没有结束。六月中旬，当土尔扈特队伍行军到姆英塔湖时，陷入了哈萨克小帐努尔阿里汗与中账阿布赉苏丹5万联军的重围，通往准噶

艰难的东归旅途

土尔扈特西迁、东归路线示意图

尔的道路被切断。渥巴锡冷静地分析了形势，迅速派出使者与哈萨克人谈判，并同意送还在押的1000名俘虏，从而争得了3天的喘息时机。在养精蓄锐、调整兵力后，就在第三天的傍晚，东归队伍猛攻哈萨克联军，经过浴血奋战，成功突围，越过了姆英格地区。在这场残酷的战斗中，牺牲了无数英勇战士的生命，留下了遍野的尸体和鲜血。

为了避免再遭袭击，土尔扈特人绕巴尔喀什湖西南，走戈壁，越过吹河、塔拉斯河一线，沿沙喇伯勒抵达伊犁河流域。经过半年的艰苦跋涉，土尔扈特人终于踏上了东方故乡的土地。

1771年（清乾隆三十六年）7月8日，经过半年时间的艰苦跋涉，策伯克多尔济率领的前锋部队在伊犁河流域的察林河畔与前来相迎的清军相遇。清军所看到的，是一片凄凉景象："皆为老弱孤独，妇女幼儿甚众，摇晃行走而来。至其游牧处观之，则饥馑疲惫者甚多。……看来已是甚为窘迫。"这支启程时17万余人的队伍，仅剩下66073人，几乎所有的财物、牲畜都丢在了身后1万多里的路途上，而每一里的道路，就留下了10多个土尔扈特人的亡魂。死去的人是为了活着的人继续活下去，故土已经出现在眼前，他们能够如愿以偿吗？

5."勿生事端，致盼致祷"——清廷对东归后的土尔扈特人的安置

在1771年（清乾隆三十六年）1月渥巴锡率领土尔扈特人从伏尔加河启程之后，四月间，乾隆皇帝便得知

清廷派员迎接东归的土尔扈特部众

了情报，并召集廷议。朝臣们争论不休，难有结果。乾隆皇帝派参赞大臣舒赫德前往伊犁，与伊犁将军伊勒图一起了解情况。

而当土尔扈特队伍到达伊犁之后，渥巴锡便会见了清军总管伊昌阿表明来意，希望得到接纳。伊昌阿则言道："……此地一切事宜，均由将军、参赞大臣承担办理，尔等若不将此等情由亲往乞述于将军、参赞大臣，我等岂有将尔等何项难处提出呈文，并将所报酌情办理之理乎？况且适才我将军、参赞大臣尚与我咨文前

来，初三日与策伯克多尔济会面，暂且留下。俟尔等抵达商办，指定良牧居之，办理完毕，将自愿前往京师朝觐大圣皇帝之清明台吉头人，均返遣其游牧收拾启程，由此看来，若尔等越早前往，则对尔等之众越发裨益。"

渥巴锡立即启程前往伊犁会见舒赫德，而得到的，是舒赫德向他出示的是：要求他和所有汗国贵族前往承德避暑山庄拜谒乾隆皇帝的谕旨。别无选择，为了早日获得接纳，让臣民"可获蒙受恩泽，得以生活"，渥巴

锡将部众家属交给清军照看，自己率领所有贵族前往承德。这包括策伯克多尔济、舍楞、默们图、劳章扎布、沙喇扣肯、雅兰丕尔等12台吉和土尔扈特扎尔固成员：洛桑丹增大喇嘛、达什敦多克、甘珠克图、查干曼济、津巴，以及所属宰桑13人、喇嘛7人、随从20人。

看到土尔扈特人果然是诚心来投，乾隆皇帝深为感动，下令："土尔扈特台吉渥巴锡、策伯克多尔济、舍楞等，和硕特台吉恭格等，因与俄罗斯风气不同，且不时兴兵争夺，不得安生，仰企朕推广黄教，安抚四夷之化，率数万人跋涉远途，不辞劳瘁，归诚效顺，殊属可嘉。自应指地安插，使伊等衣食有裨，并予以滋生牲只，以资久远之计。"从各地调拨牛羊20余万头、米麦4万多石、茶2万余封、羊裘5万多件、棉布6万多匹、棉花近6万斤以及大量毡庐等物资，使得饥寒交迫的土尔扈特人重新获得生机。而在渥巴锡一行赶往承德的路上，乾隆皇帝要求沿途盛情款待。一些官员如总兵恒德、山西按察使德文、口北道明琦、知府博尔敦、怀安知县何燧等因为招待不周而被革职，甚至连山西巡抚鄂宝、直隶总督杨廷璋等地方大吏也因没有对渥巴锡一行盛情接待而受到申斥。

渥巴锡到达承德后，受到了乾隆皇帝高规格的接待。皇帝亲自接见，并用蒙古语垂询，召集大臣、蒙古王公数百人举行宴会，并与渥巴锡一起围猎。册封渥巴锡为"乌讷恩素诛克图旧土尔扈特部卓里克图汗"，不但一次赏银就达5000两，而且每次宴饮必有赏赐。其余首领也均有厚重封

乾隆皇帝在承德避暑山庄接见渥巴锡一行

着清朝官服的渥巴锡汗

赏，策伯克多尔济被封为亲王，舍楞、巴木巴尔被封为郡王，达什敦多克被封为一等台吉，其余为贝勒、贝子等。

不过，在一片祥和的气氛当中，乾隆皇帝仍保持着警惕，认为"指地安置伊等时，务以间隔而居之。我之将军、大臣等驻于其间，致使伊等断然不能互通音讯为善。其中之渥巴锡、策伯克多尔济、舍楞等三人，更不得居于一处"。渥巴锡想要保持汗国原有建制的希望落空。

在承德与皇帝欢聚了半个月之后，渥巴锡返回到部众当中，带着他们按照谕旨的安排迁往新的牧地。患难与共的人们各奔前程，巴木巴尔移居济尔噶朗，默们图游牧移居精河，策伯克多尔济移居和布克赛尔，而渥巴锡则移居斋尔等地。但是，移居之后的日子并没有马上好转，清廷出于"倘使伊等只从事繁衍牲只并行狩猎，则其力未免逐渐强大。一旦强大，绝非好事"的考虑，打算让土尔扈特人转为务农。

世代游牧的人们仓促之间根本无法掌握农耕技术，结果粮食歉收，部众饥馑。同时，一场瘟疫也不期而至，几个月之间，便死了3390余人，渥巴锡的母亲、妻子和两个儿子相继死去。为了部众，渥巴锡再次向清廷请求移居。几经磋商，终于获准在1774年（清乾隆三十九年）移居裕勒都斯草原，并恢复游牧。

土尔扈特人的安乐日子终于到来，渥巴锡的使命似乎也完成了。1775年（清乾隆四十年）一月九日，年仅33岁的渥巴锡去世，临终前向子孙留下遗言："尔等只有严加约束村俗，安分度日，勤奋耕田，繁衍牲畜，勿生事端，致盼致祷"。清廷派人吊唁，并让其子策凌纳木札勒承袭"汗"号。

6.滞留在伏尔加河的汗国子民——俄罗斯卡尔梅克人

在渥巴锡汗率领土尔扈特人东归之时，并没能带走所有的部众。留在伏尔加河北岸的1万多户土尔扈特汗国部众，因为伏尔加河冬季没有结冰而无法过河，并受到了沙皇俄国军队的阻挠，也就滞留在那里，受到了沙皇俄国的长期迫害。这部分因为伏尔加河阻挡没有回到祖国的蒙古人，被称为卡尔梅克人，意为"被大河阻挡的民族"。据记载，当时留在北岸的1万多户卡尔梅克人，其中有杜尔伯特部落1万多人、土尔扈特部落8000多人、和硕特部落3000多人。为防止他们东归，沙皇军队对其进行了十几年的包围，不准他们离开伏尔加河沿岸，使这批卡尔梅克人至今留居俄罗斯。

留下的卡尔梅克人也曾酝酿回归，并计划在冬季举事，从而引起了沙俄政府的恐惧。1771年十月十九日，俄国叶卡捷琳娜二世女皇下令取消土尔扈特汗国，因为俄国人一直将所有卫拉特人称为卡尔梅克人，因此成立了卡尔梅克管理处，由阿斯特拉罕省务厅直辖管理。省长作为最高监

俄罗斯卡尔梅克人

俄罗斯卡尔梅克喇嘛庙

督，选派了一大批俄国警官去卡尔梅克部维持治安。为了防止他们东归，沙皇军队将其长期包围达十几年之久，限定他们只能活动于伏尔加河沿岸。尽管如此，自1771年至1775年，仍有2000多人利用游牧的机会，以分散的方式回到祖国，清朝政府每次均给予丰厚待遇和良好的安置。

1772年，阿斯特拉罕卡尔梅克管理处又下设了札尔固法庭，由土尔扈特部、和硕特部和杜尔伯特部推选3名代表组成。为了消除卡尔梅克人再次东归的可能，沙俄政府又把杜尔伯特的台吉策伯克乌巴什、和硕特的台吉

杨德克、土尔扈特的台吉阿沙尔瑚召集到彼得堡，于1774年4月将杨德克和阿沙尔瑚毒死，策伯克乌巴什侥幸逃脱。从此，各部民众没有了组织东归的领袖，再无力举事。

1774年，俄国爆发了普加乔夫领导的农民起义。起义迅速蔓延到卡尔梅克人生活的伏尔加河地区。俄军首领阿·敦杜科夫公爵命令卡尔梅克领主车臣多尔济率蒙古骑兵配合俄军镇压这场农民起义。早就不满沙皇残暴统治的车臣多尔济不但不援助俄军，反而和卡尔梅克长老及首领们商议，派出代表去联络普加乔夫，共同反对

俄国政府。卡尔梅克骑兵和农民起义军联合起来打败了俄军，一度占领了不少俄军的城镇，但最终还是失败了。起义失败后，俄国政府追问卡尔梅克首领和普加乔夫共同进攻俄军的原因，卡尔梅克首领以"诈降"的理由搪塞，刚刚平定起义的俄国政府担心深究下去会激起新的武装起义，最后不得不草草了事。

农民起义的威胁完全消除后，沙皇政府重新加强了对卡尔梅克的统治。1786年，阿斯特拉罕总督波焦金下命令撤销了阿斯特拉罕的卡尔梅克法庭札尔固和卡尔梅克管理处，卡尔梅克人的诉讼案件转交县级法庭处理。只是在阿斯特拉罕设立了卡尔梅克军需处，由一名俄国政府官员任主要负责人，还有三名卡尔梅克头领和三名宰桑为办事员，主要是征收赋税和征兵。军需处的设置遭到卡尔梅克人强烈的反对，最后被迫撤销。波焦金的命令落空，1788年又成立了卡尔梅克办事处，并搬到阿斯特拉罕，以利省长控制。这个机构，还是遭到卡尔梅克人的普遍不满，俄国政府再次变换花样，于1797年又撤销了卡尔梅克办事处而成立了卡尔梅克公署。

1801年，沙俄政府恢复了卡尔梅克法庭札尔固，在总督之下，由八位民众代表组成，并发出特别指令：卡

卡尔梅克人铜雕像

俄罗斯卡尔梅克共和国地图

尔梅克藏传佛教僧侣，允许有宗教仪式的自由，赐给卡尔梅克人权力和特权，规定在职务需要时，才允许干涉卡尔梅克人的事务，任命卡尔梅克人为警察总长，并成为办理卡尔梅克事务的领导者。卡尔梅克人除受俄国阿斯特拉罕省警务厅管理外，还受俄国政府外务委员会管辖。

1917年，俄国爆发十月社会主义革命。不少卡尔梅克人参加了红军，组建了卡尔梅克骑兵团，为保卫年轻的苏维埃政权浴血奋战。他们参加了著名的察里津（斯大林格勒）保卫战，保卫十月革命的胜利果实。但也有部分卡尔梅克人在俄国内战中加入白军而被镇压。1920年，卡尔梅克建立了卡尔梅克自治州，1935年，改为卡尔梅克自治共和国。

1931年，斯大林在卡尔梅克自治州进行集体化改造，关闭佛教庙宇，烧毁佛教书籍，并把所有喇嘛和拥有超过500只羊的卡尔梅克人驱逐到西伯利亚。强迫集体化导致了严重的社会、经济、文化的灾难。

苏联卫国战争期间，卡尔梅克2万多子弟组成骑兵团参加著名的基辅保卫战。在此役中，卡尔梅克骑兵1万多人壮烈战死，近万人被俘，付出了惨痛的牺牲。但是，因为卡尔梅克3位主要领导人在纳粹德国占领期间投降了德国，组织了伪政府，再加上有部分卡尔梅克被俘人员参加了德军，所以在1943年12月，苏军在第聂伯河战役胜利后，全体卡尔梅克族人被扣上了通敌罪名，卡尔梅克自治共和国被撤销，领土被划入斯大林格勒州、阿斯特拉罕州和斯塔夫罗波尔边疆区。全民族不分老少被迁移到中亚、西伯利亚等地，在这次残酷的流放中，有三分之一的卡尔梅克人在途中或流放中死去。

卡尔梅克人不服，成千上万的人起诉、上访、控告，要求给予平反，但遭到残酷镇压。直到15年后，苏联政府才在1958年5月平反这起冤案，卡尔梅克人的民族声誉在全世界人民面前得以恢复。大多数人得以返回伏尔加河两岸的原籍，1958年11月7日重新建立了卡尔梅克苏维埃社会主义自治共和国。

现在，卡尔梅克共和国有人口20余万，其中土尔扈特部的后裔有7万余人，他们仍讲蒙古语，使用托忒蒙古文，少数人信仰东正教，大部分人仍

卡尔梅克卫国战争纪念碑

信仰藏传佛教。据资料显示，无产阶级的革命导师列宁的祖母就是卡尔梅克蒙古人。

7.土尔扈特汗国的后裔之一——旧土尔扈特盟

清廷出于对土尔扈特部众分而治之，"众建而分其势"的考虑，对东归的土尔扈特进行了完全拆分，决定设立多个盟、旗。1772年（清乾隆三十七年），福隆安询问渥巴锡设盟事宜，意欲设盟长四个、副盟长四个。渥巴锡对此并不认可，认为"恭格、舍楞等人，均属我之村俗，系我携来者。若将伊等委为盟长，伊等乃并驾于我。久后，伊等势必不理我也"云云。殊露不快之貌。

毕竟渥巴锡立有大功，而且是清廷怀柔远人的标杆，不可太过伤其心。福隆安即向乾隆皇帝提出"于臣等之见，设此盟长一事，须待其部落住定，编讫旗，分佐领后，方按照其各自管辖情况，设置盟长为妥。拟将此暂且不必急于赶办，尚令舒赫德兼理为佳。"乾隆皇帝采纳了这一意见，认为不能操之过急，要等待时机成熟。

1775年（清乾隆四十年），渥巴锡逝世。次年，伊勒图向土尔扈特大小台吉等宣布了编盟和设扎萨克旗事项。正盟长为土尔扈特汗纳木札勒、亲王策伯克多尔济、郡王策琳纳木扎勒、贝勒默们图4人，副盟长为贝子恭坦、一等台吉奇哩布、贝子奇布腾、贝子布彦楚克4人。盟下设置若干札萨克旗、协理台吉，编设30个牛录（相当于苏木）。

渥巴锡所领土尔扈特为旧土尔扈特部，赐盟号"乌讷恩素珠克图盟"，被安置于新疆喀喇沙尔、库尔喀喇乌苏与塔尔巴哈台一带，分别由

乌讷恩素珠克图旧土尔扈特卓里克图汗纪念碑

清朝新疆旧土尔扈特部所在位置（源于《中国历史地图集》）

喀喇沙尔办事大臣、乌鲁木齐都统与塔尔巴哈台参赞大臣管辖，并统属于伊犁将军。分旧土尔扈特为南、北、东、西4路，共10旗，又称"乌讷恩素珠克图四路盟"。而渥巴锡家族世代便是该盟的"卓里克图汗"。在有清一代，蒙古王公拥有汗号的，除了喀尔喀蒙古土谢图、札萨克图、车臣三位汗外，只有旧土尔扈特部才能享受这一尊号。1775年，清廷和南路土尔扈特盟贵族一起选定了喀喇沙尔哈拉莫墩为吉地，清政府拨银1万两，次年十月建成汗王衙门，衙门呈土木结

构，并由能工巧匠装饰刻画，1777年（清乾隆四十二年）夏汗王府迁入。

不过，卓里克图汗对东、西、北三路旧土尔扈特盟和新土尔扈特盟并没有实际的管理权，只有华而不实的视察和慰问的权力。而汗王府离各路盟都有数千里路程，视察和慰问往往要半月或者一月才到，且还得处处受到清政府的掣肘和审批，很难成行。即使是在土尔扈特汗王府的南路盟，汗王也无分封领地权，牧地只能由清政府指定或调整，进出口的税收由国家统一征收，汗不得征收。各旗只有

出现难以解决的民事和刑事案件时，汗王才可以会同审理，许可当事人上诉汗王，但又规定了"死刑须经理藩院报请皇帝批准"。

这一切，都是清廷的"分建"之策。但是旧土尔扈特盟从渥巴锡开始，历任汗王都遵从渥巴锡的遗言，安分守己，拱卫边疆，做出了自己的贡献。旧土尔扈特盟从清代到民国时代共传13代汗王。

第二代汗王策凌纳木札勒，是渥巴锡汗之子。父亲去世后，年仅9岁的他继承汗位。因年幼，由其母哈屯辅佐政务。成年亲政后，他厉行节约、勤于政事，坚持亲民政策，多次上书乾隆帝，陈述部落实际困难，请求减免土尔扈特各部的税收和赋役。然而，他仅亲政9年，便于1792年（清乾隆五十七年），在进京朝觐的途中染暴病去世。

策凌纳木札勒去世后，其子霍绍齐袭位，年仅6岁，无法履行盟长职务，便由其母喇什丕勒监守。亲政后，他走遍尤勒都斯草原，关心部民疾苦。可他也仅在位14年便病逝。由其弟弟丹津旺济勒袭位，在位2年中较好地解决了尤勒都斯草原周边各民族的关系，使各民族和睦相处，1808年（清嘉庆十三年）去世。之后又由其兄纳木札勒多尔济袭爵，仅在位4个月，并无建树。

第六任汗王策登多尔济在位时间较长，长达22年，因前几任接任盟长职位太早，恐其操心劳神命不及寿，直至策登多尔济20岁，即1826年（清道光六年）才世袭罔替，袭卓里克图

清政府颁发给土尔扈特部头领的虎钮银印

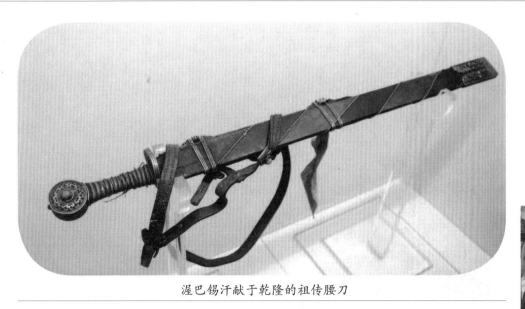

渥巴锡汗献于乾隆的祖传腰刀

汗。

策登多尔济在位时，正值新疆伊斯兰白山派和卓后裔张格尔依靠浩罕国统治者在南疆叛乱。策登多尔济得知这一消息后，迅即号令部众，到汗王衙门所在地尤勒都斯草原集中，即备马匹军器，组成千人队伍，交由焉耆办事大臣巴哈布率土尔扈特子弟，开赴阿克苏征讨张格尔叛军。策登多尔济在后方驻地焉耆、和静积极为清政府筹备军需，办理粮饷，十分出力。因而道光皇帝赏他进京乾清门行走，赐三眼花翎、四团龙补服。南路盟土尔扈特子弟打得英勇顽强，歼匪大帅库尔班苏皮受清政府嘉奖，并免征两年粮税。

1830年（清道光十年），浩罕军挟持张格尔之兄玉素甫和卓再次入侵南疆，发动叛乱。策登多尔济得知

后，率土尔扈特部、和硕特骑兵1400人赶往喀喇沙尔办事大臣萨迎阿处，请缨亲自带兵出征。九日后抵阿克苏，执行城防、堵截叛匪任务。然而，其时正值深秋，官兵水土不服，患病者较多，贝子巴勒丹达什病故，策登多尔济也染疾病重。1831年（清道光十一年）三月，策登多尔济撤兵回营，不久即在巴仑台病故。道光帝赏银800两治丧，并遣喀喇沙尔办事大臣额勒锦茶酒祭奠。其子那木札勒珠尔默特策凌承袭爵位。

第七任汗王那木札勒珠尔默特策凌在位期间，将汗王府迁往巴音布鲁克，率子弟兵1000余人参与平定和卓之乱，并支援民工2000人和牛马5000头匹捐修由林则徐和喀喇沙尔办事大臣全庆会勘的喀喇沙尔北大渠、库尔勒上户渠，另还出动大批民工加固

231

土尔扈特部所生活的巴音布鲁克草原

开都河堤，为地方经济做出贡献。为此，道光帝赏赐三眼花翎，其祖母哈屯喇什丕勒诰封福晋。他在位19年后于1850（清道光三十年）去世，清廷赏银500两治丧，爵位由其族弟玛哈巴咱尔承袭。

第八任汗王玛哈巴咱尔仅在位2年，但期间大力发展农牧业，捐出俸禄修建哈拉莫墩渠，与民工一起在工地劳动。同时，亲自前往伊犁购买良种羊和巴音布鲁克羊杂交，并派人到北、东、西旧土尔扈特以及新土尔扈特盟交换羊种，发挥杂交优势，改变种畜结构，为农牧业的发展做出很大贡献。他于1852年（清咸丰二年）去世，清廷赏银500两治丧，并以其子

拉那特巴咱尔承袭汗位。

第九任汗王原名拉那特巴咱尔，因为连续六代汗王都英年早逝，其祖母恳求咸丰帝赐名延寿。咸丰皇帝从其请，将之改名为布彦乌勒哲依图。在位期间，清朝已进入大动乱的衰弱期，不但外患频仍，内部的起义、叛乱也此起彼伏。

1865年（清同治四年），新疆各地爆发反清起义，库车起义军首领热西丁和卓实行民族屠杀政策，并波及到尤勒都斯草原，6000多名土尔扈特人被杀害。1868年（清同治七年），浩罕汗国阿古柏入侵新疆，布彦乌勒哲依图上奏清廷，"请钦派大臣带兵进剿乌鲁木齐回匪"，并亲自率土尔

扈特兵扼守巴伦台山口，依险据敌，被入侵匪军包围。幸亏驻防博乐通古的民团首领徐学功前来救援，才得以脱险。1872年（清同治十一年），阿古柏的军队占据尤勒都斯草原。在抵抗侵略中，8000余名土尔扈特人又战死沙场，部民随汗王布彦乌勒哲依图退至科布多，汗王府被阿古柏军烧毁，大火3日不熄。

时值游牧于伊犁一带的其他卫拉特蒙古部，由于俄国不断侵入，大片土地被侵吞，纷纷逃至南路土尔扈特，暂时涉牧布伦托海牧地。布彦乌勒哲依图深明大义，在土尔扈特各部生活极为困难的情况下，对卫拉特14佐领官兵救助钱粮牛羊，以资其生计。同治皇帝感慨："自其祖父渥巴锡投顺以来，百有余年，安居乐业，历受豢养深恩，其感激图报，自系出于至诚。"1875年（清光绪元年），清廷鉴于其忠诚英勇，赏布彦乌勒哲依图黄缰，并对其所部贝勒、郡王、台吉等官员赏银2万两。1876年（清光绪二年）二月，布彦乌勒哲依图在科布多病故，清廷赏银500两治丧。汗位由其子布彦绰克图承袭。

第十任汗王布彦绰克图在位期间，清朝平定阿古柏侵略军的战事结束，南路盟7800人返尤勒都斯。土尔扈特民众劫后余生，生活极为困苦，

清军在乌鲁木齐六道湾山梁上架设的大炮

当年修建的灌渠

虽然清廷调拨大量银两、物资予以赈济，但仍不能很快扭转局面。布彦绰克图为了恢复部落的经济，几乎走遍了每个牧户和农户的家庭，了解困苦，主持疏浚了开泽渠，帮助农户兴修水利，并积极把牧户的皮张贩运到哈密、伊犁和乌鲁木齐贩卖，以缓解牧民的生计问题。同时，他在和通之地修建汗王浩特衙门，使汗王府周围店铺、作坊林立，形成一定规模的和通镇。1891年（清光绪十七年）十二月，布彦绰克图病逝，在位15年。清廷赏500两治丧，由其子布彦蒙库袭位。

第十一任汗王布彦蒙库即位后继续其父的休养生息、发展经济政策，为发展部落农牧业生产，修建了乌兰尕孜渠和焉耆的盖干渠，并引进俄国种马和内地黄牛，改良畜群。他在位

期间，辛亥革命爆发，他追随新疆督军杨增新，表示拥护共和制度。1916年去世，在位25年，其子满楚克扎布袭位，因为年幼，由其叔叔生钦五世活佛多布栋策楞车敏摄政。

生钦五世活佛既是黄教大活佛，也是土尔扈特近代卓越的政治家。作为活佛，他不仅在蒙古人民中威信很高，而且在汉族人民中也很受崇拜，先后任新疆省长的杨增新、金树仁都对他十分尊敬。有着宗教权威，又成为摄政汗王，生钦五世活佛得以大施拳脚，进行了一系列改革。生钦五世活佛虽是宗教人士，但开眼看世界，清醒地认识到土尔扈特部民思想禁锢、精神萎靡、生活普遍贫困、人口寿命缩短的现状。而部落赖以生存的畜牧经济存在着畜群结构极不合理，畜群质量日益退化等现象。整个部落

没有现代化学校，文盲增多，人口素质下降。

为了改变这些状况，生钦五世活佛的改革涉及各个方面。在政治方面，他大胆引进人才，聘请苏联机械专家、军事教官和内地汉族工匠、教师、工程师等进入土尔扈特，帮助建立工厂，发展工商业。为了改革的顺利进行，节约开支，大力裁撤冗员，1929年一次就裁撤副苏木长15人、副旗长5人。在宗教方面，他提倡喇嘛不要局限于学习藏传医学、佛教医理、蒙医、法术、咒符、祭祀、典事等，大力推行学习现代化知识，如学习畜牧业、农业耕作知识等。他还大胆从苏联招收了3名技术人员到黄庙中任教，教授现代化技术。在军事方面，生钦五世活佛从伏尔加河流域的土尔扈特蒙部请来了骑兵教官达希和沙莫洛夫，用苏联新的骑兵战术训练土尔扈特骑兵。达希和沙莫洛夫教官以保护草原为目的，把山地战、运动战、内线作战和外线作战作为主要科目，强化士兵训练射击、劈刺、擒捉等个人科目，培养每个士兵的独立作战能力，加强临战训练，以3到5人为骑兵群组，机动灵活地进行散兵群战，在有利于发挥骑兵优势的情况下速战突袭。这些军事改革大大提高了土尔扈特骑兵团的战斗力。在经济方面，生钦五世活佛亲自主持扩建了乌兰尕孜尔渠、盖干渠、斜米尔渠等水利设施，并建立面粉厂、地毯厂、皮革厂、肠衣厂等，而且推行经商致富

黄庙喇嘛在做佛事

生钦五世活佛组织培育出的土尔扈特良种马

的方针，让牧民经商，改变商富民穷、庙富民穷、汗富民穷的现象。对土尔扈特人赖以生存的畜牧业，他调整畜群结构，引进顿河马、阿伦英哥马、伏尔加细毛羊和西藏牦牛，以发挥杂交优势，使畜群提纯复壮。同时，他还多次派人到西藏、苏联学习兽医技术，学成归来后将先进医术传授给各地兽医，使得土尔扈特人中兽医逐渐增多，有力地防止了自然灾害和疫病对畜群的侵袭。在教育方面，生钦五世活佛强制王公贵族子弟一律入焉耆专署创建的两所蒙文学校读书，否则不予袭爵与任职；鼓励贫困牧民子弟入学，凡牧民子弟入学有经济困难的，盟旗都给予资助。

在担任摄政的16年中，生钦五世活佛的改革对改变旧土尔扈特盟的落后面貌起到了重要作用。但是，因为其改革多头并举，耗费巨大，反而增加了部民的负担，因此并没能彻底改变官富民穷的面貌。而他大力改革官制、淘汰冗官，得罪了内部大量贵族，再加上他一再抵制新疆当局的巧取豪夺，使得自己树敌过多，最后落得改革失败、自己死于非命的可悲结局。

1929年，新疆军阀金树仁以办教育为名，办起了羔皮托拉斯，凭借权力，低价收购，高价售出，从中牟取暴利。生钦五世活佛不甘心土尔扈特各路盟人民受此盘剥，以履行对苏贸易、部落进行改革为由，拒绝交羔皮，进行抵制。由此引起金树仁的不满，双方矛盾日益激化。

1931年，金树仁在全疆扩大税额，加征赋税，引起各地农民反对。而哈密小堡村的一个驻军排长又强娶民女，被该女之父邀集同村农民打死，以此引发了被称为"小堡事件"的农民起义，各地农民纷纷响应。金树仁调土尔扈特骑兵师去镇压起义，生钦五世活佛认为农民起义出于正义，不愿用土尔扈特人的生命为金树仁卖命，又看出这次起义必定波及全疆，出兵镇压会引发众怒祸及土尔扈特，因此对金树仁的十几次出征命令不予服从。这样的抗命，必然会使金树仁恼羞成怒。而生钦五世活佛又过于自信，只身前往乌鲁木齐向金树仁说明情况，结果被金树仁逮捕，再加之与他有宿怨的

土尔扈特末代汗王满楚克扎布王府旧址

贵族官员趁机告状，金树仁便以此为借口于1932年4月13日将生钦五世活佛秘密枪杀。

生钦五世活佛遇害后，第十二任汗王满楚克扎布亲政，年仅17岁，年少气盛，欲有作为，但可惜正赶上国家和新疆的种种动乱，结局也很悲惨。1932年4月，生钦五世活佛遇害后，新疆省府批令"土尔扈特南部落盟长汗王满楚克扎布年逾弱冠，已有自立能力，所有该管游牧大小头目以及蒙部一切在办事宜亟应均归汗王自行直接全权处置，以重职守"，满楚克扎布正式执掌盟务。是年，金树仁委任满楚克扎布为省府高等顾问。

满楚克扎布执掌盟务第二年，新疆便爆发了"4·12"政变，金树仁下台，盛世才掌握了新疆的军政大权。盛世才为了进一步稳定局势，新军阀盛世才笼络各民族的知名人士和实力派进入政府，如伊犁的张培元、南疆的马仲英、哈萨克族领袖沙里甫汗、维吾尔族领袖和加尼亚孜以及满楚克

土尔扈特末代汗王满楚克扎布

布等人，新疆竟有了一种民族团结、和平友好的气氛。

年轻的满楚克扎布被这种气氛所蒙蔽，鼎力为盛世才效力。1933年8月，满楚克扎布奉盛世才之命联络中路和硕特郡王班第带领骑兵攻打马世民，在县城北郊展开激战。虽然始终未能攻克县城，但击毙了马世民。因这个功劳，盛世才委任满楚克扎布为暂编蒙古骑兵第一师中将师长，王府图斯拉其西里克与和硕特郡王班第为少将旅长，统归满楚克扎布师长管辖。

1934年，满楚克扎布奉盛世才之命率蒙古骑兵第一师两个旅与其他部队围攻焉耆县城。满楚克扎布身先士卒，带领士兵英勇杀敌，县城遂于当月攻克。焉耆收复后，满楚克扎布被任命为焉耆警备司令，1935年又被升任省府委员。同年夏，满楚克扎布及家人来到乌鲁木齐，出任省府委员之外，还出任"新疆民族联合会"的副委员长。1936年他又被任命为蒙古族代表大会筹备委员会委员。

在乌鲁木齐期间，满楚克扎布为了与苏联的贸易事宜，常去苏联领事馆，在和苏联人打交道中，学会了俄语，并结识了陈潭秋、毛泽民等共产党员，深受共产主义进步思想的影响，并想去苏联学习军事。然而，随

新疆军阀盛世才监禁革命者的地方

着新疆局势的稳定，盛世才曾经打着的民族团结、开明进步的旗子便不再有价值，而各民族的实力派也成为其必须铲除的目标，满楚克扎布也随之落入深渊。

1937年9月，盛世才炮制"阴谋暴动案"，逮捕了教育厅长张馨、省主席和加尼亚孜等一大批新疆高级官员，满楚克扎布以及代理盟长西里克、和硕特郡王班第也在其中。年底，和加尼亚孜、西里克、班第等人便被残酷处死于狱中。由于满楚克扎布在新疆蒙古族中有较高的威信，盛

世才才并未直接杀害，只是将他监禁，对外宣称送其去苏联学习军事，并任命的满楚克扎布不满7岁儿子恭本德吉特继承汗位。

从此，满楚克扎布在监狱被关押长达7年之久，由于长期受刑摧残，又被注射了毒针，致使精神失常，从此再未能康复。1939年，新疆实行改土归流，撤销新土尔扈特盟、旧土尔扈特4盟以及和硕特盟公署，设立县、治局。直到1944年，盛世才下台后，南京国民政府委任吴忠信为新疆省主席。吴忠信主政后，释放了一些被盛

世才关押的人士，满楚克扎布才获得自由，但因精神失常，留在乌鲁木齐治疗。

新中国成立后，满楚克扎布被任命为巴州政协副主席、委员等职务，并派专人照顾。但在"文化大革命"中，他也没有摆脱厄运，于1967年悲惨死去，时年52岁。

满楚克扎布的夫人，是"内蒙古现代化之父"喀喇沁亲王贡桑诺尔布的女儿乌静彬，两人于1930年10月结婚，育有一子一女。因为贡桑诺尔布亲王非常开明，乌静彬从小便接受了良好教育。成为土尔扈特汗妃后，她礼贤下士，尤其是尊重僧俗人士，很快赢得

满楚克扎布的夫人乌静彬

了土尔扈特人的好感与尊重。1935年夏，在满楚克扎布全家到乌鲁木齐居住后，乌静彬不甘心做家庭主妇，考入了迪化女中。在校期间，她努力学习，并担任学生会会长、宣传委员、卫生委员等职务，还参加社会活动，加入了反帝会、妇女协会等组织。

1937年，满楚克扎布入狱后，乌静彬掌握了王府的经济大权。她忍辱负重，一面上学，一面参与部落事务，还要照看年幼的两个孩子。她于同年秋被部落推荐为蒙古族妇女代表，参加全疆妇女代表大会。1944年3月新疆妇女运动委员会改组时，乌静彬被当选为委员，并兼任该会下设的组训处副处长。1944年，满楚克扎布被释放，但精神失常，无法正常生活，乌静彬仍要主持大局。其时，新疆爆发了"三区革命"，土尔扈特人也被卷入，作为土尔扈特汗妃，乌静彬不得不参与其中，发挥了重要作用。

"三区革命"是在中国共产党的影响下，在苏联共产党的支持下，新疆伊犁、塔城、阿尔泰三地区爆发的革命。1944年11月下旬，旧土尔扈特西路盟格勒斯苏木的青年艾尔德创建了一支骑兵游击队，参与了三区革命。尤勒都斯草原的土尔扈特南路盟藏族青年强自德、舍盖、尼满等人也

新疆解放时欢迎解放军入城

新疆三区革命的领导者之一与同事

起事，打垮了沃尔布谢骑兵连，并迅速和三区革命政府联系。三区革命政府派了一个连的兵力支援他们，并在尤勒都斯草原征召300名蒙族子弟组成了骑兵团，舍盖任团长，兵布夏、戈尔登、边百任副团长，尼克腾（苏联人）任政治委员，建立了尤勒都斯革命政府。

为了对付三区革命，新疆省主席吴忠信成立了以民政厅长邓翔海为首的宣抚委员会，下辖东路、西路、伊犁、阿山、塔城、焉耆六个宣抚大队，其中焉耆宣抚队以乌静彬为领队。

乌静彬到焉耆后，宣传政策，指出要相信和依靠国民政府，蒙汉是一家，要共同抵抗伊犁武装叛乱，保卫焉耆，使一部分蒙古民众没有参与三区革命，宣抚取得了一定效果。随乌静彬去和靖宣慰的省宣委会秘书蔡震森就指出"乌静彬到和靖展开宣传后，蒙民惊慌稍定。形势已趋和缓"。1945年3月，乌静彬被选为国民党六全大会新疆省代表。 4月底，乌静彬随吴忠信等一同坐专机去重庆参加国民党六全大会，乌被委任为三盟代表，会后受到蒋介石的接见。1946年，南京国民政府召开国民代表大会，乌静彬作为新疆国大代表之一参加大会。1947年7月，由新疆省政府呈

241

报国民政府破格批准，恢复了南路土尔扈特王府和盟长公署设置。盟长公署设在汗王府，与和静县治并存，汗王满楚克扎布出任盟长，乌静彬任副盟长。1948年10月，在汗王府举行了隆重的授玺仪式，恭本德吉特承袭汗位并兼任盟长。由于满楚克扎布精神失常，恭本德吉特年幼，实际权力由乌静彬掌握。

1949年11月，国共内战大局已定。解放军进驻焉耆地区，乌静彬表示积极拥护，她献出开来渠和大小巴伦渠灌区土地4万余亩和小珠勒图斯草场，支援部队生产，并主动交出了王府印信和武器。1950年5月乌静彬被批准在新疆分局干部学校学习。土

改工作结束后，乌静彬作为干部留在自治区政协工作。在政协她曾在图书室管理图书、管理职工食堂，大部分时间则是整理家族史，写有关新疆蒙古族历史及风俗的书稿。"文化大革命"中，乌静彬受到了冲击，被下放到五七干校劳动改造。1974年回到政协，1975年病逝于乌鲁木齐，享年61岁。1977年获得平反，恢复名誉。

满楚克扎布长子恭本德吉特是第十三任，也是最后一任土尔扈特汗王，但因为年幼，从未亲自处理过政务。新中国成立后，他考入中国音乐学院指挥系学习，毕业后，任新疆巴音郭楞歌舞团音乐指挥，曾任新疆巴音郭楞蒙古自治州政协委员，1992年

由恭本德吉特担任艺术顾问的《魂系东归路》舞剧剧照

病逝。在几十年的音乐生涯中，他曾指挥各种演出2000余场，获得很多奖项。1959年由他作曲的蒙古族舞剧《草原彩霞》获新疆维吾尔自治区演出一等奖，1981年由他指挥的蒙古族女中音演员玛卡独唱的《我可爱的家乡》获中国第一届"天山之声"音乐会一等奖。由他指挥的马头琴独奏（演奏家才岱）《草原春天》同获一等奖。1989年第二届中国艺术节期间，由他担任艺术顾问的《魂系东归路》舞剧，获创作最佳奖、演出最佳奖。

满楚克扎布女儿满琳，1938年出生。1953年被保送到中央民族大学附中学习，1961年毕业于中国地质学院，在新疆矿业学院（后改为新疆工学院，现并入新疆大学）任教，1980年特招入伍，先后在中国人民解放军

最后的土尔扈特公主满琳

工程基建部、空军指挥学院任职。1985年入党，1988年被授予上校军衔，并晋升为副教授。在部队任教期间，满琳著有《灰色的军事领域》、《指挥官的领导艺术》等军事理论专著；科研成果"低频电磁椭圆极化仪"获第一次全国科技大会优秀科研奖。1992年退役后，从事土尔扈特蒙古历史研究，在翻阅大量珍贵历史资料的基础上，结合自己的亲身经历，撰写了一部口述史书《土尔扈特女儿》，该书于2004年出版。

蒙古族是一个逐水草而居的游牧民族，由于历史的变迁、游牧的迁徙以及战乱，旧土尔扈特盟的土尔扈特

着艳丽服装的土尔扈特蒙古族妇女

243

蒙古人的居住地在近代和现代又有了一些新的变化。

根据近年来的有关统计，旧土尔扈特后裔主要分布在和静县、博湖县、焉耆回族自治县和巴音郭楞蒙古自治州首府库尔勒市，其他居住在州内各县。巴音郭楞蒙古自治州的土尔扈特人有4万多人，其中和静县近3万人，焉耆3000多人，博湖2000多人，库尔勒市有2000多人，和静县80%的土尔扈特人从事畜牧业，其余从事农业、服务业等；焉耆回族自治县和博湖县的土尔扈特人主要是从事农业或半农半牧业；库尔勒市的主要是政府公务员及家属。

生活在塔城地区和伊犁哈萨克自治州的土尔扈特人是原策伯克多尔济所领北路旧土尔扈特盟牧民的后裔。主要居住在和布克赛尔蒙古自治县，其余居住在额敏县、裕民县和伊宁市。人口2万多人，大部分从事畜牧业，小部分从事出口贸易加工工业，主要以织毯、制革为主。

生活在乌苏周围各县市的土尔扈特人，是原巴木巴尔所领的旧土尔扈特东路盟牧民的子孙。人口1.2万多人，主要从事畜牧业，少数人从事农业种植业。他们比较注意虚心向其他民族学习先进的农业科学知识，并积极推广机械化，因此种的地一般产量都较高。他们将庄稼的秆叶喂牛羊，

使畜牧业又得到了发展，这种半农半牧的多种经营，促进了农牧业的共同发展。

生活在博尔塔拉蒙古自治州的土尔扈特人，是达什敦多克所领的旧土尔扈特西路盟牧民的后裔。人口6000多人，大部分人生活在精河县，主要从事畜牧业。博尔塔拉的土尔扈特人比较注重体育活动，每年都要举行那达慕大会。他们的祖先在东归时是专门负责制造器具和武器的工匠，后代有许多能工巧匠。他们打造的土尔扈特蒙古小刀十分精美；制作的首饰、胸饰等非常典雅；制造的马鞍、马镫、宝剑既牢固又别致。

8.土尔扈特汗国的后裔之二——新土尔扈特盟

1775年（清乾隆四十年），清政府对土尔扈特蒙古编设盟旗，其中舍楞一部被安置在阿尔泰山南、乌隆古河之东，即布勒罕河（今布尔干河）一带。区域为东至奔巴图、扣楚克乌兰、布勒干和硕；南至胡图斯山、乌隆古河；西至青吉斯河、昌罕河、那彦鄂博；北至绰和尔淖尔、那郭干淖尔；东南至拜塔克山（即白塔山）；西南至乌兰波木；西北至绰和尔淖尔；东北至哈弼察克。这一部土尔扈特人由科布多参赞大臣管辖，归乌里雅苏台定边左副将军节制，设青色特启勒图盟，分为新土尔扈特右旗（领二苏

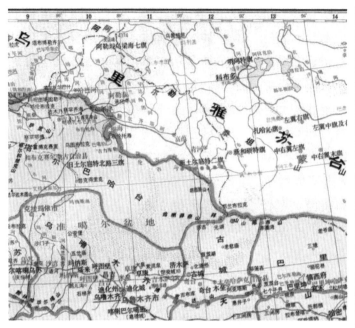

清朝新土尔扈特部所在位置（源于《中国历史地图集》）

木）和新土尔扈特左旗（领一苏木）。因此，该盟也称为新土尔扈特盟。

舍楞是和鄂尔勒克叔父卫衮察布察齐之六世孙，其先祖早年未随大部土尔扈特西迁，而是"独附牧伊犁境，为准噶尔属台吉"。在准噶尔汗国灭亡后，阿睦尔撒纳反清之时，舍楞也参与其中，用计诱杀了清军副都统唐喀禄，后投奔土尔扈特汗国。然而，当舍楞率部到伏尔加河游牧后，"发现伏尔加的土尔扈特人已经在俄国统治之下"，因此"使之大失所望，他们感到普遍不满"。这种不满正好与渥巴锡汗不谋而合，于是便成为其亲密助手，为土尔扈特的东归立下了汗马功劳。

东归之后，清廷对舍楞既往不咎，对之大加褒奖，封其为札萨克多罗弼哩克图郡王，掌管新土尔扈特左旗，并兼任盟长。舍楞为新土尔扈特左旗第一代札萨克多罗弼哩克图郡王，1792年（清乾隆五十七年）舍楞病逝，其长子策伯克扎布袭爵位。1824年（清道光四年）

"札萨克多罗弼哩克图郡王"虎钮银印

245

策伯克扎布卒，其次子三都克多尔济袭爵。1837年（清道光十七年），三都克多尔济卒，其长子多诺鲁布多尔济袭爵。1858年（清咸丰八年），多诺鲁布多尔济卒，其长子凌扎栋固鲁布袭爵。1869年（清同治八年）因所部受命剿叛有功，赐晋亲王爵。1884年（清光绪十年），凌扎栋固鲁布卒，其子密什克栋固鲁布袭爵。密什克栋固鲁布于1920年卒，1921年其子纳木加旺登袭爵。1930年纳木加旺登卒，其子察克德尔车林袭爵。1940年察克德尔车林卒，其胞弟杨得克袭爵。1941年杨得克卒，其宗族宫世臣袭爵。1952年宫世臣卒。

而新土尔扈特右旗扎萨克第一代为沙喇扣肯，爵位为贝勒，1783年（清乾隆四十八年）诏世袭罔替。

1829年（清道光九年）沙喇扣肯病故，其次子车林多尔济袭父爵。1840年车林多尔济卒，其子乌尔图子那逊于1842年袭父职。1871年，乌尔图子那逊卒，其长子精密特袭父职。1879年，精密特卒，其长子喇特那巴咱尔袭父职。1891年，喇特那巴咱尔卒，其子玛克苏尔扎布袭父职。

在密什克栋固鲁布和玛克苏尔扎布在位期间，辛亥革命爆发，清朝灭亡，新土尔扈特盟也遭遇了巨大的变故。

1911年12月，喀尔喀蒙古活佛哲布尊丹巴呼图克图在沙俄支持下，乘辛亥革命推翻清帝之机，宣布"独立"，并派人到科布多、阿尔泰蒙古诸部游说。但均被当地土尔扈特部落和卫拉特其他部落的蒙古人民缚送

铜镀金镂花纹卫拉特蒙古样式马鞍

中国官署处。于是，1912年5月，库伦"政权"派兵进攻科布多地区，8月20日攻陷科布多城，胁迫附近蒙古诸部归附，并声言"尔等因何不投诚蒙古，而反归顺民国。欲将札萨克及所辖蒙民尽行剿灭"。而此时主政新疆的杨增新则立即派兵援助科布多。双方的军队在乌梁海、布尔根河、元湖、克伯沟、奇台及察罕通古一带对峙交火。

新疆援军进驻察罕通古后，加强了和附近蒙古王公的联络。1912年10月，由大总统下令晋封新土尔扈特郡王密什克栋固鲁布为亲王，晋封玛克苏尔札布为公爵。在这种双方斗争十分激烈的局势下，新土尔扈特盟长、左旗札萨克郡王密什克栋固鲁布为了所部安危，也为了摆脱库伦政府的辖制，于1912年8月率所属200多帐2000余人南迁，向民国投诚。当时的新疆都督杨增新给予了妥善安排，资助各类物资，并"准在孚远县属山内四厂湖一带划一地段以便驻牧，俟地方太平再回察罕果罗原牧居住"。

这次南迁，新土尔扈特盟左旗遭受了很大损失，而对稳定边疆、挫败库伦政府占据所有蒙古部落的图谋有很大作用。正如杨增新所说："当日察罕通古官兵所以能撑持者，全赖密亲王投诚所向。若密亲王不肯投诚，则后路驻兵之嵩莱通古与锡伯图及乌什克等处，皆系密亲王所辖地方。万一蒙古派兵截断后路，粮路一断，则前敌察罕通古之兵不战自败，而新疆危矣！若蒙兵如入新疆，不难破坏全局，而附近之奇台孚远焉能无恙？

土尔扈特牧民

此密亲王投诚内向有功于新疆，与异常内向之蒙古不同也，密亲王内向之后，其祖宗坟墓为库伦蒙古所掘，其所居王府，为库伦蒙古所毁，种种受害，不一而足……"

到1917年，外蒙平静，密亲王之子纳木加旺登率领半数部众返回布尔根河。1920年，密什克栋固鲁布进京觐见后，赴五台山礼佛，归途中病故，次年由其子纳木加旺登承袭亲王爵位。1924年，外蒙古已经在苏联操控下成立了"蒙古人民共和国"，而中国内部的军阀混战更甚，再无力应付外蒙古局势。于是，外蒙古部队再次侵扰布尔根河县，俘虏县佐，挟持牧民。纳亲王恐惧，又率部民逃入新疆，被杨增新安置在孚远县，但有一些牧民未能逃出。右旗札萨克贝勒玛克苏尔扎布就在外蒙古部队的强迫下，因"以强权之下无法可施"，而被迫屈服。但是，进入新疆的新土尔扈特人民，也没有过上多久安定的日子，便赶上了军阀混战，饱经摧残，最后所部离散，不复为一体。

1931年，新疆哈密发生反对金树仁的农民起义。新土尔扈特蒙古自卫队也被调赴哈密平叛，结果一去难返，随军3年，全队官兵死伤殆尽。而没有了自卫队的保护，白塔山（又称拜塔克山、拜山、巴他克山等，距奇台县城240公里）的新土尔扈特牧民被

哈萨克骚扰、抢夺，人民死伤无数，无法生存，逃出山来，有的居住在奇、古、三台，有的逃赴伊犁，有的赴西湖阿山的，各处漂泊。

1932年，居住在孚远地方的新土尔扈特牧民又被马仲英扰乱，所有蒙民均四处逃难，事件平息后，只有一部分人回牧。

1934年，察克德尔车林亲王奉政府命令，将全部蒙民带赴焉耆，在旧土尔扈特盟地居住。少壮有力者80余家跟随察亲王赴焉耆，老弱贫穷者160家则散流奇台、孚远（即今吉木萨尔县）、阜康、迪化各县，飘零寄居。逃难来新的蒙民若干年来牲畜减少，有的无牲畜可牧，又无土地可耕，难以谋生，老弱转死沟壑，壮者散于四方，人口损失极大。如在1936年，经旧土尔扈特盟汗王满楚克扎布调查，新土尔扈特蒙民在安宁渠住贫民95户，在孚远县住贫民49户，在阜康县住贫民34户，在呼图壁住贫民35户，约计人数1000余名。有为人佣工者，有沿街乞讨者，生活甚为悲惨。而作为其亲王札萨克的察克德尔车林虽然四处请求赈济，缓解了部民的生活问题，但毕竟治标不治本，部民四散求生，他根本无法约束。

1940年，察克德尔车林亲王被新疆军阀盛世才逮捕杀害，其胞弟杨得克继承亲王爵位，但仅一年后，便

放牧中的土尔扈特牧民

于1941年11月病逝。经民众推举，亲王宗族宫世臣承袭王爵。宫亲王袭爵时，所辖属民已经极少，只有不到100余户，不足1000人。

1943年，孚远县喇嘛昭蒙民受外蒙古挑拨，2000多人外逃，宫亲王也被劫走，他不愿叛离祖国，中途伺机背印逃回。当时的县长孔庆文认为宫亲王携印归来有功，上报新疆政府，省政府即委以省府委员职，将他安置在乌鲁木齐。但是他虽有爵位，却基本没有了属民，成为了名副其实的空头王爷。

到1949年时，能够查找到的新土尔扈特盟蒙古人，仅在孚远县有100多户。而新土尔扈特盟末代亲王宫世臣，是历任亲王中最有学问的一个。其人毕业于新疆简易师范学校，曾任和靖县小学校长、文化会主任等职，还当选过南京国民政府第一届监察委员（未到任），于1952年病逝。

新土尔扈特盟后裔现在主要分布在阿尔泰、塔城地区，他们是新土尔扈特盟郡王舍楞所领牧民的后代，人口约1万人，以牧业为主，但捕鱼业有所发展。他们不但善于叉捕、捞捕、冰捕，而且还在赛里木湖、额尔齐斯河上驾船网捕。对于鱼类，不仅善捕，而且善养，往往一年几次定期撒食料，促使鱼类生长繁殖。采集业别有特点，他们采拾的香菇在国内外闻名，居住地也成为新疆香菇的集散地。

9.土尔扈特汗国的后裔之三——额济纳旧土尔扈特特别旗

额济纳土尔扈特形成于18世纪初。1698年（清康熙三十七年），土尔扈特汗国阿玉奇汗族弟纳扎尔玛穆特之子阿拉布珠尔，为了朝圣，与母亲率部众500多人，从伏尔加河下游赴西藏熬茶礼佛。这本是土尔扈特汗国很多贵族都做过的事，因为与清朝的密切关系，经常会有汗国贵族往返于伏尔加河地区和西藏。但是，这次阿拉布珠尔却遇到了麻烦。在西藏住了5年后，当他于1703年（清康熙四十二年）准备起程返回土尔扈特汗国时，却正赶上土尔扈特汗国和准噶尔汗国的策妄阿拉布坦关系恶化，准噶尔军将归路阻断。无奈之下，阿拉布珠尔遂率众内附清廷，于1704年（清康熙四十三年）派遣使者进京朝见康熙皇帝，请求赐予牧地。康熙皇帝"封土尔扈特降人阿拉布珠尔为固山贝子，赐牧色尔腾"。色尔腾在今甘肃省肃北蒙古族自治县境内。阿拉布珠尔属下在伏尔加河的土尔扈特汗国来西藏礼佛的民众在这里只驻牧了60余年。

阿拉布珠尔是额济纳旧土尔扈特旗的始祖。阿拉布珠尔去世后，其子丹忠承袭爵位。1731年（清雍正九年），因为准噶尔与清朝的战争告急，丹忠的部下有人投附准噶尔。为了躲避战乱，丹忠上奏清廷，"乞内徙"，于是率所部徙牧到额济纳河一带游牧，他们就是现在内蒙古阿拉善盟额济纳旗的土尔扈特蒙古人的祖辈。

1753年（清乾隆十八年），清朝正式设置额济纳旧土尔扈特特别旗，直隶清廷理藩院。这支土尔扈特部落就在额济纳旗繁衍生息200余年，共有10代12位札萨克王。额济纳土尔扈特旗也与其他东归的土尔扈特部落一样，虽在清代和民国时代历经磨难，却对保卫边疆做出了自己的贡献。

"纪念额济纳土尔扈特部回归祖国三百周年"纪念碑

清朝额济纳土尔扈特部所在位置（源于《中国历史地图集》）

1853年（清咸丰三年），正值内地天平天国运动如火如荼，第五代额济纳土尔扈特札萨克多罗贝勒达什车林，"因逆贼未靖，呈请捐输银两，以备军需"，咸丰皇帝"甚欣悦，惟该贝勒自必借此银两，以备养赡。伊所捐银两，着毋庸赏收，以示朕嘉奖蒙古世仆体恤之至意"。额济纳旗地广人稀，其贝勒也不富裕，但时值国难当头，也想尽自己微薄之力，效忠朝廷。

太平天国运动和捻军起义的后期，陕西、甘肃等地区相继爆发了规模巨大的回民起义。额济纳旗旧土尔扈特札萨克多罗贝勒达什车林为效忠清廷，奉乌里雅苏台将军之命，将其游牧地从东界沙拉库尔地方起，到西界半札洞为止，设定10个台站，运送提督成禄军的饷银、军装等物品。每个台站设立章京一位，昆都1位，士兵4名，马10匹；军需紧要，每台站雇驼10峰，添设乌拉齐2名，预备差遣。

这样的效忠使得额济纳旗遭到回民军的残酷报复。1869年（清同治八年），回民军将9个台站尽数毁坏，额济纳旗阵亡章京、昆都、兵卒、乌拉齐共38人，各台站的马匹、骆驼、银钱以及各类物资被抢掠一空。

额济纳土尔扈特旗札萨克王府

1870年（清同治九年），回民军马化龙部北上额济纳旗，达什车林率所部官兵与之激战于匿阔尔济山的察罕布地方。因为寡不敌众，达什车林阵亡，札萨克印鉴也在混战中丢失。

从1870年到1879年（清光绪五年）的近十年中，额济纳旗屡遭回民军侵扰。历次战役中，额济纳旗阵亡札萨克贝勒以下官兵总计共83名，伤者倍之。全旗人口损失509人，壮丁所剩无几，仅剩下穷苦男妇、僧俗共700余人。对于额济纳旗札萨克贝勒达什车林的尽忠报国，清廷给予了很高评价，认为其"力竭阵亡，均属深明大义"，1879年追封其为多罗郡王。达

什车林战死后，其夫人执旗政4年，后其侄子丹津继位成为第六代札萨克王。

民国建立后，额济纳旗札萨克旗第十任郡王达西致函甘肃省都督赵惟熙，并致电大总统袁世凯，表示赞成共和体制，反对外蒙古库伦政府的独立运动。1913年12月，达西进京觐见大总统袁世凯，袁世凯册封达西郡王加亲王衔。在北洋政府时期，额济纳旧土尔扈特旗被划归甘肃省管辖。南京国民政府成立后，设宁夏省，划甘肃省宁夏道各县及阿拉善、额济纳二旗归属宁夏省管辖。

在南京国民政府时代，额济纳

旗与中央的关系较为密切。1936年，额济纳旧土尔扈特特别防守司令部成立，首任司令是额济纳旗第十一任郡王图布辛巴雅尔。是年春，应国民政府要求，额济纳旗筹办旗立小学，校长由郡王的二弟塔旺嘉布兼任。1940年，第十二任郡王塔旺嘉布会同驻旗军事专员杨焕文，携牛顿、阿格通嘎等人前往战时陪都重庆，会见蒋介石以及何应钦和蒙藏委员会负责人。

1943年，国民党中央党部直属额济纳旧土尔扈特特别旗区党部成立，首任党部书记长为徐颐和，委员有王义基、塔旺嘉布、嘎瓦、伊西嘎拉僧、其米德道、三伯英等，下设3个

塔旺嘉布，额济纳旗旧土尔扈特部第十二任王爷

区分部，发展国民党员90余人，并于1946年11月19日召开了国民党额济纳旗区党部第一次代表大会，会议选举产生了区党部执行委员和监察委员。

塔旺嘉布是额济纳土尔扈特旗的末代郡王，是达西郡王之子，图布辛巴雅尔郡王之弟，于1938年在图布辛巴雅尔去世后继承郡王之位。这位郡王早年曾出家为喇嘛，为人正直谦和，在风云变幻的时代大潮中左右逢源，力求保护旗民。在抗战中，他一面支持国民政府的抗日战争，一面也对安插于旗内的日本特务机关保持中立。在国共内战爆发后，他虽是国民党党部书记长、旗防守司令部少将司令（后晋升为中将司令），但对旗内的共产党地下组织多有保护，"使中共在额济纳札萨克旗的地下活动没有发生任何损失"。作为一旗之王，他大力发展旗内经济，减免旗民税赋，无论官员还是平民百姓均以礼相待，在位期间时常走访旗民，与旗民同吃同住，了解旗民甘苦。他从不向百姓大肆征收苛捐杂税，也从不大兴土木修建王府。据曾经访问额济纳旗的著名记者范长江所说，"这个王府实际上只是红柳林中的几个蒙古包"而已。因此，塔旺嘉布深为其部属以及百姓尊敬爱戴，旗民亲切地称他为"赛因阿合"（蒙古语：好大哥）。

生活在胡杨林中的额济纳土尔扈特蒙古族

1949年，国共内战大势已定，塔旺嘉布郡王审时度势，于是年9月27日代表全旗人民，致电中共中央，表示接受中国共产党和中央人民政府领导，额济纳旗和平解放。

1949年9月至1958年期间，塔旺嘉布担任旗人民政府主席。为了现代化国防建设的需要，遵照中央及上级党和政府指示，塔旺嘉布与旗委领导将额济纳旗政府驻地由宝日乌拉迁至达来呼布，无偿的让出额济纳旗的一部分草场，积极支援人民解放军的现代化国防建设，为新中国的建设事业做出了贡献。

1960年7月20日，塔旺嘉布因病去世，终年60岁。其长子额尔敦格日勒，新中国成立后历任额济纳旗文教科长、副旗长、旗长、阿拉善盟副盟长等职，于1981年逝世，终年52岁。次子东德布，曾任文教局长、额济纳旗人大副主任等职。

参考文献

1．[明]宋濂著：《元史》，中华书局，2008年版。

2．[伊]费志尼著，何高济译：《世界征服者史》，内蒙古人民出版社，1980年版。

3．[波斯]拉施特著，余大钧、周建奇译：《史集》，商务印书馆，1985年版。

4．[英]加文·汉布里，吴玉贵译：《中亚史纲要》，商务印书馆，1994年版。

5．[瑞典]多桑著，冯承钧译：《多桑蒙古史》，中华书局，2004年版。

6．米尔咱·马黑麻·海答儿著，新疆社会科学院民族研究所译：《中亚蒙兀儿史——拉失德史》，新疆人民出版社，1983年版。

7．[清]张廷玉等撰：《明史》，中华书局，1974年版。

8．马大正，成崇德编著：《卫拉特蒙古史纲》，新疆人民出版社，2006年版。

9．[日]宫脇淳子著，晓克译：《最后的游牧帝国——准噶尔部的兴亡》，内蒙古人民出版社，2006年版。

10．[苏]伊·亚·兹拉特金著，马曼丽译：《准噶尔汗国史》，商务印书馆，1980年版。

11．纳·巴生、李恺、刘昆黎编著：《和硕特蒙古史》，新疆人民出版社，2004年版。

12．马汝珩．马大正著：《漂泊异域的民族——17至18世纪的土尔扈特蒙古》，中国社会科学出版社，1991年版。

13．道·乃岱著：《土尔扈特源流》，新疆人民出版社，2010年版。

14．达仓宗巴·班觉桑布著，陈庆英译：《汉藏史集》，西藏人民出版社，1999年版。

15．五世达赖喇嘛著，刘立千译：《西藏王臣记》，民族出版社，2001年版。

16．多卡夏仲·策仁旺杰著，汤池安译：《颇罗鼐传》，西藏人民出版社，2001年版。

17．[清]魏源著：《圣武记》，中华书局，1984年版。

18．北京师范大学外语系译：《18世纪俄蒙通使关系》，商务印书馆，1977年版。

19．新疆民族研究所编：《<清实录>准噶尔史料摘录》，新疆民族研究所，1976年版。

20．芈一之编著：《青海蒙古族历史简编》，青海人民出版社，1993年版。

21．黄奋生编著：《藏族史略》，民族出版社，1985年版。

22．[意]L·伯戴克著,周秋有译：《十八世纪前期的中原和西藏》，西藏人民出版社，1987年版。

23．张其勤原稿，吴丰培增辑：《清代藏事辑要》，西藏人民出版社，1983年版。

24．[清]年羹尧撰：《年羹尧满汉奏折译编》，天津古籍出版社，1995年版。

25．[法]伯希和著：《卡尔梅克史评注》，中华书局，1994年版。